Manual de ciberinvestigación en fuentes abiertas

Manual de ciberinvestigación en fuentes abiertas

OSINT para analistas

Yaiza Rubio Viñuela

Félix Brezo Fernández

Primera edición

Madrid, 2019

Título original: *Manual de ciberinvestigación en fuentes abiertas: OSINT para analistas*

Fecha: 2019/12/25

Edición: Primera edición

ISBN: 9781650895741

Yaiza Rubio y Félix Brezo, 2019

Este trabajo está licenciado bajo la licencia Creative Commons Reconocimiento, No Comercial, Compartir Igual, 4.0 Internacional (CC-BY-NC-ND 4.0):

https://creativecommons.org/licenses/by-nc-nd/4.0/

Para cualquier otro uso no previsto en los términos de la licencia, contacte con los autores por correo electrónico en contacto@i3visio.com.

Sobre los autores

Somos analistas de inteligencia especializados en ciberseguridad. Impartimos clase en diversos cursos de posgrado a nivel universitario así como formaciones y talleres en el ámbito de la investigación de fuentes abiertas, la privacidad y las *criptodivisas* para organizaciones públicas y privadas y miembros de Fuerzas y Cuerpos de Seguridad tanto a nivel nacional como internacional. Hemos participado en numerosos eventos relacionados con la seguridad informática y el ciberespacio como Blackhat, Defcon, RootedCon, Cybercamp, 8dot8 o NavajaNegra entre otros.

Yaiza Rubio   @yrubiosec

Además de analista de inteligencia en el sector privado es Licenciada en Ciencias de la Información, Máster en Análisis de Inteligencia, Máster en Logística y Economía de la Defensa y Máster en Derecho Tecnológico y de las TIC. Ha ejercido como analista en empresas como S21sec e Isdefe antes de incorporarse como analista de inteligencia a ElevenPaths, la unidad de ciberseguridad de Telefónica en mayo de 2013 y actualmente es Technical Lead del equipo de Network Tokenization en Telefónica. En reconocimiento a su trayectoria, en mayo de 2017, Yaiza fue nombrada cibercooperante de honor por INCIBE y recibió en 2019 la Cruz al Mérito de la Guardia Civil con distintivo blanco.

Félix Brezo   @febrezo

Ingeniero informático e ingeniero de organización industrial es también Máster en Seguridad de la Información, Máster en Análisis de Inteligencia, Máster en Derecho Tecnológico y de las TIC y Doctor en Ingeniería Informática y Telecomunicación. Hasta junio de 2013 fue investigador del S3lab de la Universidad de Deusto y, desde entonces, ha estado vinculado a Telefónica como analista de inteligencia en ElevenPaths y como ingeniero especializado en soluciones basadas en tecnología *blockchain* en el equipo de Network Tokenization, para volver en noviembre de 2019 a ElevenPaths como ingeniero de respuesta a incidentes. Félix, que recibió en 2019 la Cruz al Mérito Policial con distintivo blanco, es también miembro de FSF y de EFF.

Índice de contenidos

Índice de figuras..xi

Prólogo..xix

Capítulo 1: Introducción al análisis de inteligencia en fuentes abiertas..............................1

    1.1 El ciclo de inteligencia..1

    1.2 La desinformación como herramienta de desestabilización....................................4

    1.3 La evaluación de fuentes en tiempos de *fake news*..5

    1.4 Archivado y gestión de la información..7

        1.4.1 Zotero..7

        1.4.2 Wayback Machine...9

        1.4.3 Archive.is..10

        1.4.4 Egarante..11

Capítulo 2: La naturaleza de la información..13

    2.1 Representación de la información..13

        2.1.1 Formato de texto...13

        2.1.2 Código binario..15

    2.2 Formatos de ficheros empleados para la transferencia de información.................18

        2.2.1 Archivos JSON..18

        2.2.2 Archivos XML...20

        2.2.3 Archivos CSV..21

        2.2.4 Otros formatos..22

Manual de ciberinvestigación en fuentes abiertas: OSINT para analistas

 2.3 Las expresiones regulares...23

 2.4 Búsquedas con egrep sobre ficheros de texto..26

 2.5 Extracción de entidades con expresiones regulares...27

Capítulo 3: Análisis de ficheros y extracción de metadatos...31

 3.1 Identificación de formatos de ficheros...31

 3.2 Extracción de texto de ficheros ofimáticos..33

 3.3 Reconocimiento óptico de caracteres...34

  3.3.1 Tesseract..36

  3.3.2 GOCR..37

 3.4 Procesamiento de voz...39

 3.5 Análisis de metadatos...42

  3.5.1 Exiftool..42

  3.5.2 FOCA..45

   3.5.2.1 Enumeración de activos de un dominio...46

   3.5.2.2 Extracción de metadatos de otros ficheros...47

   3.5.2.3 Otras funcionalidades..47

 3.6 Análisis forense de imágenes..48

  3.6.1 Error Level Analysis..49

  3.6.2 Herramientas...50

   3.6.2.1 Fotoforensics...50

   3.6.2.2 Forensically..51

  3.6.3 Caso práctico: Captura la bandera..54

Capítulo 4: Usos avanzados de herramientas de búsqueda..59

 4.1 Funcionamiento de un buscador..60

4.2 Buscadores generalistas..60

    4.2.1 Google..62

    4.2.2 Bing..63

    4.2.3 Baidu..65

    4.2.4 Yandex..65

    4.2.5 DuckDuckGo..66

4.3 Buscadores temáticos personalizados...67

    4.3.1 Custom Search Engine de Google..68

    4.3.2 Alternativas para configurar nuestros propios buscadores................................70

4.4 Buscadores de imágenes..71

    4.4.1 Google Imágenes..72

    4.4.2 Yandex Imágenes..73

    4.4.3 Tineye...74

    4.4.4 Extensiones de navegador para la búsqueda inversa de imágenes....................77

    4.4.5 Aplicaciones prácticas de la búsqueda inversa de imágenes.............................79

4.5 Buscadores en redes anónimas...79

    4.5.1 Ahmia.fi..80

    4.5.2 Torch..81

4.6 Buscadores en redes sociales..82

Capítulo 5: Metodologías para la realización de ejercicios de atribución................................87

4.1 OSRFramework..87

    5.1.1 Instalación de la herramienta...88

        5.1.1.1 Instalación en sistemas Windows..88

        5.1.1.2 Instalación en sistemas GNU/Linux y UNIX.....................................90

Manual de ciberinvestigación en fuentes abiertas: OSINT para analistas

      5.1.2 Principales herramientas de OSRFramework..91

      5.1.3 Usufy..92

      5.1.4 Alias_generator..93

      5.1.5 Mailfy...96

      5.1.6 Searchfy..97

      5.1.7 Domainfy...98

5.2 Tinfoleak...101

5.3 Recon-ng..103

5.4 TheHarvester..105

5.5 Maltego..107

      5.5.1 La interfaz gráfica..107

      5.5.2 El concepto de transformadas...108

      5.5.3 Máquinas de transformadas..109

      5.5.4 Versiones..113

5.6 Otras herramientas para la investigación en redes sociales..................................114

      5.6.1 Namechk..114

      5.6.2 Socialbearing...115

      5.6.3 GeoSocial Footprint..116

Capítulo 6: Obtención de información sobre activos tecnológicos...............................117

      6.1 Buscadores tecnológicos..117

          6.1.1 Shodan..118

          6.1.2 Zoomeye..119

          6.1.3 Censys...121

      6.2 Investigación sobre dominios..125

6.2.1 Whois	126
6.2.1.1 Domaintools	127
6.2.1.2 ViewDNS	128
6.2.2 Whois History	128
6.2.3 Passive DNS	130
6.2.4 Reverse Whois	131
6.3 Direcciones IP	132
6.3.1 Localización de la dirección IP	132
6.3.2 Reverse IP	134
6.3.3 IP Address Blacklist	135
6.4 Plataformas de inteligencia y *sandboxing* de ficheros	135
6.4.1 Virustotal	136
6.4.2 Hybrid-analysis	138
6.4.3 OTX	138
6.5 Investigación sobre carteras de criptomonedas	139
6.5.1 Conceptos básicos de la cadena de bloques	141
6.5.2 El seguimiento de transferencias de Bitcoin a través de las direcciones implicadas en Wannacry	146
6.5.2.1 El saldo de las direcciones	146
6.5.2.2 Los movimientos de Wannacry	147
6.5.3 El seguimiento de transferencias en otras criptomonedas	150
6.5.4 Criptomonedas con el foco en el anonimato	153
Capítulo 7: La pila ELK	157
7.1 Requerimientos	158

7.2 Fundamentos de Logstash...159

    7.2.1 Guía rápida de instalación de Logstash...160

    7.2.2 Uso básico de Logstash..161

    7.2.3 Usando otros *plugins*: el *input plugin* de RSS..164

        7.2.3.1 Instalación de un nuevo *plugin*..164

        7.2.3.2 Configuración de Logstash para conseguir información desde un feed de RSS....165

    7.2.4 Manejo de archivos...167

    7.2.5 Recolección de información en tiempo real: el caso de uso con Twitter...............168

        7.2.5.1 Obteniendo las API Keys de Twitter..169

        7.2.5.2 Preparando Logstash para recuperar información de Twitter.....................170

7.3 Explorando las capacidades de ElasticSearch y Kibana...172

    7.3.1 Despliegue de ElasticSearch..172

    7.3.2 Despliegue de Kibana..174

    7.3.3 Indexación de *tweets* con ElasticSearch..175

    7.3.4 Explorando la información recolectada con Kibana...175

        7.3.4.1 Configuración de los patrones de indexación..176

        7.3.4.2 Pestaña de descubrimiento...176

        7.3.4.3 Visualización..179

        7.3.4.4 *Dashboards* de Kibana..182

7.4 Caso de uso: monitorización de grupos y canales de Telegram....................................183

    7.4.1 Requerimientos de instalación..183

        7.4.1.1 Linux..184

    7.4.2 Configuración de un perfil de Telegram..185

    7.4.3 Monitorización de *logs* de Telegram...185

7.4.4 Procesamiento de *logs* y almacenamiento..186

    7.4.4.1 Usando el *input plugin* file{}..187

    7.4.4.2 Procesamiento inicial utilizando el filtro grok{}.................................188

    7.4.4.3 Enviando información a ElasticSearch..192

    7.4.4.4 Ejercicio de creación de *dashboards*..193

Capítulo 8: Herramientas de información cartográfica...195

  8.1 Uso básico de QGIS..196

    8.1.1 Descarga e instalación..196

    8.1.2 Decoradores y herramientas de trabajo...197

    8.1.3 Trabajo con capas..198

        8.1.3.1 Importación de capas...199

        8.1.3.2 Superposición de capas...199

    8.1.4 Importación de capas desde archivos ofimáticos...200

    8.1.5 Creación de nuevas capas..202

  8.2 Manipulación de elementos geoespaciales...205

    8.2.1 Etiquetado de objetos...205

    8.2.2 Selección de objetos geoespaciales..207

    8.2.3 Visualización de objetos geoespaciales...208

        8.2.3.1 Modificación de iconos en capas de puntos............................208

        8.2.3.2 Categorización de elementos...209

        8.2.3.3 Aplicación de graduados en función de un valor de la capa...209

    8.2.4 Generación de mapas de calor...210

  8.3 Herramientas de análisis de la información..211

    8.3.1 Configuración de fondos de pantalla...212

   8.3.2 Instalación de *plugins*....213

   8.3.3 Contabilizador de objetos....215

  8.4 Integración con OpenStreetMap....216

Bibliografía....219

Epílogo....235

 Agradecimientos....235

 Nota sobre derechos de autor....236

 Si te ha gustado....236

Índice de figuras

Figura 1. Las cuatro fases del ciclo de inteligencia clásico diseñado por la OTAN............................2

Figura 2. Evaluación sobre la fiabilidad de las fuentes de información y la credibilidad de su contenido............6

Figura 3. Esquema de los componentes que integran Zotero: desde los *plugins* navegador que recogen el documento que visualizamos en el navegador y sus metadatos para almacenarlos en la base de datos de Zotero, hasta los *plugins* del procesador de texto con los que consultar la información bibliográfica e insertar citas en el documento............8

Figura 4. Línea temporal de las capturas almacenadas en archive.org de la página de El País............10

Figura 5. Procedimiento para almacenar una página web determinada............11

Figura 6. Procedimiento para almacenar una página web determinada............11

Figura 7. Representación gráfica del patrón «[abc][abc][def]»............23

Figura 8. Representación gráfica del patrón «[a-z]{4}»............24

Figura 9. Representación gráfica del patrón «[0-9]{7,8}[\-]?[A-Z]»............25

Figura 10. Representación gráfica del patrón «[0-9]{7,8}»............25

Figura 11. Imagen PNG de prueba obtenida de Hackers News Bulletin. El texto «HACKER DETECTED!!» aparece claramente contrastado con el fondo y junto a la señal............35

Figura 12. Imagen JPG de prueba obtenida de hackersec.com. En esta imagen aparece la palabra PASSWORD con una ligera distorsión al final del término por efecto de la lupa............36

Figura 13. Vista principal de la herramienta FOCA............45

Figura 14. Búsqueda realizada por FOCA para la identificación de ficheros............46

Figura 15. Importación de documentos para analizar los metadatos............47

Figura 16. Fase de descubrimiento de la infraestructura tecnológica de un determinado dominio empleando las herramientas de *discovery* de FOCA............48

Figura 17. Vista principal de la página de inicio de Fotoforensics.com............51

Manual de ciberinvestigación en fuentes abiertas: OSINT para analistas

Figura 18. Ejemplo de ELA realizado sobre Forensically con un parámetro de opacidad del 81%. Se pueden observar diversas anomalías como el platillo volante (y su sombra) y el paracaidista en la parte superior derecha de la imagen..52

Figura 19. Visión modificada del contraste y la luminosidad de la fotografía original de ejemplo. Permite poner el foco sobre diferentes aspectos de la imagen que de otra forma sería más difícil observar...............53

Figura 20. Muestra de la miniatura de la imagen de ejemplo utilizada. Se ve un paracaidista protagonizando al fotografía y no hay ni rastro del platillo volante ni del otro paracaidista...54

Figura 21. Fotografía en formato JPG usada como caso práctico de la aplicación del ELA............................55

Figura 22. Resultados del análisis ELA de la imagen, obtenida de Fotoforensics...56

Figura 23. Detalles de los metadatos de la imagen mostrados por Fotoforensics. Estos datos contienen también los *hashes* MD5, SHA1 y SHA256 de la imagen...57

Figura 24. Imagen original en la que no aparece la bandera estelada..58

Figura 25. Interfaz de la búsqueda avanzada de Google..64

Figura 26. Asistente para la creación de nuevos *bangs*..67

Figura 27. Vista de la interfaz de configuración de un buscador personalizado sobre seguridad.................69

Figura 28. Vista principal de un una instancia del metabuscador Searx..70

Figura 29. Búsqueda de imágenes similares a la identificada en una URL. Google Imágenes procederá a la descarga del contenido y tratará de identificar imágenes similares..72

Figura 30. Ejemplo de cuatro resultados identificados por Google Imágenes a partir del logo que utilizamos para i3visio. Los resultados se corresponden con una imagen identificada en Twitter, Github, Tumblr y Libraries.io respectivamente..73

Figura 31. Imágenes similares al logo de i3visio.com identificadas por Yandex. La primera de ellas se corresponde con el avatar de la cuenta de Github..74

Figura 32. Resultados mostrados por TinEye tras introducir como entrada el logo de i3visio.....................75

Figura 33. Ejemplo del funcionamiento de la extensión de TinEye en un navegador Firefox......................76

Figura 34. Ejemplo de uso de la extensión Search by image en Firefox...77

Figura 35. Un ejemplo de noticia desenmascarada por la cuenta de Twitter @malditobulo en la que se muestra la imagen de un menor presuntamente golpeado por fuerzas policiales el 1 de octubre................78

Figura 36. Captura de pantalla de la página principal de Ahmia..80

Figura 37. Ejemplo de los resultados mostrados por el buscador Torch para el término «hackers»...................81

Figura 38. Ventana de configuración de la búsqueda avanzada en el buscador Torch..................82

Figura 39. Pantalla de búsqueda avanzada presentada por Twitter para buscar por términos concretos..........83

Figura 40. Herramientas de búsqueda avanzada de Twitter sobre perfiles en su red social...............84

Figura 41. Adición de python.exe al PATH de un sistema Windows mediante la activación de la opción «Add Python 3.8 to PATH» en el menú de instalación de Python 3.8.1..................................89

Figura 42. Ejemplo de ejecución de alias_generator.py en OSRFramework con datos de entrada relativos a Yaiza Rubio...95

Figura 43. Ejemplo de ejecución de una búsqueda con mailfy para el correo electrónico felixbrezo@gmail.com. «mailfy -m felixbrezo@gmail.com» nos ha permitido identificar otros correos vinculados al usuario y cuentas en redes sociales...97

Figura 44. Detalle de la interfaz de consulta de Tinfoleak sobre la cuenta de Twitter @cia................102

Figura 45. Información sobre los módulos del proyecto Recon-ng..104

Figura 46. Lista total de comandos disponibles en la herramienta. Se muestran indicando –help...........104

Figura 47. Captura de pantalla de parte de una investigación realizada con Maltego sobre el incidente de seguridad de Wannacry del 12 de mayo de 2017..107

Figura 48. Paquetes de transformadas que se pueden incorporar en Maltego por defecto desde diferentes *hubs* de transformadas...109

Figura 49. Ventana de creación de una nueva máquina de Maltego..110

Figura 50. Ejemplo de configuración de una nueva máquina con el asistente de transformadas en la parte derecha...111

Figura 51. Vista del Machine Manager con la MaquinaEjemplo recién creada..............................112

Figura 52. Ejemplo de ejecución de una máquina sobre la entidad de tipo dominio con valor i3visio.com.....112

Figura 53. Resultados obtenidos tras consultar un nombre de usuario en el proyecto namech_k..........114

Figura 54. Consulta de la información de un usuario sobre la plataforma Socialbearing....................115

xiii

Manual de ciberinvestigación en fuentes abiertas: OSINT para analistas

Figura 55. Monitorización de la actividad de un usuario de Twitter en función de su localización................116

Figura 56. Ejemplo de una de las búsquedas sobre Shodan en la que se identifican 14260 resultados de servicios que utilizan la tecnología Apache en Barcelona..118

Figura 57. Ejemplo de una de las búsquedas sobre ZoomEye en la que se identifican servidores Apache.......121

Figura 58. Información mostrada por Censys.io sobre la dirección de los servidores de Google: 8.8.8.8........122

Figura 59. Búsqueda por rangos de código de estado HTTP en el puerto 80. Cadena de búsqueda empleada: «80.http.get.status_code:[200 TO 300]»..124

Figura 60. Interfaz para hacer la consulta de whois sobre el dominio i3visio.com en Domaintools................126

Figura 61: Pantalla de las herramientas de consulta que incluye ViewDNS. Entre ellas se encuentra, la búsqueda Whois (en la tercera columna)..127

Figura 62. Consulta histórica de información de DNS utilizando el servicio DNS History de Complete DNS. 128

Figura 63. Consulta histórica de la información de DNS almacenada por Whoisology en el pasado (diciembre de 2017). Es habitual que toda o parte de la información de este tipo de servicios sea clasificada como reservada para usuarios de pago..129

Figura 64. Consulta de información de Passive DNS en RiskIQ sobre el dominio telefonica.com...................130

Figura 65. Pantalla de consulta de un Reverse Whois desde la Interfaz de viewdns.info..................................131

Figura 66. Información sobre la geolocalización de una dirección IP..133

Figura 67. Búsqueda inversa de dominios asociados a una dirección IP empleando ViewDNS.......................134

Figura 68. Búsqueda reputacional sobre una dirección IP contra el servicio IPVoid.......................................135

Figura 69. Consulta sobre si la dirección URL http://be-24.ru ha sido catalogada como web maliciosa...........137

Figura 70. Consulta sobre si un fichero (identificado por su *hash*) ha sido asociado como malicioso..............137

Figura 71. Vista de últimos ficheros subidos a la plataforma de Hybrid Analysis...138

Figura 72. Vista informativa de Open Threat Exchange de Alienvault sobre una dirección IP........................139

Figura 73. Información general sobre el saldo y el volumen de transacciones recibidas por una dirección de Bitcoin...142

Figura 74. Información sobre un bloque de Bitcoin..143

Figura 75. Primeros movimientos realizados por los propietarios de Wannacry........................147

Figura 76. Seguimiento de las operaciones realizadas hasta cuentas de Hitbtc.com a partir de la dirección de Bitcoin implicada en Wannacry: 13AM4VW2dhxYgXeQepoHkHSQuy6NgaEb94..........................149

Figura 77. Vista de Coinmarketcap.com de los proyectos de criptomonedas con más capitalización...............150

Figura 78. Vista ampliada de la información existente sobre el proyecto de Litecoin en Coinmarketcap. La vista central muestra la evolución de la cotización desde que Coinmarketcap tiene registros pero cuenta también con diferentes pestañas para explorar los datos históricos o la cotización en diferentes mercados...152

Figura 79. Listado de las direcciones con más unidades monetarias en Bitcoin a finales de 2019. Fuente: Bitinfocharts.com..153

Figura 80. Ejemplo de salida del primer test de Logstash en el que se hace un eco de los mensajes escritos en la terminal. El ejemplo se ha lanzado directamente como comando..160

Figura 81. Ejecución de Logstash que simplemente hace eco del texto escrito por el usuario en la terminal.. 162

Figura 82. Ejemplo de la ejecución de Logstash que hace un doble eco de la entrada facilitada por consola.. 163

Figura 83. Reproduciendo la ejecución de Logstash en la que se define una aplicación que escribe en un nuevo fichero..164

Figura 84. Mensajes logueados en la terminal tras la recolección realizada de una fuente RSS......................166

Figura 85. Visualización de la salida obtenida tras el proceso de recolección de archivos RSS de EL MUNDO. Se puede comprobar que la estructura de los ficheros de salida es un JSON..167

Figura 86. Después de haber confirmado el correo que te habrá llegado después de haber dado de alta tu aplicación, será necesario esperar a que sea autorizada por Twitter..170

Figura 87. Ejemplo de fichero de datos (tweets.txt) con información recuperada de Twitter..................................171

Figura 88. Lista de campos identificados por Kibana a partir del patrón logstash-*. En nuestro ejemplo, estos campos son solo los recopilados de la API de Twitter, ya que esta es la única fuente utilizada.......................177

Figura 89. Búsqueda de muestra realizada en la pestaña Descubrir usando Kibana..................................178

Figura 90. Diferentes tipos de gráficos disponibles en la instalación estándar de Kibana..................................179

Figura 91. Captura de pantalla de un diagrama de gráfico circular recientemente creado antes de dividirlo en varias secciones..180

Manual de ciberinvestigación en fuentes abiertas: OSINT para analistas

Figura 92. Ejemplo de un gráfico circular que muestra los 10 usuarios de Twitter más activos agrupados por id..180

Figura 93. Captura de pantalla de la creación de un nuevo *dashboard*..................................182

Figura 94. Un simple *dashboard* que integra cinco visualizaciones diferentes, como descuentos, métricas, gráficos circulares y *widgets* de barras verticales..183

Figura 95. Captura de pantalla de la solicitud de código de inicio de sesión mediante el complemento de Telegram. Este código se enviará a su teléfono móvil mediante un mensaje de texto..................184

Figura 96: Ejemplo de una conversación en Telegram mediante el *addon* de la plataforma para Pidgin........185

Figura 97. Ejemplo de cómo se usa Grok para parsear un *log* usando Grok Debugger..................189

Figura 98. Binarios de instalación de QGIS..196

Figura 99. Importación de una nueva capa en QGIS..199

Figura 100. Importación de una capa de puntos como la de aeropuertos en QGIS..................200

Figura 101. Ejemplo de fichero .csv con localizaciones sobre direcciones IP..........................201

Figura 102. Configuración del administrador de fuentes de datos a la hora de importar el fichero CSV........201

Figura 103. Creación de una nueva capa de puntos en formato Shape..................................202

Figura 104. Completar los atributos tras haber creado una nueva capa..................................203

Figura 105. Creación de una nueva capa de tipo shape con campos definidos......................204

Figura 106. Inspección de la capa de puntos de aeropuertos para la selección de una nueva etiqueta..........205

Figura 107. Nombres de los aeropuertos sobre el mapa..206

Figura 108. Tipos de expresiones para la generación de etiquetas..207

Figura 109. Configuración del icono de aeropuertos en la capa de puntos............................208

Figura 110. Vista de una capa de países categorizada por el valor de la columna «CONTINENT»..........209

Figura 111. Graduación de los colores en función de la población..210

Figura 112. Configuración de un mapa de calor sobre una capa de puntos..........................211

Figura 113. Configuración de la capa de Google Satellite..213

Figura 114. Visualización de capas de diferentes proveedores..214

Figura 115. Diálogo de selección de objetos geoespaciales de OpenStreetMap........................215

Figura 116. Vista de los objetos importados en la capa tras la consulta de QuickOSM..............217

Prólogo

En las páginas que conforman este libro vamos a enumerar algunas de las técnicas que usamos los autores diariamente en las investigaciones en que nos vemos implicados. Los ejemplos y utilidades que se van a enumerar durante las distintas unidades han sido descritos con el objetivo de que puedan ser puestos en práctica por el lector porque pensamos que es esa la mejor forma en que estos conceptos terminan por ser interiorizados.

Por este motivo, a lo largo de estas páginas se va a trabajar con diferentes herramientas, tanto *online* como instaladas en local. Personalmente, solemos preferir optar por las soluciones de *software* libre que den cobertura a nuestras investigaciones siempre que sea posible y tanto en las sesiones que impartimos presencialmente como en otras formaciones que impartimos pensamos que el hecho de que el usuario se pueda acercar a la tecnología y probarla es siempre un punto a favor.

El ámbito del *software* de virtualización no es una excepción y es por eso que a lo largo de este manual se enumeran los procesos de instalación de las diferentes herramientas que usaremos. Por todo ello, es recomendable invertir algo de tiempo en la preparación de los entornos de VirtualBox para desplegar una máquina virtual de Kali Linux 2019 y otra de Ubuntu 18.04.

Los contenidos de este libro están distribuidos en ocho capítulos como sigue. La primera unidad es una introducción a la ciberinteligencia y a los diferentes tipos de fuentes que un analista se puede encontrar. En la segunda, se profundiza en cómo se almacena la información en soportes informáticos y se plantean estrategias de búsqueda sobre información textual utilizando expresiones regulares. La tercera trata sobre el análisis de ficheros informáticos de diferente tipo, desde documentos ofimáticos hasta el procesamiento de imágenes, voz o metadatos. En la cuarta, se analiza diferentes técnicas que agilizarán nuestras estrategias de búsqueda cuando trabajamos con los buscadores convencionales. La quinta explica diferentes estrategias que se pueden llevar a cabo para la realización de ejercicios de atribución en la red. La sexta describe los procesos de obtención de información sobre distintos tipos de activos tecnológicos como IP, dominios, etc. Por su parte, la séptima unidad es una introducción al manejo de Logstash, ElasticSearch y Kibana una serie de herramientas que agilizan el proceso de análisis de ficheros y gestión de información. La octava es una unidad dedicada al uso y a la visualización de un tipo de información especial, el de la información cartográfica que nos ayudará a mejorar la visualización de datos de este tipo.

Sin más, esperamos que el lector pueda extraer aspectos y técnicas de investigación que mejoren sus capacidades de búsqueda y reconocimiento. Minusvalorar las posibilidades que nos ofrece la información que ya ha sido hecha pública consciente o inconscientemente por parte del adversario sería darle un hándicap que no nos podemos permitir. Al fin y al cabo, bien afirmaba Sun Tzu en el Arte de la Guerra:

> *«El que comprende cómo luchar,*
> *de acuerdo con las fuerzas del adversario,*
> *saldrá victorioso»*

Capítulo 1: Introducción al análisis de inteligencia en fuentes abiertas

El término inteligencia, en muchas ocasiones es utilizado de forma errónea. Según el *Glosario de inteligencia* editado por el Ministerio de Defensa español[1], inteligencia se define como el «producto que resulta de la evaluación, la integración, el análisis y la interpretación de la información reunida por un servicio de inteligencia. Su elaboración es objeto del proceso conocido como ciclo de inteligencia».

Por este motivo, es erróneo usar información como sinónimo de inteligencia, ya que información es su materia prima. Asimismo, también es un error emplear el término *espionaje* como sustituto de inteligencia, ya que este hace referencia únicamente a las acciones llevadas a cabo para obtener información por medios clandestinos. Sin perjuicio de que existan este tipo de actividades, la comparación es inexacta cuando se hace referencia a la disciplina que engloba al análisis de inteligencia.

1.1 El ciclo de inteligencia

El proceso conocido como ciclo de inteligencia clásico (ver Figura 1) y que da lugar al producto denominado como inteligencia está compuesto por cuatro fases diferenciadas: dirección, recolección, procesamiento y diseminación o difusión.

---

[1] Miguel Ángel Esteban Navarro, *Glosario de inteligencia* (Ministerio de Defensa, 2007).

Manual de ciberinvestigación en fuentes abiertas: OSINT para analistas

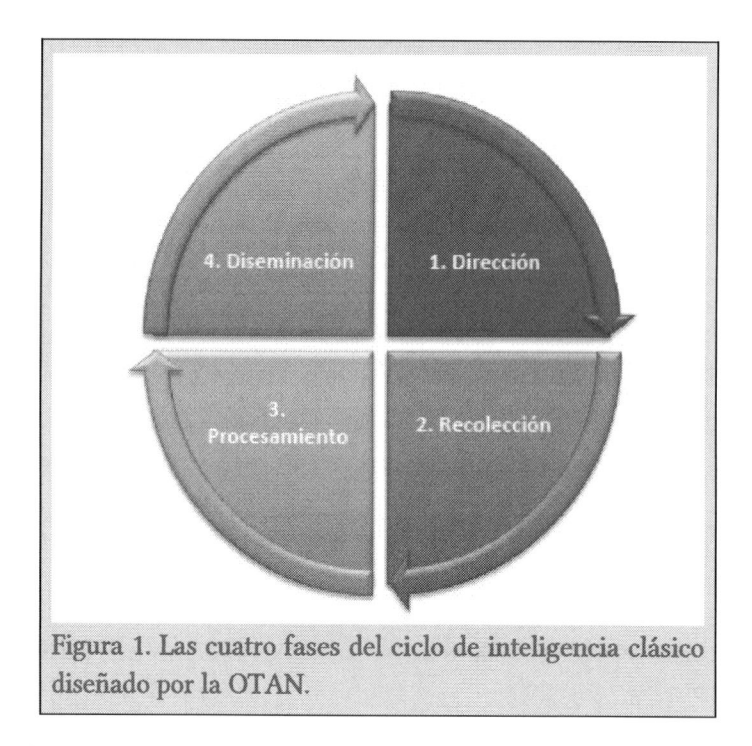

Figura 1. Las cuatro fases del ciclo de inteligencia clásico diseñado por la OTAN.

1. Fase de dirección. Se trata de la primera parte del ciclo que tiene por objetivo la determinación de las necesidades de inteligencia y la planificación de las acciones que se deben emprender para su resolución. Para una mejor planificación de las acciones, se suelen dividir las requerimientos de inteligencia en requerimientos generales y, por su parte, para requerimiento general es dividido en requerimientos específicos. De esta fase, el analista debe haber sido capaz de responder a dos preguntas:

    1.1. ¿Cuáles son mis necesidades reales de inteligencia?

    1.2. ¿Qué planificación de acciones voy a llevar a cabo para cubrir esas necesidades?

2. Fase de recolección. En la segunda fase se lleva a cabo la obtención de datos por medios variados y procedentes de diferentes fuentes de información que constituirán la base informativa a partir de la cual se generará el nuevo conocimiento. El origen de las fuentes de información puede ser muy variado y puede dar lugar a diferentes tipos de inteligencia. Tomando como referencia las definiciones del propio *Glosario de inteligencia* del Ministerio de Defensa, algunas de las más conocidas son los siguientes:

2.1. Inteligencia de fuentes abiertas (OSINT). Se trata de un tipo de inteligencia que conforma una parte cada vez más significativa del proceso analítico. Es un tipo de inteligencia elaborada a partir de información que se obtiene a partir de fuentes de carácter público con independencia de que el contenido sea comercializado, se difunda por canales restringidos o sea de carácter gratuito.

Así, por fuente abierta se entiende todo documento con cualquier tipo de contenido, fijado en cualquier clase de soporte (papel, fotográfico, magnético, óptico...) que se transmite por diversos medios (impreso, sonoro, audiovisual...) y al que se puede acceder en modo digital o no pero que en todo caso es puesto a disposición del público.

Los tipos de fuentes de información documental abiertas pueden ser muy diversos y no necesariamente tienen que tener un soporte tecnológico. En esta categoría nos podemos encontrar desde obras de referencia como enciclopedias, anuarios o directorios, monografías y publicaciones científicas o técnicas hasta la propia legislación e incluso las emisiones de radio y televisión o las distintas bases de datos abiertas que utilizamos diariamente..

2.2. Inteligencia de fuentes humanas (HUMINT). Se trata de un tipo de inteligencia que se elabora a partir de información recogida o suministrada directamente por personas. La información suministrada por fuentes humanas es muy útil porque puede proporcionar información imposible de adquirir por otros medios.

La obtención de información por medio de fuentes humanas tiene dos fases que implican la captación e infiltración de la fuente (lo que muchas veces conlleva una cantidad de recursos importante) y la fase es la evaluación de la información adquirida por este medio por parte de los oficiales de inteligencia responsables y de los analistas teniendo en cuenta la propia naturaleza de la persona.

2.3. Inteligencia de señales (SIGINT). Se trata de un tipo específico de inteligencia de corte técnico que se elabora a partir de la obtención y el procesamiento de datos provenientes de la detección, interceptación y descifrado de señales y transmisiones de cualquier tipo. La inteligencia de señales puede ser responsabilidad de un organismo especializado en la materia e independiente del resto como el Government Communications Headquarters (GCHQ) británico o la National Security Agency (NSA) estadounidense.

3. Fase de procesamiento. La tercera fase se corresponde con el procesamiento y la explotación intelectual de la información. Con el objetivo de realizar una adecuada interpretación de la información recibida, es necesario que cada información que sea recibida en esta fase haya sido convenientemente evaluada.

4. Fase de diseminación. Esta última fase consiste en la puesta a disposición del decisor del conocimiento creado bajo la forma de un informe de inteligencia que debe ser una herramienta útil para apoyar la toma de decisiones.

El proceso en realidad es un proceso cíclico que se retroalimenta y que puede dar lugar a nuevas necesidades de información y a actualizaciones de los productos ya entregados. Es un proceso vivo y permeable que dista mucho de empezar (y terminar) en la mera enumeración de hechos y evidencias.

1.2 La desinformación como herramienta de desestabilización

El Centro Criptológico Nacional identifica en su informe sobre desinformación CCN-CERT BP/13 cómo las noticias falsas y la desinformación han pasado a ser herramientas destinadas a «erosionar y debilitar la cohesión interna de un Estado o un de [sic] grupo de estados considerados como adversarios». En dicho documento se identifican algunos factores que contribuyen a impulsar el uso de acciones hostiles basadas en la distribución de desinformación:

- El alto nivel de efectividad gracias a la democratización del proceso de producción de información y generación de contenido ajenos a los medios de comunicación tradicionales.

- La dificultad para establecer una atribución directa facilitada por el surgimiento de actores que aprovechan la estructura propia de las redes sociales para erigirse como actores anónimos que aún así pueden moldear y pulsar el sentir de determinados sectores de la opinión pública.

- La complejidad de la regulación a la hora de combatirlas legalmente en sistemas democráticos donde la libertad de expresión y de opinión son aspectos fundamentales que sostienen el sistema democrático.

- Las limitaciones existentes para establecer una relación de causalidad que permitan ponderar hasta qué punto los cambios de comportamiento en la sociedad vienen derivados de una acción concreta.

- El aprovechamiento de vulnerabilidades sociales ya existentes para ahondar en ellas y acrecentar la agresividad de los mensajes y así polarizar los puntos de vista en los distintos temas objeto de debate.

- La permeabilidad de los métodos de la comunicación social y política legítimos frente a mensajes de desinformación originados por tanto de forma ilegítima, lo que contribuye a dificultar la tarea de identificar la credibilidad del contenido al que nos enfrentamos.

La guía del CCN-CERT pretende ser un manual de referencia para que los ciudadanos contenemos con herramientas que nos permitan, sino identificar, al menos cuestionar la naturaleza del contenido sospechosos que recibimos los más de 20 millones de españoles que estamos en riesgo de ser víctimas de la desinformación[2]. En el documento se recogen elementos que son clave en las campañas de desinformación y que pasan por las noticias falsas (y las *deep fake news*), las redes sociales, las cuentas automatizadas o la publicidad entre muchos otros.

1.3 La evaluación de fuentes en tiempos de *fake news*

Todas estas cuestiones, tienen un impacto en la forma en que los analistas tienen que afrontar cada contenido que utilizan en sus análisis. En este manual, nos limitaremos a ampliar los conocimientos, técnicas y metodologías vinculadas con las fuentes abiertas con el objetivo de mejorar los procesos analíticos en el ámbito del ciberespacio.

En este sentido, el Sistema Internacional de Fuentes es una herramienta que ayuda a los analistas en este proceso al recomendar la evaluación de una información en función de la fiabilidad conocida de la fuente (con letras de la A a la F) y de la credibilidad del contenido de esa información en concreto (con números del 1 al 6) tal y como se recoge en la Figura 2.

---

[2] Luis Martínez Viqueira, «El Ciclo de Inteligencia Complejo: una ágil herramienta para operar en red», *IEEE*, Documento de opinión, n.º 50 (20 de mayo de 2016): sec. 4. ¿Cuál es el riesgo para España?

Manual de ciberinvestigación en fuentes abiertas: OSINT para analistas

Letra	Significado
A	Fiable
B	En general fiable
C	Bastante fiable
D	No siempre fiable
E	Poco segura
F	Fiabilidad no evaluable

Número	Significado
1	Confirmado
2	Probable
3	Posible
4	Dudoso
5	Improbable
6	Exactitud no evaluable

Figura 2. Evaluación sobre la fiabilidad de las fuentes de información y la credibilidad de su contenido.

De esta manera, cada una de las informaciones tendrán dos valoraciones. Por ejemplo, una información catalogada como B4 se corresponderá con una información que proviene de una fuente que en general es fiable pero en la que el contenido concreto de la misma es dudoso al no haberse podido confirmar por otros medios o chocar con otras informaciones conocidas.

El Anexo B del manual de campo del ejército de EEUU para la gestión de inteligencia de fuentes humanas, profundiza aún más en el significado de cada apartado. Así, una fuente fiable será una fuente sobre la que no hay ninguna duda de su autenticidad e integridad y tiene un inmaculado historial en cuanto a su fiabilidad mientras que sobre una fuente bastante fiable existirán dudas sobre su autenticidad aunque ha facilitado información fiable en el pasado.

De forma similar, con respecto a la credibilidad del contenido pasa algo parecido. Un contenido confirmado será aquel que ha sido confirmado por fuentes independientes, que es lógico por sí mismo o que es consistente con otra información sobre la materia. Por su parte, un contenido dudoso será aquel contenido no confirmado y que es posible pero no lógico y que no cuenta de otra información sobre la materia que lo respalde o refute.

La utilización de estas herramientas de forma consistente ayudará a los analistas y a los consumidores de los análisis a interpretar cada evidencia en el sentido en que fue generada por el responsable del documento. Es muy recomendable que los analistas de fuentes abiertas, teniendo en cuenta el nivel de manipulabilidad de las fuentes que utilizan, se familiaricen con su uso en cuanto les sea posible.

1.4 Archivado y gestión de la información

En muchas ocasiones, el contenido de diferentes páginas web deja de estar disponible y en un momento determinado nos podría interesar recuperar la información que estas almacenaban en el pasado. Al margen de la opción de consultar copias recientes de las páginas web utilizando la caché de los buscadores, existen otras herramientas que nos pueden ser útiles para esta tarea cuando queramos hacer una búsqueda más hacia el pasado.

1.4.1 Zotero

Zotero[3] es una herramienta de gestión bibliográfica de *software* libre que se integra en el navegador y que permite a los usuarios archivar contenido que visualizan en este para luego citarla. Es muy utilizada en el ámbito académico por los investigadores, pero también puede utilizarse por los analistas aprovechando su capacidad para crear capturas del contenido y almacenarlo ordenado por fecha y categorizado.

---

3 Center for History and New Media, *Zotero*, versión 5.0.80, Javascript (Fairfax County (Virginia, EEUU), 2019), https://www.zotero.org/.

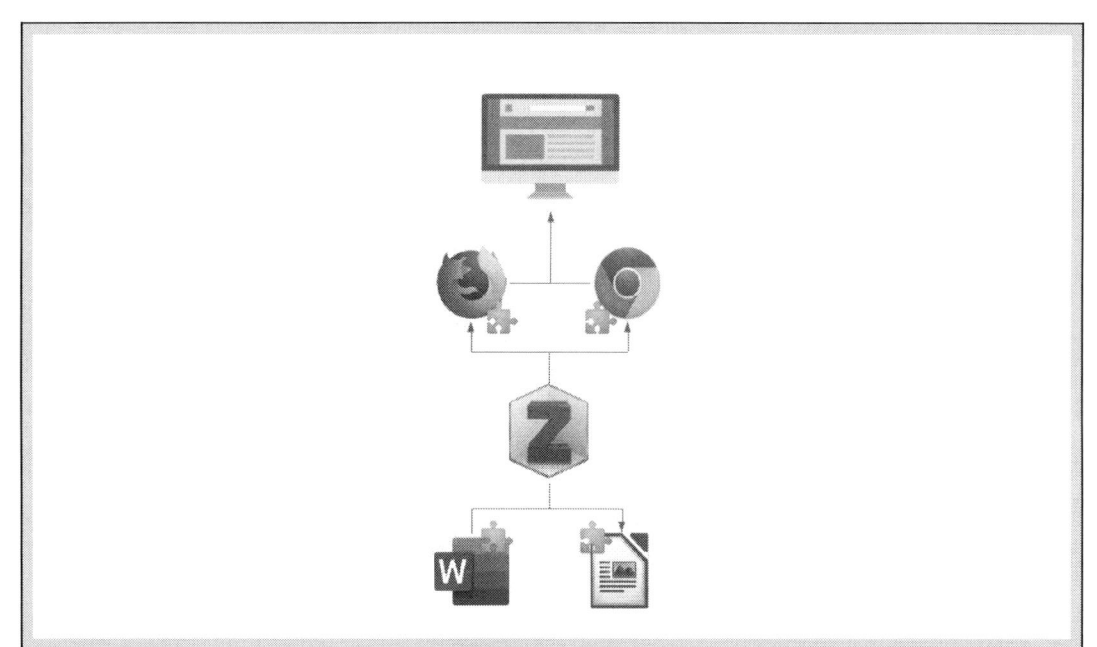

Figura 3. Esquema de los componentes que integran Zotero: desde los *plugins* navegador que recogen el documento que visualizamos en el navegador y sus metadatos para almacenarlos en la base de datos de Zotero, hasta los *plugins* del procesador de texto con los que consultar la información bibliográfica e insertar citas en el documento.

El funcionamiento del conjunto de herramientas que componen el ecosistema de Zotero (esquematizado en la Figura 3) se puede describir como sigue:

- ❖ La aplicación de Zotero en sí misma. Contiene la base de datos con las referencias, los detalles de cada una de ellas y las capturas de cada recurso. La interfaz ilustrada en la Figura 36 permite, entre otras cosas, exportar los recursos bibliográficos, clasificarlos en carpetas o etiquetarlos y también cuenta con una opción de sincronización con un servicio en la nube de Zotero.org pero es opcional.

- ❖ La extensión de navegador de Zotero. Disponible para Firefox y navegadores basados en Chrome, añade un botón en el navegador que permite archivar un recurso. Esta extensión tiene distintos módulos (en Zotero se denominan *translators*) que parsean la página en curso en busca de metadatos para intentar completar lo mejor posible la información sobre la misma. Por ejemplo, en el caso de que sean libros de Amazon o artículos científicos de

Elsevier, parsearán la web actual y generarán la entrada bibliográfica correspondiente. También se puede utilizar con normalidad para páginas Web normales, lo que ocurre es que en esos casos suele haber que trabajar un poco más de forma manual con la edición de los metadatos.

- Opcionalmente, se pueden instalar dos extensiones de navegador para Microsoft Word, Libreoffice Writer o Google Docs. Son extensiones muy interesantes ya que permitirán al usuario citar y referenciar archivos de la biblioteca y generar los índices bibliográficos correspondientes en uno de las docenas de formato existentes.

1.4.2 Wayback Machine

La Internet Library ofrece una base de datos denominada como Wayback Machine. Esta herramienta nos ofrece la posibilidad de consultar diferentes las capturas que han ido realizando a lo largo del tiempo de una misma página web. Se trata de un servicio que lleva vigente desde el año 1996 y que realiza un proceso de *crawling* de los recursos existentes en la red con la particularidad de que almacena todas las capturas que va obteniendo.

Por ejemplo, si buscamos el dominio actual de el diario El País (elpais.com), podemos consultar cómo era la web desde la primera captura de la que tiene constancia el servicio el 19 de diciembre de 1996, que fue la primera captura almacenada, hasta la actualidad.

Aunque la plataforma no tiene ciclos de búsqueda tan rápidos como los buscadores convencionales, el hecho de que ofrezca la posibilidad de consultar información que ya no está vigente la hace muy interesante para analistas que quieran consultar información que ha podido ser eliminada.

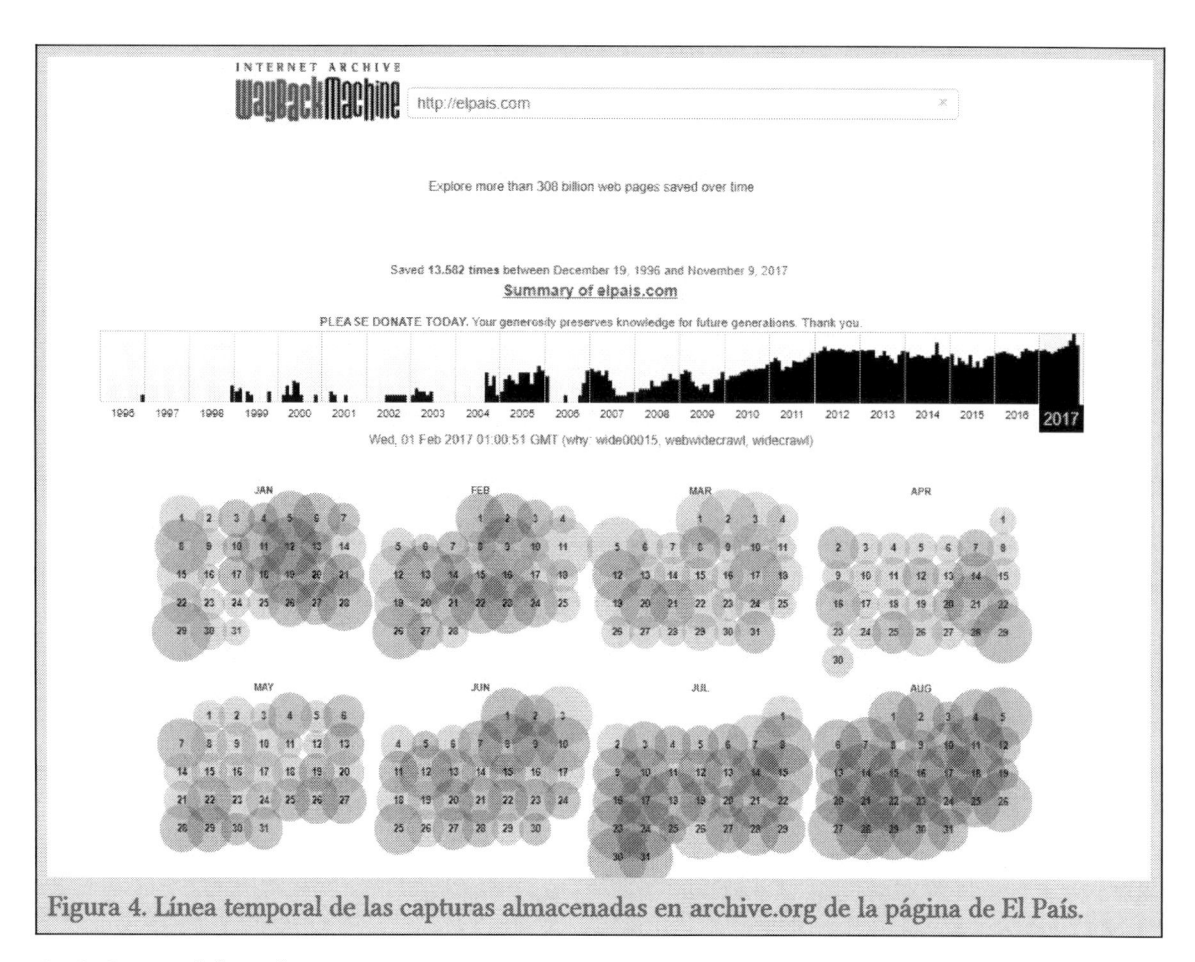

Manual de ciberinvestigación en fuentes abiertas: OSINT para analistas

Figura 4. Línea temporal de las capturas almacenadas en archive.org de la página de El País.

1.4.3 Archive.is

Por otro lado, también podemos recurrir al servicio de Archive.is[4] con objetivos similares pero que no lleva a cabo el proceso de *crawling* automático: este servicio se basa en las páginas voluntariamente archivadas por los usuarios. En esta primera opción que nos aparece, nos ofrece la posibilidad de introducir una URL para que almacenen por nosotros esa web.

---

4 archive.today, «Webpage Archive», accedido 9 de enero de 2020, https://archive.is/.

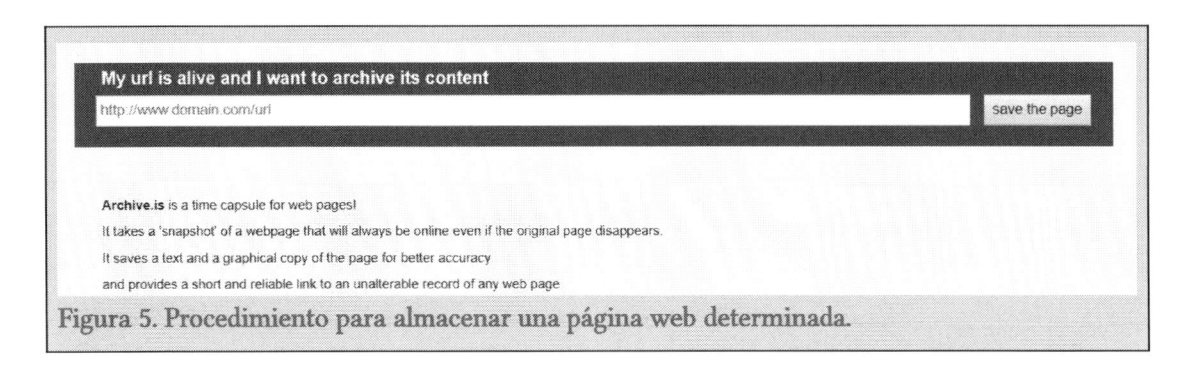

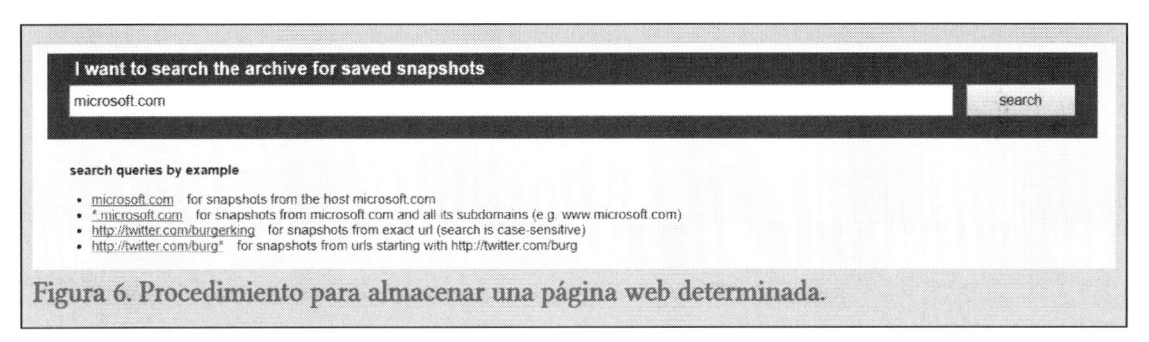

Figura 5. Procedimiento para almacenar una página web determinada.

Figura 6. Procedimiento para almacenar una página web determinada.

Por otro lado, también existe la posibilidad de consultar todos los *snapshots* que esta herramienta ha almacenado en el tiempo. Adicionalmente, la plataforma también permite buscar *snapshots* utilizando caracteres comodín como el «*». Esto nos permitirá identificar capturas de subdominios o de direcciones URL muy complejas.

1.4.4 Egarante

Egarante[5] es un servicio comercial que puede ser utilizado para la certificación de contenidos web. Aunque dispone de distintas versiones comerciales, la versión lite se puede utilizar para certificar un cierto contenido web siguiendo estos pasos:

1. Enviar un correo electrónico a websigned@egarante.com poniendo en el asunto la URL de la página en el asunto (nada más ni en el asunto ni en el cuerpo del mensaje).

2. Pasados unos minutos, se recibe una copia del contenido de la URL certificado.

---

5 EGARANTE S.L., «eGarante», 2013, https://www.egarante.com/.

Es importante guardar a buen recaudo dicho contenido, ya que en egarante.com no mantienen una copia del contenido. Hay que tener en cuenta que entre las limitaciones del servicio se incluye un máximo de dos certificaciones por cuenta de correo en 24 horas, que no incluye el código fuente de la web y que tampoco es válido para certificar contenidos en páginas protegidas por usuario y contraseña (solamente para contenido público).

De forma similar, se puede utilizar Egarante para certificar contenido enviado por correo electrónico. Bastaría con seguir los siguientes pasos:

1. Añadir en el CC la cuenta de mailsigned@egarante.com.

2. Egarante mandará un segundo correo electrónico al destinatario informándole de la certificación del correo facilitándole una copia idéntica del mismo para asegurar que el mensaje se envía.

3. Tras un tiempo, se recibe la certificación del envío de correo en la cuenta original.

Hay que tener en cuenta que la versión lite del producto también tiene algunas limitaciones, como que solamente se admite el envío de correos a una cuenta y que no se certifica que haya sido entregado el correo.

Capítulo 2: La naturaleza de la información

La forma en que almacenamos la información en un equipo informático varía en función del tipo de formato de fichero que vamos a utilizar. No es lo mismo guardar la frase «¡Hola mundo!» en un fichero de texto plano que en un documento .docx, .odt o PDF. De la misma manera, si quisiéramos proceder a buscar información contenida en documentos audiovisuales, por ejemplo, necesitaremos llevar a cabo un paso de preprocesamiento del fichero para hacer explorable el contenido verbal o textual que este contiene.

2.1 Representación de la información

Como ya hemos introducido, no todos los contenidos están ya dispuestos para buscar sobre ellos. Para entender y comprender los límites de la obtención de información de fuentes abiertas y generar unas expectativas realistas sobre lo que pueden hacer y lo que no pueden hacer las herramientas es importante entender cómo se almacena la información en los distintos ficheros. En esta sección vamos a ver de forma práctica cómo se representa esta en documentos ofimáticos que enviamos por correo electrónico, las fotografías tomadas con nuestras cámaras o los archivos comprimidos en los que empaquetamos otros archivos y carpetas.

2.1.1 Formato de texto

El concepto de texto sin formato o muchas veces texto plano o llano (traducido del inglés, *plain text*) es un término bastante amplio que hace referencia a archivos que contienen únicamente caracteres legibles por las personas. Tradicionalmente, hemos entendido como ficheros de texto plano aquellos que contienen caracteres ASCII convencionales pero, en realidad. estos pueden estar codificados en cualquier otra codificación como UNICODE o similar. Por ejemplo, a continuación podemos ver una tabla de diferentes caracteres almacenados en codificación ASCII, que utiliza un único byte por cada carácter.

Tabla I. Codificación de diferentes caracteres ASCII en decimal y en HTML.

Decimal	Hexadecimal	HTML	Carácter
46	2E	&#46;	.
47	2F	&#47;	/
48	30	&#48;	0
49	31	&#49;	1
50	32	&#50;	2
51	33	&#51;	3
52	34	&#52;	4
53	35	&#53;	5
54	36	&#54;	6
55	37	&#55;	7
56	38	&#56;	8
57	39	&#57;	9
58	3A	&#58;	:
59	3B	&#59;	;
60	3C	&#60;	<
61	3D	&#61;	=
62	3E	&#62;	>
63	3F	&#63;	?
64	40	&#64;	@
65	41	&#65;	A
66	42	&#66;	B
67	43	&#67;	C

Por ejemplo, vamos a realizar la siguiente prueba creando un archivo que contenga la cadena de texto «¡Hola mundo!». Podemos utilizar un editor como el Gedit o incluso hacerlo desde la terminal. ¿Qué vemos si visualizamos por pantalla el contenido del fichero?

```
$ echo "¡Hola mundo!" > ejemplo.txt
$ cat ejemplo.txt
¡Hola mundo!
```

Ahora vamos a hacer lo propio con un fichero .odt que contiene exactamente esa misma cadena. Para ello, podemos abrir Libreoffice Writer, Microsoft Word o Google Docs y generar un fichero que contenga lo mismo.

```
$ cat ejemplo.odt
PK♦♦kK^♦2
        'mimetypeapplication/vnd.oasis.opendocument.textPK♦♦kK♦lT_♦♦Thumbnails/
thumbnail.png♦PNG

IHDR♦♦♦♦♦♦PLTEux♦♦♦♦♦♦♦♦♦♦♦♦♦♦♦♦♦♦♦♦♦♦♦♦♦♦♦♦♦♦♦♦♦♦♦
```

Capítulo 2: La naturaleza de la información

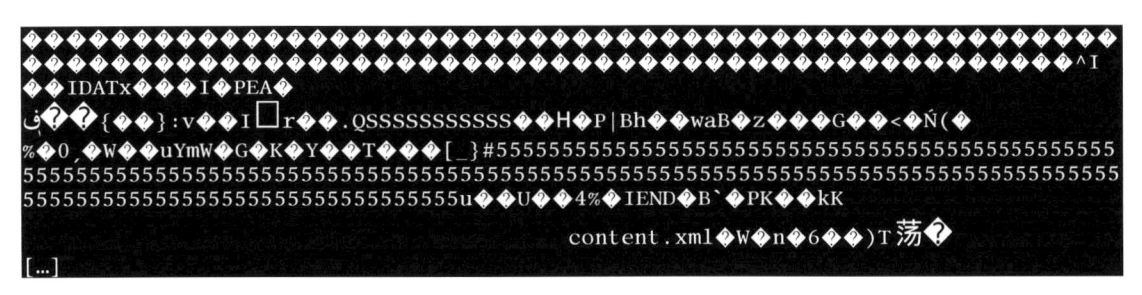

```
��������������������������������������������
��������������������������������������������^I
��IDATx���I�PEA�
ڇ��{��}:v��I□r��.QSSSSSSSSSS��H�P|Bh��waB�z���G��<�Ń(�
%�0,�W��uYmW�G�K�Y��T���[_}#5555555555555555555555555555555555555555
5555555555555555555555555555555555555555555555555555555555555555555555
5555555555555555555555555555555u��U��4%�IEND�B`�PK��kK
                                 content.xml�W�n�6��)T荡�
[...]
```

¿Por qué tenemos tantos caracteres extraños si solamente hemos introducido una sencilla cadena de texto? Sencillamente, porque los ficheros ofimáticos de Writer o Microsoft Word así como los archivos PDF son archivos binarios. El contenido textual del fichero no se almacena tal cual en ellos sino que las herramientas que los generan llevan a cabo un empaquetado del contenido que guarda junto con el texto el tipo de letra, los estilos, el encabezado y el pie de página, etc. Veremos cómo se guarda esa información en el siguiente apartado.

Sin embargo, es importante que entendamos en este punto que la información textual que aparece en ficheros de este tipo no es tan obvia. Esto va a tener unas implicaciones evidentes a la hora de procesar la información: no tendrá el mismo coste computacional analizar el mensaje textual de un *tweet* que extraer el texto de un archivo binario que es necesario analizar y preprocesar para poder interpretar correctamente el contenido textual que almacena.

2.1.2 Código binario

Para hacernos a la idea de cómo se han almacenado en disco cada uno de los ficheros vamos a visualizar el contenido del archivo empleando la herramienta hexdump de Linux, que se invoca con el comando hd. El resultado en el caso del fichero de texto son apenas 14 bytes.

```
$ hd ejemplo.txt
00000000  c2 a1 48 6f 6c 61 20 6d  75 6e 64 6f 21 0a        |..Hola mundo!.|
0000000e
```

Al realizar el volcado de memoria en formato hexadecimal de un archivo, podemos comprobar cómo se representan los caracteres. A diferencia de la codificación a la que estamos acostumbrados en base 10, la codificación hexadecimal utiliza base 16 para representar la información. En decimal, contamos con 10 cifras para representar los diferentes valores: 0, 1, 2, 3, 4, 5, 6, 7, 8 y 9. Cuando completamos la secuencia: ¿qué se hace? Añadimos una cifra (la decena por ejemplo) a la izquierda y volvemos a empezar. Así tenemos: 0, 1, ..., 8, 9, 10, 11, ..., 18, 19, 20, 21, ..., 98, 99, 100, 101...

15

Manual de ciberinvestigación en fuentes abiertas: OSINT para analistas

En hexadecimal ocurre algo de forma similar, pero con base 16. Como no tenemos 16 cifras, cuando se llega a la siguiente al 9, se empieza con las letras del abecedario hasta la F. Así obtendríamos secuencias como: 0, 1, 2, 3, 4, 5, 6, 7, 8, 9, A, B, C, D, E, F. El carácter A equivaldría a 10, B a 11 y así sucesivamente hasta la F, que sería 15. Como ocurre en decimal, al agotar todas nuestras cifras, saltamos al siguiente número añadiendo un 1 a la izquierda: 0, 1, ..., 9, A, B, C, D E, F, 10, 11, 12, ..., 19, 1A, 1B, ..., 1F, 20, 21, ..., E0, E1, ..., EB EC, ED, EF, F0, F1, F2, F3, F4, ..., FD, FE, FF, 100, 101...

Sin embargo, la representación a bajo nivel en realidad no se hace ni con base 10 ni con base 16: se hace en base 2 y, por tanto con dos caracteres. Sin embargo, su funcionamiento es el mismo: 0, 1. Cuando agotamos todas las cifras, ponemos un 1 a la izquierda. Así tendríamos secuencias de 0, 1, 10, 11, 100, 101, 110, 111, 1000, 1001, 1010, 1011, 1100, 1101, 1110, 1111, 10000... En la siguiente tabla se recogen las diferentes codificaciones de los primeros números.

Tabla II. Codificaciones en decimal, binario y hexadecimal de los primeros números enteros.

Decimal	Binario	Hexadecimal
0	0	0
1	1	1
2	10	2
3	11	3
4	100	4
5	101	5
6	110	6
7	111	7
8	1000	8
9	1001	9
10	1010	A
11	1011	B
12	1100	C
13	1101	D
14	1110	E
15	1111	F
16	0001 0000	10
17	0001 0001	11
18	0001 0010	12
19	0001 0011	13

Los que siguen, son otros números relevantes con los que muchos estarán familiarizados por las máscaras de subred (255) o direcciones IPv4 locales (192).

Tabla III. Codificación de otros números relevantes en el ámbito de la informática.

Decimal	Binario	Hexadecimal
17	0001 0001	11
30	0001 1110	1E
31	0001 1111	1F
32	0010 0000	20
33	0010 0001	21
100	0110 0100	64
126	0111 1110	7E
127	0111 1111	7F
128	1000 0000	80
192	1100 000	C0
254	1111 1110	FE
255	1111 1111	FF

La pregunta puede ser: ¿por qué se guardan en binario? Pues por las limitaciones técnicas de los mecanismos físicos empleados para almacenar la información. Si tuviéramos una cabeza lectora que se moviera por el disco, sería relativamente sencillo detectar, por ejemplo, si una posición de memoria está perforada o no perforada. En el caso de que la placa estuviera perforada, leeremos un 1 y si no lo está un 0 por ejemplo.

Los mecanismos actuales son más modernos. Por ejemplo, los dispositivos de almacenamiento magnético como un disco duro magnético o los disquetes ya caídos en desusos, la información se guardaba como campos magnéticos sobre la superficie de los discos. Estas cargas eran leídas por una cabeza lectora que se desplazaba sobre el disco según iban girando y es por este motivo que la presencia de imanes de alta potencia cerca de los dispositivos podía provocar la corrupción de los datos.

Los diferentes dispositivos tienen mecanismos de lectura mucho más rápidos. Por ejemplo, una memoria RAM contiene una serie de transistores o condensadores que tienen la capacidad de almacenar una pequeña carga eléctrica. De forma similar a como se ha explicado antes, el lector interpretará que si este contiene carga eléctrica con un voltaje normal estaremos ante un 1 y, en caso contrario, ante un cero.

Eso sí, a la hora de representar la información, no se suele utilizar la notación binaria dado que no es muy amigable para las personas incluso aunque se separen de cuatro en cuatro las secuencias de bits. Por ejemplo, en ingeniería inversa se suele tratar directamente con editores y lectores de formato hexadecimal.

Llegados a este punto, es importante tener en cuenta que hablamos de bit en base 2, pero cuando hablamos de bytes nos referimos a unidades de información de 8 bits. Esta confusión es habitual por ejemplo cuando se habla de ancho de banda donde es habitual confundir los Megabits (Mb) por segundo que de MegaBytes (MB) por segundo.

2.2 Formatos de ficheros empleados para la transferencia de información

En este apartado se presentan diferentes formatos de fichero utilizados para la compartición y el almacenamiento de información. Comprender sus características y saber trabajar con los datos.

2.2.1 Archivos JSON

El formato JSON (de JavaScript Object Notation) es un formato basado en texto ampliamente extendido como herramienta de intercambio de datos entre aplicaciones que, de hecho, es un estándar de facto para la compartición de información en API. Según la especificación oficial del RFC 7159[6], un objeto JSON puede contener atributos con uno de los siguientes tipos de datos:

- ❖ Cadenas de texto. Entrecomilladas, utilizando siempre dobles comillas, pueden contener 0 o más caracteres así como caracteres de escape.

- ❖ Booleanos. Representan un atributo que solo puede contener dos valores: verdadero (*true*) o falso (*false*). Estos valores nunca se entrecomillan ya que entrecomillados equivaldrían a una cadena de texto de 4 y 5 caracteres respectivamente.

- ❖ Números. La información numérica puede hacer referencia tanto a cantidades positivas como negativos y, opcionalmente, también puede contener una parte decimal siempre separada por puntos.

---

6 Ed. T. Bray, «The JavaScript Object Notation (JSON) Data Interchange Format», Standards Track (IETF, marzo de 2014), https://tools.ietf.org/html/rfc7159.

Capítulo 2: La naturaleza de la información

- ❖ Objetos. Se trata de un objeto delimitado por llaves («{» y «}») y que contiene una secuencia de elementos ordenados por «clave: valor». Cada par clave-valor del objeto estará separado por una coma. Por ejemplo: {"name": "james", "surname": "bond"}.

- ❖ Listas o *arrays*. Representan una lista ordenada de cero o más valores los cuales pueden ser de cualquiera de los tipos anteriores. Una lista en JSON puede contener valores numéricos o cadenas de texto indistintamente. En cualquier caso, los valores se separan por comas entre sí y se delimita su comienzo y su final entre corchetes. Por ejemplo: [1987, "yaiza", {"name": "felix"}].

En la página siguiente, se presenta un ejemplo que se codificará a lo largo de este apartado en distintos formatos: Aunque la indentación (el uso de espacios o tabulación para facilitar su lectura) es descartada por los parseadores de documentos JSON, es habitual presentarlos indentados con dos o cuatro espacios en blanco cuando se presentan en documentación susceptible de ser utilizada por personas. Herramientas *online* como JSONLint[7] o JSON Beautifier[8] realizan ese trabajo de presentarnos de forma más legible JSON escritos en una línea.

De hecho, lo habitual es que en las aplicaciones finales no se incluyan estos espacios y tabuladores dado que sobrecargan el tamaño de la información a enviar. Por ejemplo, el JSON anterior también se puede representar como:

```
[{"name": "Yaiza", "surname": "Rubio", "year": 1987, "alias": [{"platform":
"Twitter", "value": "yrubiosec"}, {"platform": "Instagram", "value":
"yrubiosec"}]}, {"name": "F\\u00e9lix", "surname": "Brezo", "year": 1987, "alias":
[{"platform": "Twitter", "value": "febrezo"}]}]
```

Se puede comparar esta versión del JSON con su versión tabulada en la siguiente página.

```
[
  {
    "name": "Yaiza",
    "surname": "Rubio",
    "year": 1987,
    "alias": [
    {
    "platform": "Twitter",
    "value": "yrubiosec"
    },
    {
    "platform": "Instagram",
```

---

[7] JSONLint, «The JSON Validator», accedido 9 de enero de 2020, http://jsonlint.com.

[8] JSON Beautifier, «The Best Json Formatter/Json Viewer», accedido 9 de enero de 2020, https://jsonbeautifier.org.

Manual de ciberinvestigación en fuentes abiertas: OSINT para analistas

```
            "value": "yrubiosec"
        }
        ]
    },
    {
        "name": "Félix",
        "surname": "Brezo",
        "year": 1987,
        "alias": [
        {
        "platform": "Twitter",
        "value": "febrezo"
        }
        ]
    }
]
```

2.2.2 Archivos XML

El formato XML o eXtensible Markup Language es un lenguaje de marcas basado en texto y que da soporte a base de datos. Es ampliamente extensible y la versión 1.1 de la especificación data del año 2006[9], pero su manejo es bastante complejo dada la gran cantidad de atributos y opciones que se pueden configurar. Se caracteriza por etiquetar cada objeto del fichero entre dos marcas (una de comienzo como <person> y otra de fin </person>) que, además pueden contener atributos adicionales como se puede ver en el fichero .xml de ejemplo que sigue:

```
<people>

<person>
<name>Yaiza</name>
<surname>Rubio</surname>
<year>1987</price>
<alias platform="Twitter">yrubiosec</alias>
<alias platform="Instagram">yrubiosec</alias>
</person>

<person>
<name>Félix</name>
<surname>Brezo</surname>
<year>1987</price>
<alias platform="Twitter">febrezo</alias>
</person>

</people>
```

---

9 Tim Bray et al., «Extensible Markup Language (XML) 1.1 (Second Edition)», W3C Recommendation, 16 de agosto de 2006, https://www.w3.org/TR/2006/REC-xml11-20060816/.

Aunque existen una gran cantidad de librerías y paquetes en todos los lenguajes que procesan este formato, su uso en API y herramientas ha caído en general en desuso por su complejidad en favor de formatos como JSON o CSV.

2.2.3 Archivos CSV

Los ficheros en formato CSV son ficheros de texto separados por comas cuya estructura ha sido estandarizada en el RFC 4180[10]. Más allá de la existencia opcional de una primera línea que enumere los nombres de los campos, el estándar recoge que los valores de cada fila estarán separados por el carácter «,», pudiéndose utilizar opcionalmente las comillas dobles para acotar los campos. En el caso de que el campo en cuestión contenga saltos de línea, comas o comillas dobles, el uso de las comillas dobles para acotar será necesario.

Cualquier comilla doble que apareciera dentro del campo, deberá escaparse doblando la comilla doble. Por ejemplo, si se quieren almacenar los campos «aaa», «b"bb» y «ccc», la notación correcta según el estándar será:

```
"aaa","b""bb","ccc"
```

También es habitual en muchos países europeos que se emplee el carácter «;» para delimitar los campos. En otros casos, también se pueden encontrar ficheros separados por tabuladores (en cuyo caso se suelen llamar TSV o Tabular Separated Values) o pipes "|". Dado que existe la costumbre de etiquetar estos ficheros también como CSV su uso puede entrañar complicaciones a la hora de compartir información más aún teniendo en cuenta las diferentes formas de anotar los caracteres numéricos decimales (con punto o coma) y los separadores de miles (con comas o puntos cada tres cifras). Por este motivo, al cargar estos ficheros en herramientas como Microsoft Excel o Libreoffice Calc será necesario indicar el carácter separador a emplear así como otros atributos del formato que pudieran no estar estandarizados como el delimitador de campo.

A continuación se recoge un fichero en formato CSV que recoge la información de los ejemplos que se han visto anteriormente en JSON y XML:

```
name,surname,year,alias,platform
Yaiza,Rubio,1987,yrubiosec,Twitter
Yaiza,Rubio,1987,yrubiosec,Instagram
Félix,Brezo,1987,febrezo,Twitter
```

---

10 Y. Shafranovich, «Common Format and MIME Type for Comma-Separated Values (CSV) Files», Informational, Network Working Group (IETF, octubre de 2005), https://tools.ietf.org/html/rfc4180.

Obsérvese en este punto la redundancia que ha sido necesario introducir para delimitar que una identidad tiene varios aliases en una plataforma. La naturaleza bidimensional de las tablas y del formato CSV obliga a almacenar la información alterando solamente el campo que cambia e introduciendo una redundancia .

En este supuesto existe una alternativa, que pasaría por almacenar las dos plataformas separadas por comas a su vez en el campo *platform* a costa de un postprocesamiento adicional tras la lectura del fichero.

```
name,surname,year,alias,platform
Yaiza,Rubio,1987,yrubiosec,"Twitter,Instagram"
Félix,Brezo,1987,febrezo,Twitter
```

Sin embargo, esta aproximación solamente será útil si el usuario comparte en ambas plataformas el mismo usuario y nos obligaría a generar un nuevo registro. Por ejemplo, en un fichero de este tipo:

```
name,surname,year,alias,platform
Yaiza,Rubio,1987,yrubiosec,Twitter
Yaiza,Rubio,1987,yaiza_rubio,Instagram
Félix,Brezo,1987,febrezo,Twitter
```

El uso de los ficheros separados por comas está muy extendido. Por ejemplo, es muy habitual el intercambio de información en ficheros en los que se encuentra un valor por línea. En realidad podemos tratar dichos ficheros como una versión simplificada de un fichero CSV en el que la cabecera puede aparecer o no y que solamente cuenta con una columna.

2.2.4 Otros formatos

Además de los formatos ya mencionados, existen otros formatos con los que conviene estar familiarizado.

- **Ficheros de bases de datos**. Se trata de ficheros binarios que almacenan los datos en un formato estructurado, organizados en tablas y campos tipados y que han sido diseñados para permitir su localización y acceso más rápido empleando un lenguaje de consulta diseñado *ad hoc* como SQL. Ejemplos de motores de bases de datos relacionales pueden ser MySQL Server, Postgres o SQLITE.

- **Ficheros de grafos**. Se trata de una familia de formatos y de especificaciones diseñadas para representar las relaciones entre diferentes entidades, así como los atributos tanto de los nodos como de las aristas del grafo resultante. Existen varias aproximaciones

Capítulo 2: La naturaleza de la información

(.gml, .graphml,) que varían en cuanto a su sintaxis y que pueden ser abiertas y exploradas por herramientas como Gephi, Graph-Tool o Cytoscape entre otras.

2.3 Las expresiones regulares

Las expresiones regulares son una herramienta muy potente que permite identificar cadenas de texto en base a patrones. Aunque requieren de cierta práctica, existen una gran cantidad de recursos en internet para profundizar en el funcionamiento de las expresiones regulares, tanto a nivel teórico como a nivel práctico facilitando herramientas en las que poner a prueba nuestros conocimientos. En cualquier caso, vamos a ver algunas nociones básicas sobre el funcionamiento de las expresiones regulares:

- El carácter «.» representa cualquier carácter del mismo modo que una sucesión de n puntos «....» representa n caracteres cualquiera.

- Los corchetes se utilizan para indicar que cualquiera de los caracteres que van entre ellos

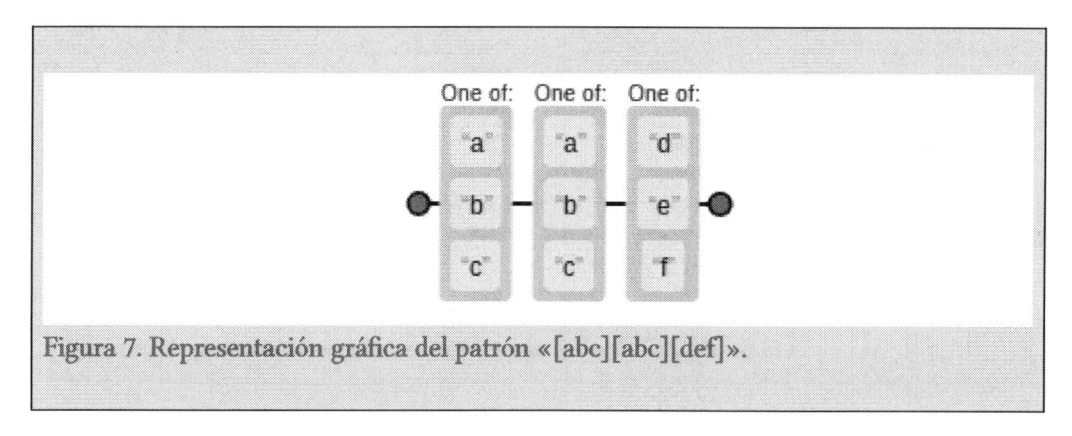

Figura 7. Representación gráfica del patrón «[abc][abc][def]».

pueden aparecer en la expresión. Por ejemplo, «[abc][abc][def]» se puede corresponder con cualquiera de las siguientes expresiones «aaf», «bcd» o «cae» pero no con «dad» (ver Figura 7).

- Los corchetes también se pueden utilizar para indicar cualquier carácter a excepción de los que están dentro. Para indicar esta negación, el primer carácter dentro del corchete debe

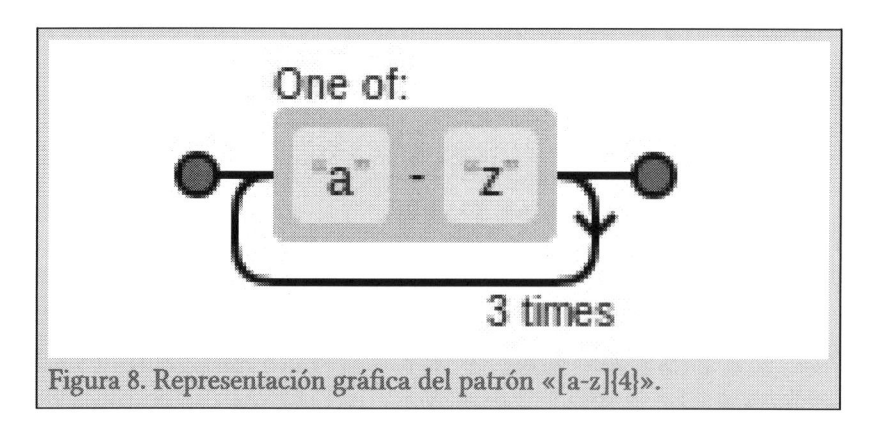

Figura 8. Representación gráfica del patrón «[a-z]{4}».

ser el circunflejo. De esta forma, «[^afg]» indicará que no queremos que aparezca ni la «a», ni la «f», ni la «g».

- Dentro de los corchetes se pueden indicar rangos utilizando el carácter «-». Por ejemplo, una forma de indicar todas las letras minúsculas y mayúsculas simultáneamente sería usar «[a-zA-Z]».

- El carácter «*» se utiliza para representar que la expresión que le antecede puede aparecer ninguna o infinitas veces. Por ejemplo, «[0-9]*» representará una cadena indeterminada de números del 0 al 9.

- Si, por contra, queremos indicar que un patrón solo se debe repetir un número fijo de veces, tendremos que emplear las llaves «{}». Por ejemplo, «[a-z]{4}» se corresponde exactamente con cuatro letras minúsculas cualquiera como se recoge en la Figura 8. También se puede especificar que el rango de veces que puede aparecer el carácter o caracteres puede estar entre 4 y 7 indicándolo entre corchetes como sigue: «a-z{4,7}».

- El carácter interrogante «?» es un carácter especial que sirve para indicar que la expresión que le precede puede aparecer o no. Por ejemplo, si indicamos [0-9]X?[0-9] (nótese que hemos escapado el carácter «.» para que se interprete como literal y no como comodín), podremos identificar expresiones como «0X0» y «00».

Capítulo 2: La naturaleza de la información

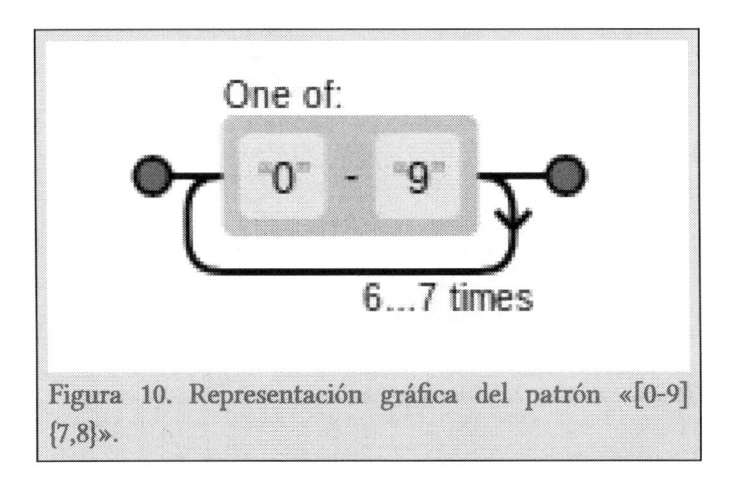

Figura 10. Representación gráfica del patrón «[0-9]{7,8}».

Vistos los fundamentos de las expresiones regulares, vamos a intentar construir la expresión que se corresponde con los documentos nacionales de identidad españoles. En primer lugar, nos damos cuenta de que se trata de números de 7 u 8 cifras consecutivas. La expresión podría pasar por «[0-9]

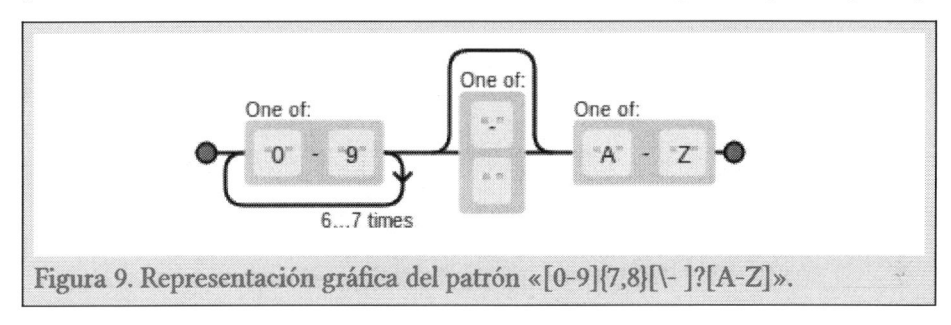

Figura 9. Representación gráfica del patrón «[0-9]{7,8}[\-]?[A-Z]».

{7,8}» como en la Figura 10.

Sin embargo, los números de DNI van acompañados de una letra, generalmente mayúscula que se coloca al final y que nos obliga a trabajar con una expresión un tanto más compleja. Si lo añadimos a la expresión, nos encontramos con «[0-9]{7,8}[A-Z]».

Para rizar un poco más el rizo, vamos a considerar la posibilidad de que el número y la letra estén separados de un espacio, de un guion o de nada de nada. Para ello, colocamos un nuevo corchete y dentro un espacio, el carácter «-» convenientemente escapado (para indicar que queremos que actúe como literal y no como indicador de rango) y una interrogante al final de los corchetes. Con esa interrogante indicaremos que queremos dar la posibilidad de que lo de dentro del corchete aparezca o no aparezca. La expresión final sería algo parecido a lo mostrado en la Figura 9, pero

25

podríamos identificar fácilmente otras variaciones para consolidar los separadores de las unidades de millar con «.» o con espacios por ejemplo.

2.4 Búsquedas con egrep sobre ficheros de texto

Una vez que tenemos los documentos en formato de texto, ¿cómo podemos hacer búsquedas de palabras de clave sobre ellos? Pues con el comando egrep se puede hacer búsquedas sobre ficheros de texto. En el ejemplo, vamos a buscar en todos estos ficheros la palabra delitos.

```
$ egrep "delitos" *.text
```

La salida anterior nos muestra el nombre del fichero y la línea completa en la que se encuentra la palabra. Si queremos saber el número de la línea en que aparece bastará con añadir la opción -n al comando egrep.

```
$ egrep -n "delitos" *.text
```

A continuación, vamos a buscar más de una palabra clave en un documento. Para ello usaremos una expresión regular que equivale a un OR.

```
$ egrep "(delitos|comision|transnacional)" *.text
```

En secciones anteriores ya construimos la expresión regular del DNI. Esta expresión podemos utilizarla sin directamente sobre el comando egrep para tratar de identificar DNI en los archivos que estemos analizando texto.

```
$ egrep "[0-9]{7,8}[\- ]?[A-Z]" *.text
```

Los resultados que nos muestra egrep nos mostrarán todas las líneas de los ficheros consultados en las que aparezca dicho patrón, marcando en color la parte de cada línea que se corresponde con el patrón. Si no quisiéramos visualizar el resto de la línea, al indicar la opción -o nos quedaremos exactamente con el DNI, obviando el resto en la salida de la terminal.

```
$ egrep "[0-9]{7,8}[\- ]?[A-Z]" *.text -o
```

Como nota adicional, cabe destacar que egrep también puede buscar información sobre ficheros binarios. Por ejemplo, si queremos identificar la secuencia de caracteres «print» en el fichero binario /bin/ls (es decir, en el fichero ejecutable propio del programa que nos permite listar los elementos de una carpeta), nos encontraremos con el siguiente mensaje:

```
$ egrep "print" /bin/ls
Coincidencia en el fichero binario /bin/ls
```

Por defecto, el comportamiento de egrep será mostrarnos el citado mensaje genérico, pero sin mostrar en pantalla los resultados encontrados. El comportamiento de egrep es así para proteger al usuario de una posible inundación de caracteres no imprimibles en la terminal. Sin embargo, en algunas ocasiones esta opción sí que puede ser la deseada por el analista. Para ello, añadiremos la opción -a a la búsqueda:

```
$ egrep "characters" /bin/ls -a
    -b, --escape              print C-style escapes for nongraphic characters
    -q, --hide-control-chars  print ? instead of nongraphic characters
        --show-control-chars  show nongraphic characters as-is (the default,
```

2.5 Extracción de entidades con expresiones regulares

El uso de expresiones regulares puede ser muy útil para identificar determinados tipos de datos. A continuación, se presenta una lista no exhaustiva con algunos ejemplos de expresiones regulares que nos pueden ser de utilidad para identificar distintos tipos de entidades presentes en grandes volúmenes de texto. A modo de ejercicios prácticos, para cada elemento se presenta una serie de cadenas de texto y una expresión regular candidata.

- **Aliases**. En función de la plataforma a monitorizar, estos criterios pueden variar. Por ejemplo, Twitter no permite nombres de usuario que contengan el carácter «.» o que tengan más de 16 caracteres. Si consultas los criterios de aceptación que tiene Twitter para dar por válido un alias, ¿cumple nuestra expresión regular con todas las condiciones?

    o Cadena de prueba: febrezo, yrubiosec

    o Expresión regular candidata: «[a-z0-9_]{3, 16}»

- **Números de teléfono**. Los números de teléfono tienen una estructura bastante estándar pero que presenta notables variaciones. Por ejemplo, en España, los teléfonos móviles empiezan por 6 o 7 y tienen 9 cifras siempre. Si le añadimos la posibilidad de que vengan separados por espacios o guiones y que pueden o no tener el prefijo internacional (+34 o 0034), queda una estructura también compleja. Probemos con la siguiente serie de números de teléfono y la expresión regular que adjuntamos: ¿hay alguno de los números de teléfono que no serían detectados como tales por dicha expresión?

    o Cadenas de prueba: 666 111 222, +34 666-11-22-33, 0034700123456

- Expresión regular candidata: «((00|+)34)?[-]?[67][0-9]{2}[-\.]?[0-9]{3}[-\.]?[0-9]{3}»

- **Correos electrónicos**. La estructura de un correo electrónico, compartida por cierto con las cuentas de mensajería de tipo Jabber, parece clara para muchos de nosotros. Sin embargo, la complejidad que entraña no es trivial a la hora de implementar una búsqueda exacta de correos electrónicos y suele ser simplificada intencionadamente a sabiendas. ¿Saldrían seleccionadas las siguientes direcciones? ¿Cuál de estas no son en realidad correos electrónicos válidos de acuerdo al RFC 3696[11]?

  - Cadenas de prueba: john@.test.com, john@example..com, john@com, john@e.com.

  - Expresión regular candidata: «[0-9a-zA-Z\.\-]+@[0-9a-zA-Z\.\-]+»

- **Direcciones IPv4**. Se trata del formato de direcciones IP propuesto en la cuarta versión del protocolo IP y detallado en el RFC 791[12]. Las direcciones son de 32 bits repartidas en 4 octetos separados por puntos, con lo que cada uno de los octetos puede tener un valor mínimo de 0x00 (0 en decimal) y un valor máximo de 0xFF (255 en decimal). ¿Qué problemas presenta la expresión regular candidata propuesta a continuación y cómo lo solucionarías?

  - Cadenas de prueba: 255.255.0.0, 127.0.0.1, 192.168.0.1, 8.8.8.8, 453.123.123.12

  - Expresión regular candidata: «[0-9]{1,3}.[0-9]{1,3}.[0-9]{1,3}.[0-9]{1,3}»

Es muy recomendable familiarizarse con las mecánicas empleadas para la identificación de distintas entidades utilizando expresiones regulares. El manejo consolidado de las herramientas detalladas en esta sección ayudará al analista a la hora de extraer todo tipo de entidades de ficheros de *log* o en cualquier procesamiento manual que requiera trabajar a ciegas con grandes ficheros de texto.

---

[11] J. Klensin, «Application Techniques for Checking and Transformation of Names», Informational, Request For Comments, febrero de 2004, https://tools.ietf.org/html/rfc3696#page-5.

[12] DARPA y University of Southern California, «Internet Protocol», Internet Standard, Request For Comments, septiembre de 1981, https://tools.ietf.org/html/rfc791.

Plataformas como RegExr[13], que permiten al usuario introducir texto de ejemplo y comprobar la eficacia de la expresiones regulares que haya desarrollado, pueden ser un buen campo de pruebas afianzar su dominio. Con este fin, se proponen a continuación algunos ejemplos típicos a los que se pueden enfrentar los analistas:

- Direcciones IPv6

- URI de distintos tipos (HTTP o HTTPS, FTP o SFTP, etc.)

- Direcciones de distintos tipos de criptodivisas (Bitcoin, Ethereum, Monero, etc.)

- Tipos de *hashes* criptográficos

- Firmas PGP

- Tarjetas de crédito

- Números de cuenta bancaria

- Documentos de identificación y números de pasaporte

- Códigos de empleado

- Coordenadas geográficas

---

13 Grant Skinner, «RegExr: Learn, Build, & Test RegEx», RegExr, accedido 9 de enero de 2020, https://regexr.com/.

Capítulo 3: Análisis de ficheros y extracción de metadatos

Con el nacimiento de Google y otros buscadores, las agencias de inteligencia vieron en estos una herramienta muy potente de donde extraer información. Sin embargo, con el crecimiento de la web y las limitaciones que podrían encontrarse en ellos, muchos analistas empezaron a ver también necesaria la utilización de herramientas que únicamente *crawlearán* determinados sitios web (periódicos, redes sociales, foros, etc.) a su discreción para recuperar todo el contenido en ellos disponible.

Las unidades de ciberinteligencia llevan utilizando durante años herramientas que ayudan a los analistas a abstraerles de los complejos procesos de procesamiento de información presentes en internet. Sin embargo, creemos que es necesario conocer en qué consisten y cómo funcionan para poder entender de verdad las limitaciones a las que nos enfrentaremos a la hora de buscar información. De hecho, algunas de las limitaciones que se nos presentan tienen mucho que ver con los diferentes tipos de ficheros donde es almacenada la información.

En este sentido, los procesos de recolección de información están orientados, en primer lugar, a la identificación del formato del fichero a monitorizar y, posteriormente, a transformar dicho fichero a otro formato mucho más fácil de procesar como es el formato textual. Es a partir de ese punto en que las herramientas de indexación de las que hablaremos en secciones posteriores se encargarán de preparar la información recogida para presentarla de una forma consultable.

3.1 Identificación de formatos de ficheros

Un número mágico en informática se refiere a unos caracteres alfanuméricos que de manera codificada identifican un archivo. Por ejemplo, tomamos el ejemplo de un archivo en formato PNG. Podemos observar qué tipo de archivo es utilizando la herramienta hexdump desde una terminal Linux.

```
$ hexdump -C image.png | head
```

```
00000000  89 50 4e 47 0d 0a 1a 0a  00 00 00 0d 49 48 44 52  |.PNG........IHDR|
00000010  00 00 03 19 00 00 01 0d  08 06 00 00 00 63 3b a8  |.............c;.|
00000020  5b 00 00 00 04 73 42 49  54 08 08 08 08 7c 08 64  |[....sBIT....|.d|
00000030  88 00 00 00 19 74 45 58  74 53 6f 66 74 77 61 72  |.....tEXtSoftwar|
00000040  65 00 67 6e 6f 6d 65 2d  73 63 72 65 65 6e 73 68  |e.gnome-screensh|
00000050  6f 74 ef 03 bf 3e 00 00  20 00 49 44 41 54 78 9c  |ot...>.. .IDATx.|
```

En el caso de que hagamos lo mismo con un fichero .docx o .odt con el mismo texto el contenido también será muy diferente al de un archivo de texto que contenga esas palabras..

```
$ hexdump -C ejemplo.odt | less
00000000  50 4b 03 04 14 00 00 08  00 00 bc 8d 6b 4b 5e c6  |PK..........kK^.|
00000010  32 0c 27 00 00 00 27 00  00 00 08 00 00 00 6d 69  |2.'...'.......mi|
00000020  6d 65 74 79 70 65 61 70  70 6c 69 63 61 74 69 6f  |metypeapplicatio|
00000030  6e 2f 76 6e 64 2e 6f 61  73 69 73 2e 6f 70 65 6e  |n/vnd.oasis.open|
00000040  64 6f 63 75 6d 65 6e 74  2e 74 65 78 74 50 4b 03  |document.textPK.|
00000050  04 14 00 00 08 00 00 bc  8d 6b 4b 8b 6c 54 5f eb  |.........kK.lT_.|
00000060  01 00 00 eb 01 00 00 18  00 00 00 54 68 75 6d 62  |...........Thumb|
00000070  6e 61 69 6c 73 2f 74 68  75 6d 62 6e 61 69 6c 2e  |nails/thumbnail.|
00000080  70 6e 67 89 50 4e 47 0d  0a 1a 0a 00 00 00 0d 49  |png.PNG........I|
00000090  48 44 52 00 00 00 b5 00  00 01 00 08 03 00 00 00  |HDR.............|
[...]
```

Ocurre lo mismo si visualizamos el contenido hexadecimal de un fichero PDF.

```
$ hexdump -C ejemplo.pdf | less
00000000  25 50 44 46 2d 31 2e 34  0a 25 c3 a4 c3 bc c3 b6  |%PDF-1.4.%......|
00000010  c3 9f 0a 32 20 30 20 6f  62 6a 0a 3c 3c 2f 4c 65  |...2 0 obj.<</Le|
00000020  6e 67 74 68 20 33 20 30  20 52 2f 46 69 6c 74 65  |ngth 3 0 R/Filte|
00000030  72 2f 46 6c 61 74 65 44  65 63 6f 64 65 3e 3e 0a  |r/FlateDecode>>.|
00000040  73 74 72 65 61 6d 0a 78  9c 2d c9 bb 0a c2 40 14  |stream.x.-....@.|
00000050  84 e1 fe 3c c5 d4 42 d6  39 9b ec 0d 96 05 03 5a  |...<..B.9......Z|
00000060  d8 05 0e 58 88 9d 9a 4e  30 8d af ef 0a 32 c5 cf  |...X...N0....2..|
00000070  f0 d1 29 3e f2 06 fb 42  09 ce 23 4f ea 32 b6 87  |..)>...B..#O.2..|
00000080  5c 76 78 fd 85 d8 56 99  4d 42 ec 94 d2 e8 0a ec  |\vx...V.MB......|
00000090  8e fd 49 a1 1e f6 bc 56  2a 7d 1b 7c e5 c8 a9 f5  |..I....V*}.|....|
000000a0  84 36 c4 ca c8 f4 3b 99  85 87 2e 73 bb d9 59 8e  |.6....;....s..Y.|
000000b0  26 8b 2c f8 02 15 a5 19  c4 0a 65 6e 64 73 74 72  |&.,.......endstr|
[...]
```

El lector se podrá dar cuenta de que los ficheros .odt y .docx empiezan por los caracteres PK mientras que en el PDF empieza por el tag %PDF. Esto es así porque en realidad los ficheros ofimáticos .docx en realidad son ficheros comprimidos en formato .zip a los que se ha modificado la extensión. Ocurre lo mismo con los .apk de las aplicaciones de Android, los .xpi de las extensiones del navegador Firefox o incluso con los ficheros .mtz de Maltego.

Generalmente se encuentran ubicados al comenzar dicho archivo tal y como se puede ver en los siguientes ejemplos:

- Los ficheros de imagen JPEG comienzan por FF D8 y finalizan por FF D9.

- Los PNG comienzan por una firma de 8 bytes: \211 P N G \r \n \032 \n (89 50 4E 47 0D 0A 1A 0A).

- Los PDF comienzan por "%PDF" (hex 25 50 44 46).

- Un GIF tiene el código ASCII "GIF89a" (47 49 46 38 39 61) or "GIF87a" (47 49 46 38 37 61).

- Un archivo ZIP empieza por PK (concretamente, con la secuencia hexadecimal 50 4B 03 04). Archivos con extensión .docx, .apk, .epub o .xpi podrán ser abiertos por tanto con herramientas que descompriman este formato. Esta aproximación puede ser muy útil para analizar el contenido de dichos ficheros.

Subrayamos en este punto que la extensión de los ficheros es una utilidad meramente informativa para facilitar la tarea al usuario y al sistema operativo sobre qué utilidad usar para abrir ese formato. Existen en la red listados mucho más exhaustivos que los presentados a modo de ejemplo en este documento[14].

Por todo ello, contar con herramientas que sean capaces de trabajar con el texto presente en diferentes tipos de ficheros es necesario para poder realizar un procesamiento adecuado de la información. En esta unidad trataremos con algunas utilidades que nos facilitan este proceso de conversión para tratar de comprender los límites esperables de las herramientas de indexación.

3.2 Extracción de texto de ficheros ofimáticos

Si tenemos un corpus de documentos en diferentes formatos y queremos hacer explorable el contenido por nuestras propias utilidades vamos a necesitar una herramienta que extraiga el contenido textual de estos ficheros. En esta sección utilizaremos la herramienta de *software* libre Abiword a través de la línea de comandos para realizar ese proceso de extracción de texto y conversión. En una consola y como root (si no lo somos, podemos usar sudo), instalamos Abiword con el siguiente comando:

```
$ apt-get install abiword
```

---

14 Multiple authors, «List of File Signatures», en *Wikipedia*, 19 de octubre de 2019, https://en.wikipedia.org/w/index.php?title=List_of_file_signatures&oldid=922017377.

Manual de ciberinvestigación en fuentes abiertas: OSINT para analistas

Es un programa que permite convertir diferentes tipos de archivos para luego procesarlos. Lo primero que vamos a hacer es visualizar la ayuda:

```
$ abiword -h
```

Seguidamente vamos a convertir un archivo .pdf a texto con el siguiente comando en el que indicamos que vamos a convertir a texto el contenido de miarchivo.pdf.

```
$ abiword -t text miarchivo.pdf
```

También es posible con esta otra opción:

```
$ abiword to=text miarchivo.pdf
```

Para comprobar que lo hemos hecho bien vamos a comprobar que se ha creado un fichero nuevo con formato .text:

```
$ ls | egrep ".*text"
```

Ahora, vamos a visualizar el contenido del fichero con el comando de Linux cat.

```
$ cat miarchivo.text
```

Para visualizar la información en un bloc de notas, se utiliza el siguiente comando.

```
$ leafpad miarchivo.text
```

Esta tarea la hemos realizado sobre un fichero pdf, pero también se puede realizar automáticamente sobre todos los fichero .pdf de una misma carpeta. Todos los ficheros de una carpeta que terminen en .pdf se representan con *.pdf.

```
$ abiword -t text *.pdf
```

Además, también se puede hacer esta tarea importando desde otros ficheros como .doc, .docx, .ppt, etc. Por ejemplo:

```
$ abiword -t doc *.pdf
$ abiword -t docx *.doc
$ abiword -t text *.ppt
```

3.3 Reconocimiento óptico de caracteres

Como hemos visto anteriormente, el contenido textual puede estar empaquetado en diferentes formatos que, una vez abiertos con la correspondiente aplicación, nos permitirán visualizarlo o editarlo. En este sentido, en muchas ocasiones se nos presentan imágenes o fotografías que contienen texto en ellas. Para extraer el contenido textual que aparece en ellas existen programas de reconocimiento de texto que tratan de identificar las formas de las letras dentro de la propia

Figura 11. Imagen PNG de prueba obtenida de Hackers News Bulletin. El texto «HACKER DETECTED!!» aparece claramente contrastado con el fondo y junto a la señal.

imagen separando y troceando cada una de las letras que parecen componer cada palabra. Se trata de los sistemas OCR (Optical Character Recognition).

Las aplicaciones que se citan a continuación se pueden instalar con facilidad en máquinas virtuales de Ubuntu o de Kali Linux siguiendo los pasos del tutorial. Para que las pruebas de esta sección nos ayuden a comprender las limitaciones de estos sistemas vamos a utilizar dos imágenes de muestra obtenidas directamente de internet. La primera de ellas en formato PNG (img_1.png) y la segunda en formato JPG (img_2.jpg). Para descargarlas podemos usar directamente el comando wget desde la terminal.

```
$ wget https://goo.gl/GprPA6 -O img_1.png
$ wget https://goo.gl/WxQqgR -O img_2.jpg
```

Figura 12. Imagen JPG de prueba obtenida de hackersec.com. En esta imagen aparece la palabra PASSWORD con una ligera distorsión al final del término por efecto de la lupa.

3.3.1 Tesseract

Tesseract es un kit de aplicaciones que ponen el foco en el reconocimiento de caracteres y que fue originalmente desarrollado en Hewlett-Packard Laboratories Bristol y en Hewlett-Packard Co, Greeley Colorado entre 1985 y 1994. En 1996 se portó para Windows no fue hasta 2005 tras ser pasado a C++ cuando HP lo hizo de código abierto. Desde 2006 su desarrollado está liderado por Google.

El código fuente actual del proyecto, distribuido bajo licencia Apache 2.0 está disponible en Github[15]. Se trata de un proyecto con más de 60 contribuidores y muy buena acogida dentro de la comunidad por la gran cantidad de opciones que incluye. Para poder utilizar Tesseract tendremos que instalar desde la consola (y como root) el paquete tesseract-ocr con apt-get.

---

15 Ray Smith, *Tesseract Open Source OCR Engine*, versión 5.0.0-alpha, C++ (2014; repr., tesseract-ocr, 2020), https://github.com/tesseract-ocr/tesseract.

```
$ apt-get install tesseract-ocr
```

Para lanzar el comando de reconocimiento bastará con incluir tesseract seguido de la imagen a procesar y del nombre del fichero de salida que queremos utilizar.

```
$ tesseract img_1.png tesseract_img_1
Tesseract Open Source OCR Engine v3.04.01 with Leptonica
```

Acto seguido, podemos visualizar el contenido del archivo empleando el comando cat y el segundo parámetro que hemos utilizado (añadiéndole la extensión .txt).

```
$ cat tesseract_img_1.txt
HACKER
DETECTEDfl
```

En este ejemplo podemos ver que la detección ha sido bastante acertada. Aún así, las dobles admiraciones del final han generado algo de ruido. Vamos a probar con el segundo ejemplo.

```
$ tesseract img_2.jpg tesseract_img_2
Tesseract Open Source OCR Engine v3.04.01 with Leptonica
$ cat tesseract_img_2.txt
PASSWOEJ
```

Nuevamente la detección ha empezado bastante bien pero se ha generado algo de ruido en la parte final de la imagen que estaba un poco más borrosa. En cualquier caso, se han obviado los unos y ceros del fondo y no se han mostrado.

Precisamente para tratar de reducir estos errores, existen una gran cantidad de paquetes que tratan de mejorar el reconocimiento en diferentes idiomas y que pueden ser instalados junto con el paquete original. Estos paquetes optimizan el reconocimiento de caracteres que puede oscilar mucho en función del alfabeto utilizado y de los términos de cada idioma.

```
$ tesseract-ocr            tesseract-ocr-enm         tesseract-ocr-kat
      tesseract-ocr-san          tesseract-ocr-afr         tesseract-ocr-epo
      tesseract-ocr-kat-old      tesseract-ocr-sin         tesseract-ocr-all
      tesseract-ocr-equ          tesseract-ocr-kaz         tesseract-ocr-slk
tesseract-ocr-amh            tesseract-ocr-est         tesseract-ocr-khm
      tesseract-ocr-slk-frak     tesseract-ocr-ara         tesseract-ocr-eus
tesseract-ocr-kir            tesseract-ocr-slv         tesseract-ocr-esp
[...]
```

3.3.2 GOCR

Una aplicación no tan ambiciosa pero también bastante reconocida es GOCR mantenida por Joe Schulenburg desde 2010 y liberada con licencia GPL. Su código fuente, originalmente hospedado en SourceForge está colgado en la web actual del proyecto en la que se recogen los detalles de la última

Manual de ciberinvestigación en fuentes abiertas: OSINT para analistas

versión del mismo, 0.52, de diciembre de 2018[16]. También se puede instalar directamente desde los repositorios oficiales de Debian y Ubuntu utilizando apt-get la versión 0.49 de la aplicación.

```
$ apt-get install gocr
```

La versión más reciente de GOCR se puede instalar manualmente siguiendo las instrucciones de instalación del autor.

```
$ wget http://www-e.uni-magdeburg.de/jschulen/ocr/gocr-0.51.tar.gz
$ tar xvfz gocr-0.51.tar.gz
$ cd gocr-0.51
$ ./configure
$ make
$ sudo make install
```

Para efectuar un análisis de reconocimiento óptico de caracteres de un archivo de imagen bastará con que indiquemos con la opción -i el archivo de origen del fichero.

```
$ gocr -i img_1.png
   _ 
 __CKER    ,
DETEcTED!!   00
```

También podemos definir un archivo de salida en lugar de mostrar los resultados en la salida estándar empleando la opción -o.

```
$ gocr -i img_1.png -o gocr_img_1.txt
$ cat gocr_img_1.txt
   _
 __CKER    ,
DETEcTED!!   00
```

En el primer ejemplo GOCR ha tenido más problemas que Tesseract para identificar la primera palabra, aunque sí que ha conseguido identificar las admiraciones del final. El segundo ejemplo, sin embargo, introduce mucho más ruido motivado por los unos y ceros del fondo aunque en algunos casos sí que ha intentado mostrarlos.

```
$ gocr -i img_2.jpg -o gocr_img_2.txt
[...]
$ cat gocr_img_2.txt
   _1J]_  _     __00_ 0e]__0_JJ]____ _01J]_0_0_0
_0_ 0_ 000_0__   0_0_!__0e0||0__0|| !0!!
_0_0__0__0__0__0_0cJ]_cJJ_0__0_ecJJ_cJJ_000cJ]_ecJ]__0cJ]__
e1_0__0_0__0_0__0__"'_0__0_0__0_0JJJ_0__0__
00_0__0__0_0_    "    ",_"_0__0__0__0_0_cJ1_
1J]0[J]_0J]_0__0_ _        0_0,[J]_000_0__0__
e]__0_JJ]_0e1_0e1_e1___             _0[J_[J_0[J]_0__0__
00_0__0__"              0__0__0_0__
0_0__0__0   __e3e3JJ___   e0_ 0_ 0_, 00,
```

16 Joerg Schulenburg, *GOCR*, versión 0.52, Unix-like, C, 2018, http://www-e.uni-magdeburg.de/jschulen/ocr/.

```
e    000   0  0_0   0 0
[J]_JJJ0JJJJJJ0[J]__0_              _01J]_[J]__!  0_
_0_0_0_0__,  _0__0__0_0   o_0_cJJ_0'
0JJJJJ]_JJ]_JJ]_000JJ]__0      __0 ___         _00[J]_01J]_
J]_             0,        ,0r9_,    ,
JJ]_0[JJ0[J_0[J_0_JJ]_01J]__0JJ]_01J1_cJ1_0cJeJ01J1_1J1_0__0___     0
```

3.4 Procesamiento de voz

Al trabajar con ficheros de audio tenemos que diferenciar dos aproximaciones principalmente en función de qué es lo queramos conseguir:

- *text to speech*. Se trata del proceso por el que se sintetiza una expresión o una serie frases a voz. Se puede utilizar en asistentes virtuales o en herramientas de accesibilidad para personas con problemas visuales.

- *speech to text*. Se trata de realizar el proceso inverso: de pasar de voz a texto. Es significativamente más complejo computacionalmente porque cada persona no pronuncia de forma idéntica las mismas palabras y cambia la entonación, el volumen o la velocidad. Además La presencia de ruido ambiente o de conversaciones paralelas e incluso de los diferentes acentos dificulta también ese proceso. No todas las herramientas de reconocimiento de voz están igualmente avanzadas en todos los idiomas, pero algunos proyectos como Skype ya están empezando a ofrecer servicios que intentan hacer la traducción simultánea en tiempo real con más o menos éxito

Pasar texto a voz no es tan complejo en Python con pyttsx3, un paquete de Python3 cuya documentación está disponible *online*[17]. Para que funcione Pyttsx3 es necesario tener instalado espeak, que es el paquete de sintetización que en realidad se utiliza por debajo. Pyttsx3 es solamente una interfaz en Python para utilizarlo programáticamente.

```
$ apt install espeak
$ pip3 install pyttsx3
...
$ python3
Python 3.7.3 (default, May 11 2019, 00:38:04)
[GCC 9.1.1 20190503 (Red Hat 9.1.1-1)] on linux
Type "help", "copyright", "credits" or "license" for more information.
>>> import pyttsx3
>>> engine = pyttsx3.init()
>>> engine.say("Hello hackers! We love cybersecurity!")
>>> engine.runAndWait()
```

---

17 Natesh M. Bhat, *pyttsx3*, Python, 2020, https://github.com/nateshmbhat/pyttsx3.

La voz es muy robótica y artificial, pero nos sirve para ilustrar cómo funcionan estos sistemas. Además, Pyttsx3 permite la configuración de la voz y del idioma, de modo que podemos hacer que la voz lea un texto en inglés como "Hello" utilizando pronunciación inglesa [helou] en lugar de [eyo].

Sin embargo, el procesamiento de audio es un proceso mucho más complejo computacionalmente. Por eso, muchos gigantes de la tecnología ofrecen una gran cantidad de herramientas para tratar de identificar la voz presente en un audio.

Para estos ejemplos, usaremos SpeechRecognition. SpeechRecognition recoge diferentes interfaces para interactuar con diferentes servicios como Bing, Google o Houndify. También es posible hacerlo con PocketSphinx en local (sin que el audio salga de nuestro equipo, pero la instalación es más compleja). La elección depende del nivel de concienciación con respecto a la privacidad.

- recognize_bing(): Microsoft Bing Speech.

- recognize_google(): Google Web Speech API.

- recognize_google_cloud(): Google Cloud Speech, requiere la instalación del paquete de google-cloud-speeche

- recognize_houndify(): Houndify por SoundHound.

- recognize_ibm(): IBM Speech to Text.

- recognize_sphinx(): CMU Sphinx, que requiere la instalación de PocketSphinx.

- recognize_wit(): Wit.ai.

Podemos instalar SpeechRecognition de forma sencilla usando un usuario administrador. Si nuestro usuario no es administrador, tendremos que añadir --user.

```
$ pip3 install SpeechRecognition
```

Para procesar automáticamente la información que grabamos desde el micrófono en la propia librería de SpeechRecognition nos encontramos una gran cantidad de *snippets* de código que podemos utilizar. En nuestro caso, sin embargo, vamos a utilizar un audio sencillo en inglés que podemos bajarnos directamente con wget:

```
$ wget https://raw.githubusercontent.com/realpython/python-speech-recognition/master/audio_files/harvard.wav
```

Aunque podríamos utilizar los sistemas descritos anteriormente, lo más sencillo es usar el de Google que no requiere API ni credenciales. A continuación, vamos a cargar el reconocedor desde la interfaz interactiva de Python3 y a intentar extraer el audio del mismo con la interfaz que nos ofrece Google.

```
$ python3
Python 3.7.3 (default, May 11 2019, 00:38:04)
[GCC 9.1.1 20190503 (Red Hat 9.1.1-1)] on linux
Type "help", "copyright", "credits" or "license" for more information.
>>> import speech_recognition as sr
>>> r = sr.Recognizer()
>>> harvard = sr.AudioFile('harvard.wav')
>>> with harvard as source:
...     audio = r.record(source)
...
>>> r.recognize_google(audio)
'the stale smell of old beer lingers it takes heat to bring out the odor a cold dip restores health and zest a salt pickle taste fine with ham tacos al Pastore are my favorite a zestful food is be hot cross bun'
```

Este ejemplo está hecho de forma interactiva para ilustrar que se puede trabajar con las librerías de forma relativamente sencilla. También podría realizarse guardando los comandos en un pequeño *script* que reciba como parámetro el archivo a procesar e imprima el contenido. El resultado sería algo similar al siguiente:

```
$ cat reconocedor_de_voz.py
import sys
import speech_recognition as sr
r = sr.Recognizer()
fichero = sr.AudioFile(sys.argv[1])   # sys.argv[1] contiene el primer parámetro
with harvard as source:
    audio = r.record(source)
texto = r.recognize_google(audio)
print(texto)
```

Para ejecutarlo bastaría con llamar al *script* y haciendo referencia al fichero de audio a procesar.

```
$ python3 reconocedor_de_voz.py harvard.wav
the stale smell of old beer lingers it takes heat to bring out the odor a cold dip restores health and zest a salt pickle taste fine with ham tacos al Pastore are my favorite a zestful food is be hot cross bun
```

Habitualmente, es necesario realizar una tarea de preprocesamiento previa. Por ejemplo, cuando trabajamos con ficheros de vídeo será necesario extraer el audio manualmente y en audios con mucho ruido ambiente convendría aplicar filtros de voz para que el reconocimiento funcione de forma óptima. Este tipo de herramientas nos dan la posibilidad de automatizar ciertas búsquedas sobre contenidos audiovisuales sin escucharlos, con lo que todo desarrollo realizado en este ámbito es particularmente interesante para los analistas.

3.5 Análisis de metadatos

Los metadatos son datos que describen otros datos. En general, un grupo de metadatos se refiere a un grupo de datos que describen el contenido informativo de un objeto al que se denomina recurso. Los metadatos en etiquetas son un enfoque importante para construir un puente sobre el intervalo semántico, ya que cualquier recurso tiene, cuando está almacenado conjuntamente con otros, la necesidad de ser descrito para facilitar las búsquedas que pudieran tratar de encontrarlo a partir de sus características distintivas.

3.5.1 Exiftool

Los equivalentes a los metadatos de una imagen son los datos Exif (oficialmente Exif, pero también a menudo referenciados como EXIF como sigla de sus abreviaturas en inglés *Exchangeable image file format*). La especificación original es del año 1995 y se corresponde con una serie de *tags* que son incrustados en los ficheros de imagen JPG y TIFF y en los ficheros de audio WAV. Los metadatos de una imagen pueden contener información relativa a las especificaciones de la cámara con la que fue tomada, información relativa a los derechos de autor o una descripción de la misma.

Una herramienta útil para revisar la información de los metadatos de muchos ficheros es Exiftool. Se trata de un *script* en Perl que se puede instalar en sistemas Debian y Ubuntu desde los repositorios oficiales.

```
$ sudo apt install libimage-exiftool-perl
```

Pese al nombre, el listado de extensiones soportadas es mucho mayor que la especificación propia de Exif. Por ejemplo, podemos extraer metadatos relativos a las dos imágenes que hemos utilizado en ejemplos anteriores para los ejercicios de OCR.

```
$ exiftool img_1.png
ExifTool Version Number         : 10.10
File Name                       : img_1.png
Directory                       : .
File Size                       : 325 kB
File Modification Date/Time     : 2016:06:17 10:30:26+02:00
File Access Date/Time           : 2017:11:12 01:28:19+01:00
```

```
File Inode Change Date/Time     : 2017:11:12 01:28:19+01:00
File Permissions                : rw-rw-r--
File Type                       : PNG
File Type Extension             : png
MIME Type                       : image/png
Image Width                     : 1024
Image Height                    : 511
Bit Depth                       : 8
Color Type                      : RGB with Alpha
Compression                     : Deflate/Inflate
Filter                          : Adaptive
Interlace                       : Noninterlaced
Image Size                      : 1024x511
Megapixels                      : 0.523

$ exiftool img_2.jpg
ExifTool Version Number         : 10.10
File Name                       : img_2.jpg
Directory                       : .
File Size                       : 91 kB
File Modification Date/Time     : 2017:11:12 01:24:51+01:00
File Access Date/Time           : 2017:11:12 01:24:51+01:00
File Inode Change Date/Time     : 2017:11:12 01:39:31+01:00
File Permissions                : rw-rw-r--
File Type                       : JPEG
File Type Extension             : jpg
MIME Type                       : image/jpeg
JFIF Version                    : 1.01
Resolution Unit                 : inches
X Resolution                    : 96
Y Resolution                    : 96
Image Width                     : 600
Image Height                    : 420
Encoding Process                : Progressive DCT, Huffman coding
Bits Per Sample                 : 8
Color Components                : 3
Y Cb Cr Sub Sampling            : YCbCr4:2:0 (2 2)
Image Size                      : 600x420
Megapixels                      : 0.252
```

Exiftool soporta una gran variedad de formatos entre los que se encuentran ficheros ofimáticos como .docx, .pptx, .pdf o .odt además de una gran cantidad de extensiones relacionadas con archivos multimedia que van desde .mov hasta .torrent u .ogg. Aunque no tiene la capacidad de modificar los metadatos de todos los ficheros, el usuario tiene la posibilidad de editar los campos en muchas de las extensiones. En la documentación oficial se enumeran además de las extensiones soportadas las posibilidades de lectura, escritura o modificación en cada uno de los formatos[18]. Por ejemplo, utilicemos el siguiente fichero en formato PDF que se corresponde con los ejemplos realizados anteriormente en la sección 1 de esta misma unidad.

---

18 Phil Harvey, «Image::ExifTool - Read and Write Meta Information - Metacpan.Org», accedido 9 de enero de 2020, https://metacpan.org/pod/release/EXIFTOOL/Image-ExifTool-10.55/lib/Image/ExifTool.pod.

```
$ exiftool ejemplo.pdf
ExifTool Version Number         : 10.10
File Name                       : ejemplo.pdf
Directory                       : .
File Size                       : 7.6 kB
File Modification Date/Time     : 2017:11:11 18:53:06+01:00
File Access Date/Time           : 2017:11:11 18:53:06+01:00
File Inode Change Date/Time     : 2017:11:11 18:53:06+01:00
File Permissions                : rw-rw-r--
File Type                       : PDF
File Type Extension             : pdf
MIME Type                       : application/pdf
PDF Version                     : 1.4
Linearized                      : No
Page Count                      : 1
Language                        : es-ES
Creator                         : Writer
Producer                        : LibreOffice 5.4
Create Date                     : 2017:11:11 18:53:06+01:00
```

El usuario puede intentar eliminar la información de estos metadatos empleando el parámetro -all=. Con este parámetro se indica a Exiftool que queremos que intente fijar todos los atributos a valores en blanco (de ahí, la opción -all y que no haya ningún valor después del carácter igual):

```
$ exiftool -all= ejemplo.pdf
Warning: [minor] ExifTool PDF edits are reversible. Deleted tags may be recovered!
- ejemplo.pdf
    1 image files updated
```

```
$ exiftool ejemplo.pdf
ExifTool Version Number         : 10.10
File Name                       : ejemplo.pdf
Directory                       : .
File Size                       : 7.9 kB
File Modification Date/Time     : 2017:11:12 22:37:28+01:00
File Access Date/Time           : 2017:11:12 22:37:28+01:00
File Inode Change Date/Time     : 2017:11:12 22:37:28+01:00
File Permissions                : rw-rw-r--
File Type                       : PDF
File Type Extension             : pdf
MIME Type                       : application/pdf
PDF Version                     : 1.4
Linearized                      : No
Page Count                      : 1
Language                        : es-ES
```

Como vemos, las fechas de modificación y acceso se han modificado y también se han eliminado aspectos relativos al *software* con el que fue creado, en nuestro caso, Libreoffice 5.4. Sin embargo, tenemos que tener en cuenta que esta operación se ha realizado con el fichero .pdf en sí mismo y no con los ficheros contenidos dentro del mismo. Por ejemplo, en el caso de que estuviéramos

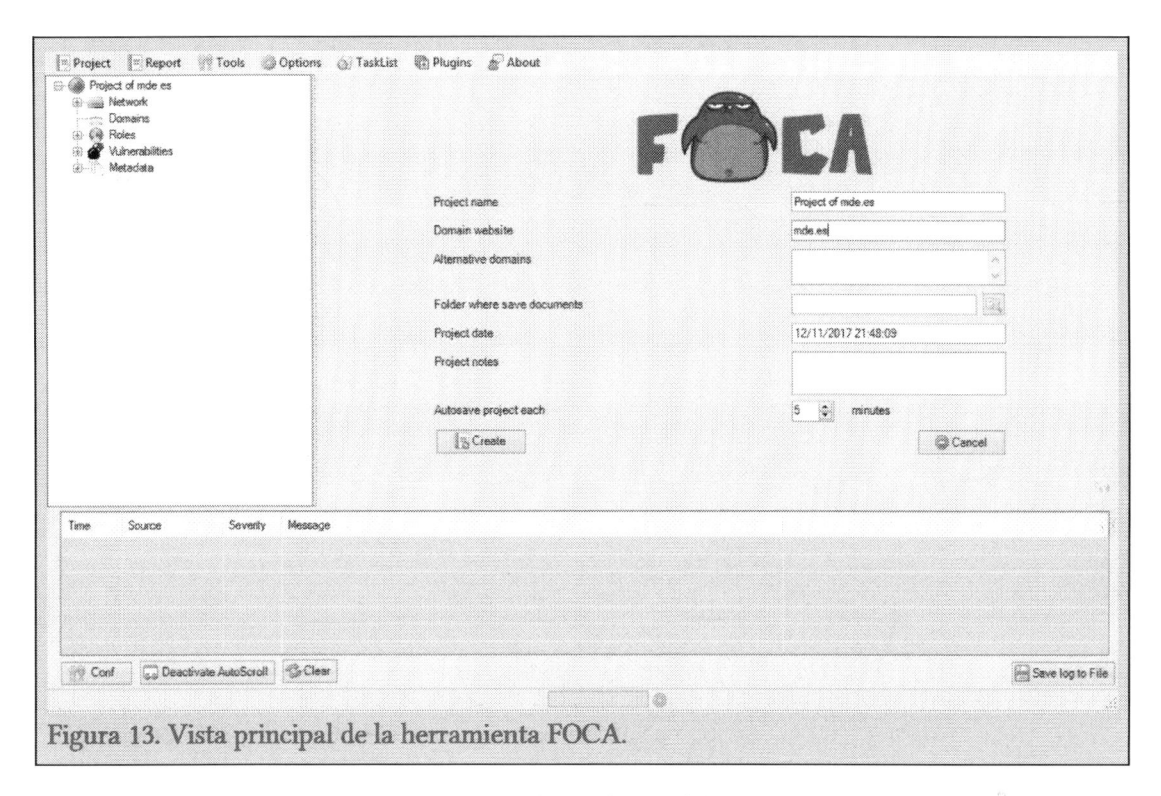

Figura 13. Vista principal de la herramienta FOCA.

intentando eliminar la información de metadatos de un fichero .docx, deberemos asegurarnos de que eliminamos previamente los metadatos de las imágenes incluidas en el mismo.

3.5.2 FOCA

FOCA (Fingerprinting Organizations with Collected Archives) es una herramienta para sistemas Windows cuyo desarrollo estuvo liderado por Chema Alonso. Presentada en DEFCON en 2008 la versión 2.5, ha contado con varias actualizaciones antes de ser liberada bajo licencia GPL en septiembre de 2017. Conviene no confundirla con Evil FOCA, que es una herramienta también desarrollada por ElevenPaths y que está orientada a la automatización de tarea en el marco de los test de intrusión.

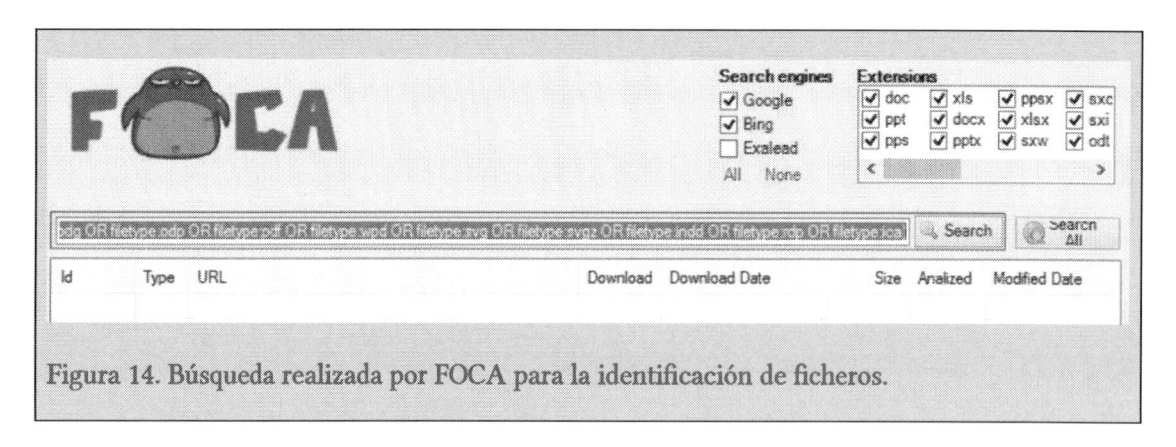

Manual de ciberinvestigación en fuentes abiertas: OSINT para analistas

Figura 14. Búsqueda realizada por FOCA para la identificación de ficheros.

En la actualidad, el código fuente de la FOCA está alojado en Github como proyecto de ElevenPaths[19]. Cuenta con un mercado de *plugins* para facilitar su extensibilidad e incluye una gran cantidad de funcionalidades originalmente diseñadas para la obtención de información procedente de los metadatos de los ficheros.

3.5.2.1 Enumeración de activos de un dominio

En primer lugar, tendremos que crear un nuevo proyecto. Una vez creado, tendremos que introducir el dominio que queremos analizar, por ejemplo, mde.es.

FOCA ejecutará una serie de búsquedas empleando operadores avanzados en distintos buscadores tratando de identificar documentos de diversos tipos que ya han sido indexados por los buscadores Google y Bing. De hecho, las búsquedas generadas por FOCA incluyen *dorks* anidados que ya se han estudiado en unidades anteriores (ver Figura 14).

```
site:mde.es (filetype:doc OR filetype:ppt OR filetype:pps OR filetype:xls OR
filetype:docx OR filetype:pptx OR filetype:ppsx OR filetype:xlsx OR filetype:sxw OR
filetype:sxc OR filetype:sxi OR filetype:odt OR filetype:ods OR filetype:odg OR
filetype:odp OR filetype:pdf OR filetype:wpd OR filetype:svg OR filetype:svgz OR
filetype:indd OR filetype:rdp OR filetype:ica)
```

Una vez realizada la búsqueda y descargados todos los ficheros asociados a ese dominio, se pueden extraer los metadatos asociados a estos documentos. De la misma manera, esta herramienta también es útil para realizar la fase de reconocimiento de un test de intrusión donde extrae subdominios, así como información asociada a cada uno de ellos (ver Figura 16).

---

19 Chema Alonso, *FOCA*, versión 3, Windows, C# (2017; repr., Madrid (España): ElevenPaths, 2020), https://github.com/ElevenPaths/FOCA.

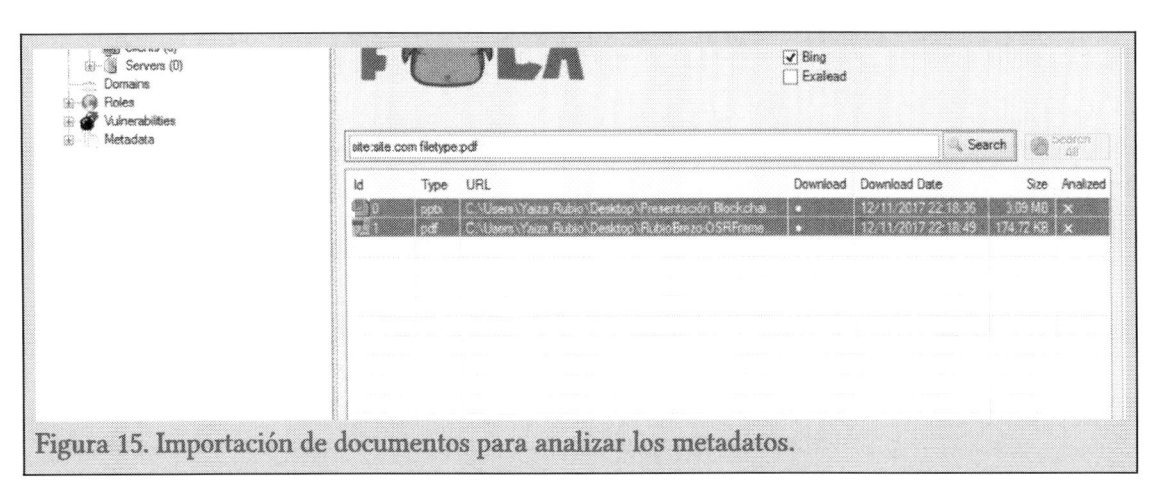

Figura 15. Importación de documentos para analizar los metadatos.

3.5.2.2 Extracción de metadatos de otros ficheros

Asimismo, FOCA también permite analizar los metadatos de ficheros que tengas almacenados en local. Para ello, cuando nos pide información sobre el proyecto tendremos que presionar sobre Cancel. Una vez llegado hasta ahí, solamente tendremos que arrastrar los documentos que queremos analizar y presionaremos sobre el botón derecho para extraer todos los metadatos.

3.5.2.3 Otras funcionalidades

Al margen de sus capacidades como herramienta de análisis de metadatos incorpora otras muchas opciones relacionadas con el análisis de red, el DNS *snooping* o la búsqueda de directorios abiertos. Desde octubre de 2017, FOCA incluye la posibilidad de aumentar sus capacidades por medio de *plugins* disponibles a través del mercado de *plugins* facilitado por ElevenPaths.

- Information Gathering, para la obtención de información procedente de DNS o Whois.

- Git Finder y SVN Finder, para agregar una funcionalidad que trata de identificar archivos de herramientas de control de versiones como Git o SVN ocultos en el sitio web.

- Certificate Transparency Checker, para revisar la validación de Certificate Transparency SCT en el sitio web.

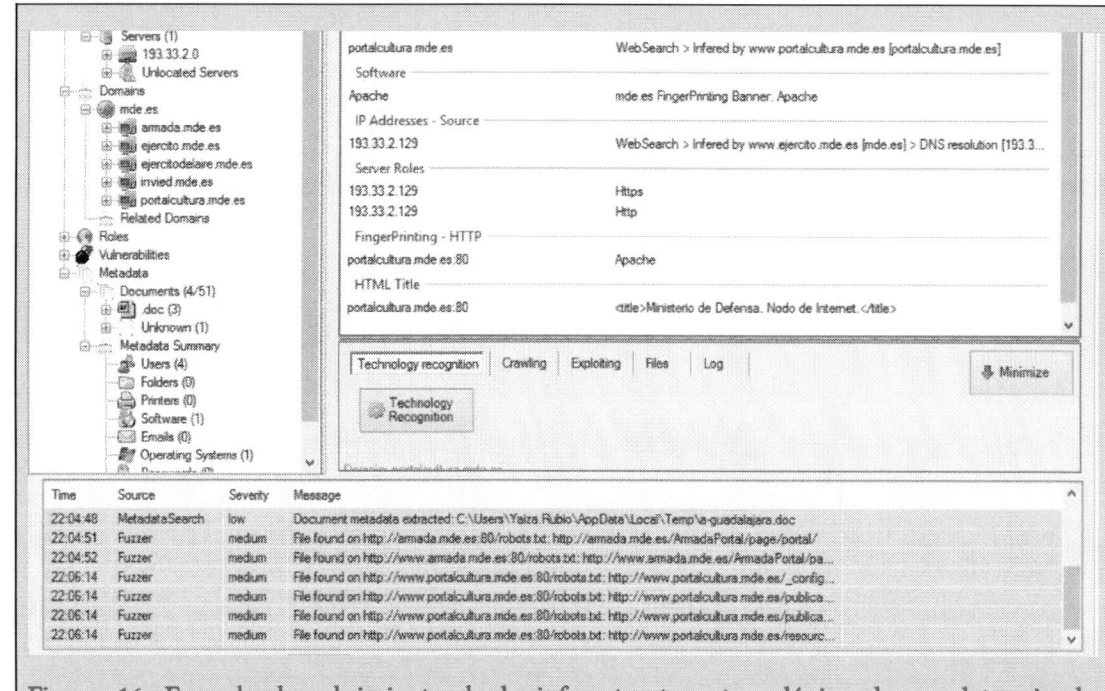

Manual de ciberinvestigación en fuentes abiertas: OSINT para analistas

Figura 16. Fase de descubrimiento de la infraestructura tecnológica de un determinado dominio empleando las herramientas de *discovery* de FOCA.

- SQLi, para comprobar técnicas de inyección SQL en el sitio web objetivo.

3.6 Análisis forense de imágenes

El análisis forense digital hace referencia al conjunto de técnicas empleadas sobre diferentes soportes informáticos para identificar información valiosa sobre la naturaleza de los mismos. En este sentido, junto con Exiftool y la propia FOCA, Fotoforensics o Forensically son dos herramientas que nos nos ayudarán mucho con esta disciplina. Ambas herramientas cuentan con una serie de funcionalidades muy interesantes que pueden ser útiles para identificar la verosimilitud de una imagen, especialmente, de archivos JPG por cómo está configurado este formato de imagen.

3.6.1 Error Level Analysis

Existen una gran cantidad de formatos de imagen. Aunque todos tienen el objetivo de terminar mostrando la imagen, cada uno de ellos utiliza aproximaciones diferentes. En función de cómo almacenan la información, se pueden dividir en dos tipos: formatos sin pérdida y formatos con pérdida.

- Formatos sin pérdida (*lossless*). Este tipo de formatos almacenan el valor exacto del color de cada píxel que compone la imagen de modo que al cargar, guardar y volver a visualizar la información cada uno de los píxeles de la imagen contienen exactamente la misma información. Esto ocurre incluso aunque se convierta una imagen en un formato sin pérdida (e. g., PNG) a otro que también es sin pérdida (e. g., BMP) y viceversa.

- Formatos con pérdida (*lossy*). Los formatos con pérdida sin embargo no garantizan la persistencia de los valores almacenados. En el caso de JPG, a la hora de almacenar un archivo es necesario definir un nivel de calidad que vendrá determinado por cuánto queramos comprimir la imagen. A mayor nivel de compresión, menos espacio ocupado en disco pero también menos calidad de la imagen almacenada. Esto provoca que cada vez que se guarda la imagen los colores cambien ligeramente pese a que el ojo humano no sea capaz de apreciar la diferencia.

Es precisamente esta pérdida de calidad del color la que se utiliza en el Error Level Analysis. Sin embargo, cuando la misma imagen se vuelve a codificar en el mismo formato con pérdida, la degradación de color será menor cada vez que se guarda. De esta manera, una imagen JPG sin modificar la imagen al completo debería mostrar niveles de compresión similares.

Con ELA se pretende resaltar precisamente aquellas zonas de la imagen que son más proclives a perder calidad de color la próxima vez que sean guardadas. Es así como se pretende identificar aquellas regiones de la imagen que, por no haber sido recodificadas tantas veces como el resto de la imagen, muestren un nivel de compresión diferente más sujeto a experimentar pérdidas de calidad del color elevadas y así descubrir las potenciales modificaciones artificiales que han tenido lugar con respecto al original. ELA intentará resaltar aquellos aspectos de una imagen con diferente nivel de compresión. Las zonas de una imagen con colores uniformes como una pared de color homogénea o el cielo debería presentar bajos niveles de ELA y por tanto colores más oscuros que aquellos puntos en los que hay mucho contraste.

Manual de ciberinvestigación en fuentes abiertas: OSINT para analistas

En cualquier caso, no es suficiente con fijarse en aquellos aspectos de la imagen que aparecen más brillantes, dado que por ejemplo franjas de colores diferentes presentarán grandes variaciones que pueden estar justificadas en la imagen original. Para poder interpretar los valores recibidos es necesario observar los valores de ELA en su contexto:

- Bordes. Los bordes similares deberían presentar valores de ELA similares en la imagen original. Los bordes con alto contraste se debería parecer entre sí del mismo modo que los bordes de bajo contraste se deberían parecer entre sí. Si la foto fuera original todos ellos deberían presentar también valores similares. En algunos casos, el escalado de la imagen puede también acentuar los bordes cuando son analizados con ELA.

- Texturas. Las texturas que sean similares deberían tener también similares valores de ELA. Las zonas con mayor nivel de detalle sin embargo es más probable que tengan valores de ELA más elevados que las superficies más difusas.

- Superficies. Independientemente del color que tengan, las superficies sólidas deberían presentar valores de ELA similares.

La labor analítica cuando se trabaja con ELA no es un proceso matemático y requiere de cierta práctica y entrenamiento para identificar zonas potencialmente sospechosas. Los principios básicos sin embargo pasan por comparar zonas que son visualmente similares dentro de la misma imagen con los valores obtenidos en esa misma región. Colores demasiados oscuros en toda la imagen nos van a indicar niveles de calidad de color más baja y una mayor pérdida global del detalle.

3.6.2 Herramientas

3.6.2.1 Fotoforensics

Fotoforensics es un proyecto creado en 2012 por Hacker Factor que trata de dar soporte a los analistas que intentan determinar si una imagen ha sido modificada o no. Para ello, ofrece diferentes herramientas entre las que se incluye el análisis de los metadatos de la imagen, el análisis del nivel de error de comprensión de los diferentes elementos que la componen o el resumen criptográfico de las mismas entre otras.

Capítulo 3: Análisis de ficheros y extracción de metadatos

Figura 17. Vista principal de la página de inicio de Fotoforensics.com.

Cuenta con una larga tradición y de hecho es uno de los servicios más veteranos en este ámbito. Puede analizar tanto imágenes subidas desde archivos locales como la imágenes presentes en recursos web accesibles *online*.

3.6.2.2 Forensically

Una herramienta complementaria es Forensically[20]. Forensically comparte muchos elementos con Fotoforensics, con la ventaja de que además puede funcionar sin conexión y que no sube la imagen a ningún sitio. La herramienta es todavía más potente que Fotoforensics porque incluye más opciones y utilidades además de las herramientas para realizar el Error Level Analysis ya explicado anteriormente. Pasamos a analizar algunas a continuación.

- **Magnifier**. Se trata de una lupa o herramienta de ampliación sobre los píxeles de la imagen. El campo *magnification*, hace referencia al nivel de zum. También se puede modificar la forma en que los píxeles identificados son ampliados, para resaltar más los detalles. La opción más robusta según los autores es la de *Histogram Equalization* pero se puede optar por no poner ninguno.

- **Clone Detection**. Resalta elementos de la imagen que son similares dentro de una misma imagen con el objetivo de identificar el clonado de elementos. Las regiones similares se marcan en azul y se conectan con una línea roja. En las opciones se pueden configurar

---

20 Jonas Wagner, *Forensically, free online photo forensics tools*, versión Beta, Multiplataforma, Javascript y HTML, accedido 9 de enero de 2020, https://29a.ch/photo-forensics/#help.

Manual de ciberinvestigación en fuentes abiertas: OSINT para analistas

Figura 18. Ejemplo de ELA realizado sobre Forensically con un parámetro de opacidad del 81%. Se pueden observar diversas anomalías como el platillo volante (y su sombra) y el paracaidista en la parte superior derecha de la imagen.

diferentes herramientas como el número de clones a identificar para ser mostrados (Minimal Cluster Size) o el grado de similitud entre píxeles potencialmente clonados.

- **Error Level Analysis**. La herramienta es más flexible que la de Fotoforensics dado que permite un mayor nivel de configuración y ajuste con el objetivo de identificar aspectos de la imagen que han sufrido una modificación de su compresión. Entre las opciones a configurar se encuentra la calidad de la imagen, la escala de error (para ampliar o reducir las diferencias), el filtro utilizado a la hora de ampliar o el nivel de opacidad del ELA para superponerlo sobre la original (ver Figura 18).

- **Noise Analysis**. Se trata de una herramienta que analiza el ruido de la imagen mediante la eliminación de la parte de la imagen que no presenta ruido y permite varias opciones de configuración[21].

---

21 Jonas Wagner, «Noise Analysis for Image Forensics», *29a.Ch* (blog), 21 de agosto de 2015, http://29a.ch/2015/08/21/noise-analysis-for-image-forensics.

Capítulo 3: Análisis de ficheros y extracción de metadatos

Figura 19. Visión modificada del contraste y la luminosidad de la fotografía original de ejemplo. Permite poner el foco sobre diferentes aspectos de la imagen que de otra forma sería más difícil observar.

- **Level Sweep**. Herramienta para modificar en vivo el contraste y la luminosidad de los elementos de la imagen que permitan identificar con más facilidad bordes o extremos de la misma introducidos con técnicas de copiado y pegado (ver Figura 19).

- **Luminance Gradient**. Analiza cómo cambia en la imagen la iluminación de los diferentes elementos con el objetivo de identificar posibles anomalías. Por ejemplo, los autores de la herramienta subrayan que partes de la imagen que están expuestas al foco de luz con un mismo ángulo deberían presentarse en tonalidades similares tras este análisis.

- **Thumbnail Analysis**. Esta vista presenta la previsualización de la miniatura de la imagen en el caso de que esté presente. Esta aproximación es interesante dado que en ocasiones el autor de la imagen trampeada puede haber olvidado modificar el *thumbnail* de la misma, pudiendo quedar al descubierto la modificación. Esta herramienta puede combinarse utilizando diferentes niveles de opacidad (ver Figura 20).

Manual de ciberinvestigación en fuentes abiertas: OSINT para analistas

Figura 20. Muestra de la miniatura de la imagen de ejemplo utilizada. Se ve un paracaidista protagonizando al fotografía y no hay ni rastro del platillo volante ni del otro paracaidista.

A las ya mencionadas, se suman técnicas como el PCA[22] o análisis de componente principal, herramientas de análisis de metadatos, de identificación de etiquetas geoespaciales o de extracción de cadenas de texto potencialmente presentes en la imagen. En cualquier caso, la plataforma cuenta con una extensa ayuda en inglés y con videotutoriales en Youtube que presentan las funcionalidades de forma práctica.

3.6.3 Caso práctico: Captura la bandera

Con motivo de las movilizaciones de Cataluña del 1 de octubre de 2017 fueron numerosas las imágenes e informaciones que aparecieron en la red. Una de las más controvertidas en un primer momento fue la imagen que utilizaremos como caso de aplicación del Error Level Analysis. En ella se pueden ver a un grupo de manifestantes enfrentados en la calle con un grupo de miembros de la Guardia Civil.

En el centro de la fotografía se puede ver una bandera estelada utilizada por los colectivos independentistas en una imagen que guarda cierto parecido con la famosa foto *Raising the Flag on*

---

22 Jonas Wagner, «Principal Component Analysis for Photo Forensics», *29a.Ch* (blog), 11 de agosto de 2016, https://29a.ch/2016/08/11/principal-component-analysis-for-photo-forensics.

Capítulo 3: Análisis de ficheros y extracción de metadatos

Figura 21. Fotografía en formato JPG usada como caso práctico de la aplicación del ELA.

Iwo Jima, de Joe Rosenthal, tomada el 23 de febrero de 1945 en el monte Suribachi durante la batalla de Iwo Jima de la Segunda Guerra Mundial. La imagen del caso se puede descargar desde la terminal a través del siguiente enlace acortado:

```
$ wget https://goo.gl/EyQWfW -O 1oct.jpg
```

La primera tarea puede ser analizar los metadatos de la imagen utilizando Exiftool...

```
$ exiftool 1oct.jpg
ExifTool Version Number         : 10.10
File Name                       : 1oct.jpg
Directory                       : .
File Size                       : 91 kB
File Modification Date/Time     : 2017:10:01 23:50:27+02:00
File Access Date/Time           : 2017:11:12 23:23:47+01:00
File Inode Change Date/Time     : 2017:11:12 23:23:47+01:00
File Permissions                : rw-rw-r--
File Type                       : JPEG
```

Manual de ciberinvestigación en fuentes abiertas: OSINT para analistas

Figura 22. Resultados del análisis ELA de la imagen, obtenida de Fotoforensics.

```
File Type Extension        : jpg
MIME Type                  : image/jpeg
JFIF Version               : 1.01
Resolution Unit            : None
X Resolution               : 1
Y Resolution               : 1
Image Width                : 980
Image Height               : 570
Encoding Process           : Baseline DCT, Huffman coding
Bits Per Sample            : 8
Color Components           : 3
Y Cb Cr Sub Sampling       : YCbCr4:2:0 (2 2)
Image Size                 : 980x570
Megapixels                 : 0.559
```

También se podrá emplear directamente las opciones del propio Fotoforensics cargando la dirección URL en la interfaz de búsqueda. En cualquier caso, llama la atención que la fecha de creación de la imagen es efectivamente del 1 de octubre, pero a las 23:50 UTC+2, es decir, bien entrada la noche.

```
Filename:        1506885911_363023_1506894626_noticia_normal.jpg
Filetime:        2017-10-01 21:50:27 GMT
File Type:       image/jpeg
Dimensions:      980x570
Color Channels:  3
File Size:       92,912 bytes
MD5:             f9e31fd057cf033eb226e9ec3a7c86b1
SHA1:            d93e24699994a1c7e407ca9bd6d67712c93cf283
SHA256:          a0776a322f5ac63a4dc385dcb996b23931fb36544cd4e7132ba2c9f9896dc430
```

Figura 23. Detalles de los metadatos de la imagen mostrados por Fotoforensics. Estos datos contienen también los *hashes* MD5, SHA1 y SHA256 de la imagen.

Esta situación nos empieza a dar pistas de que podemos no estar ante la foto original dado que es evidente que esta fue tomada de día. Sin embargo, la nueva imagen puede haber sido retocada para variar la luminosidad u otros ajustes de la misma, o incluso puede no tratarse de la imagen original. En el análisis ELA de la imagen se puede observar cambios significativos en la forma en que los colores y texturas de la bandera ha sido almacenadas con respecto al resto de la misma (se puede observar en la Figura 22).

Si hiciéramos una búsqueda inversa de esta imagen terminaríamos por encontrar la imagen original, tomada según los metadatos a las 12:25 de la mañana del 1 de octubre y distribuida a través de la plataforma pasalo.es y que además es ligeramente más amplia que la utilizada anteriormente.

```
$ wget http://www.pasalo.es/wp-content/uploads/2017/10/DLCp7-0XUAEEcZg-1024x768.jpg
```

De hecho, la Figura 24 muestra la foto original recuperada de dicho sitio web y en la que la bandera no está presente.

Figura 24. Imagen original en la que no aparece la bandera estelada.

Capítulo 4: Usos avanzados de herramientas de búsqueda

Tal y como hemos visto en el apartado anterior, los analistas de inteligencia deben conocer cuáles son las limitaciones a las que deben enfrentarse cuando buscan información en internet de cara a gestionar también las expectativas del propio proceso de búsqueda. Para ello, el primer paso es familiarizarse con todo tipo de buscadores y conocer, como mínimo, los principales operadores de cada uno de ellos con el fin de reducir nuestros tiempos de búsqueda y poder acotar con más precisión los resultados obtenidos.

Cada uno de los diferentes buscadores que veremos en este capítulo cumplen una función específica y suelen estar vinculados a áreas temáticas o geográficas concretas. La interfaz convencional para utilizarlos es una sencilla página web con una pequeña interfaz de búsqueda que a menudo se incluye de forma nativa en los propios navegadores y desde la que el usuario podrá consultar los contenidos almacenados aplicando diferentes filtros de búsqueda que van mucho más allá de búsquedas literales o el uso de caracteres especiales. La información solicitada se consultará en base a lo que se denomina como descriptores o palabras clave. Una vez introducidas estas palabras clave, será el propio motor de búsqueda el que proporcione aquella información vinculada a estos descriptores sobre contenido e información que previamente haya sido capaz de identificar en la red a partir de diversas técnicas de *crawling*.

En este sentido, el *crawling* es el proceso por medio del cual un buscador es capaz de identificar, descargar e indexar un contenido determinado. Los buscadores convencionales que utilizamos habitualmente tienen una serie de procesos (también conocidos como arañas o *spiders*) que van identificando nuevos recursos disponibles en la red. Estos procesos los descargan siempre que puedan y extraen el texto para hacerlo consultable por sus usuarios además de identificar recursivamente nuevos enlaces y recursos de contenido potencialmente descargable en un proceso sin fin de búsqueda de información.

Es conveniente conocer también las limitaciones de estos buscadores. Ni todos tienen la misma capacidad de *crawling* ni ofrecen los mismos operadores de búsqueda., pero tampoco nos van a permitir acceder a contenido que no haya sido expuesto públicamente. Es decir, no podemos esperar que Google o Bing tengan la capacidad de identificar contenido publicado, por ejemplo, por cuentas privadas de Facebook, Twitter o Forocoches si este contenido nunca ha sido hecho público. El motivo es muy sencillo: los buscadores se limitan a la obtención de información pública a la que podría acceder un usuario sin autenticación. Los buscadores no tienen entre sus objetivos la generación de perfiles de usuario con capacidad para tener acceso a contenido que solamente es conocido por todos los buscadores. Incluso aunque las capacidades tecnológicas para acceder a contenido de forma autenticada existen, el escenario en el que existiera una cuenta maestra con acceso universal a todo el contenido de la red es irreal.

Al margen de dominar las técnicas de obtención de información convencionales, conviene ser conscientes de la existencia de todo tipo de herramientas que nos puedan facilitar el trabajo para contener (en la medida de lo posible) el esfuerzo dedicado a muchas de las tareas de obtención y poder aprovechar mejor el tiempo disponible. Al fin y al cabo, conocerlas es la mejor manera de acortar estos tiempos para podernos centrar precisamente en esas otras tareas más complejas de automatizar.

Por este motivo, a lo largo de las páginas de esta unidad vamos a analizar las diferentes herramientas que podemos utilizar. En primer lugar, se tratarán las peculiaridades de los buscadores generalistas y las posibilidades que existen para , para seguir con otros más específicos vinculados a las imágenes, al archivado de contenido o buscadores con aproximaciones más tecnológicas como Shodan. Por último, hablaremos de buscadores muy concretos más propios de la red Tor y analizaremos las opciones que nos ofrecen para identificar contenido en este tipo de redes.

4.1 Funcionamiento de un buscador

Cuando nos referimos a buscadores generalistas hacemos referencia a buscadores convencionales en los que se muestran resultados procedentes de páginas web públicas. Los buscadores generalistas son el principal punto de partida de gran parte de nuestra actividad en la red así como de muchas investigaciones que tienen lugar en este ámbito.

4.2 Buscadores generalistas

Cuando nos referimos a buscadores generalistas hacemos referencia a buscadores convencionales en los que se muestran resultados procedentes de páginas web públicas. Los buscadores generalistas son el principal punto de partida de gran parte de nuestra actividad en la red así como de muchas investigaciones que tienen lugar en este ámbito.

En general, estos buscadores respetan el estándar robots.txt, que es un fichero que los administradores de un dominio pueden utilizar para indicar a sus *spiders* que desean que el contenido almacenado en algunas rutas de su sitio no sea indexado y no aparezca en los resultados de búsqueda. Para ello, el administrador deberá crear un fichero en texto plano robots.txt que deberá alojar en la raíz de su dominio y en el que especificará a los diferentes *spiders* las rutas que autorizan o desautorizan *crawlear*.

En el ejemplo que sigue se muestra un extracto del robots.txt de Facebook y en el que se insta a los spiders de Bing y de Google a no mostrar (por la cláusula Disallow) en sus resultados de búsqueda los contenidos que se encuentran bajo determinadas rutas de su sitio.

```
# Notice: Crawling Facebook is prohibited unless you have express written
# permission. See: http://www.facebook.com/apps/site_scraping_tos_terms.php
[...]
User-agent: Bingbot
Disallow: /ajax/
Disallow: /album.php
Disallow: /checkpoint/
Disallow: /contact_importer/
Disallow: /feeds/
Disallow: /file_download.php
Disallow: /hashtag/
Disallow: /l.php
Disallow: /live/
Disallow: /moments_app/
Disallow: /p.php
Disallow: /photo.php
Disallow: /photos.php
Disallow: /sharer/

User-agent: Googlebot
Disallow: /ajax/
Disallow: /album.php
Disallow: /checkpoint/
Disallow: /contact_importer/
Disallow: /feeds/
Disallow: /file_download.php
Disallow: /hashtag/
Disallow: /l.php
Disallow: /live/
Disallow: /moments_app/
[...]
```

Manual de ciberinvestigación en fuentes abiertas: OSINT para analistas

En las páginas que siguen analizaremos algunos de los operadores de búsqueda más relevantes de los principales buscadores como Google, Bing, Yandex, Baidu o Duckduckgo.

4.2.1 Google

Google es probablemente el buscador generalista más potente pero la cantidad de resultados se puede volver inmanejable si no acotamos bien las búsquedas. Los principales operadores de búsqueda que un analista debe manejar son los siguientes:

- Para buscar una concordancia exacta:

    "ElevenPaths, la unidad de ciberseguridad de Telefónica"

- Para buscar mediante comodines o términos desconocidos:

    "ElevenPaths, la * de Telefónica"

- Para combinar búsquedas:

    "ElevenPaths" OR "Chema Alonso"

- Para determinadas palabras incluidas en la misma página:

    "ElevenPaths" AND "Chema Alonso"

- Para que se muestren solamente los resultados de un dominio concreto:

    site:elevenpaths.com

- Para buscar un término o palabra clave en el título de la página web:

    intitle:"ElevenPaths"

- Para buscar una cadena de texto únicamente dentro de la dirección URL:

    inurl:"profiles.php"

- Para buscar una cadena específicamente en la parte del texto de una página web:

    intext:"Kevin Mitnick"

- Para buscar sobre la versión en caché de Google sin necesidad de conectarse a dicha web:

    cache:elevenpaths.com

- Para obtener información sobre un sitio web:

```
info:elevenpaths.com
```
- Para obtener páginas que tienen un determinado enlace:
```
link:https://twitter.com/yrubiosec
```
- Para buscar por extensión de archivo:
```
ext:pdf
```
- Para negar un determinado operador:
```
-ext:pdf
```
- Para buscar fuentes parecidas:
```
related:clarin.com.ar
```

Adicionalmente, existe un proyecto que nació ya hace algunos años llamado Google Hacking DataBase donde la gente comparte búsquedas avanzadas para conseguir determinada información. Se puede acceder a los contenidos desde la propia página de Exploit-DB[23] después de que durante mucho tiempo estuviera publicado previamente en HackersForCharity. Por otro lado, aunque de forma más limitada, podremos hacer búsquedas similares a las realizadas con los operadores pero a partir de la interfaz que nos ofrece Google con la búsqueda avanzada (ver Figura 25). Desde ella, podemos también configurar parámetros avanzados como el idioma, la región o rangos de fecha.

4.2.2 Bing

Bing es el buscador de Microsoft y comparte una gran cantidad de operadores con los ya mostrados en el buscador de Google. Sin embargo, hay algunas variaciones que hay que tener en cuenta para optimizar el proceso de búsqueda, especialmente trabajando con direcciones IP y direcciones URL.

- Para buscar por una dirección IP concreta:
```
ip:"217.116.18.19"
```
- Para buscar por una URL concreta:
```
url:www.elevenpaths.com
```

---

23 ExploitDB, «Google Hacking Database», Offensive Security's Exploit Database Archive, accedido 9 de enero de 2020, https://www.exploit-db.com/.

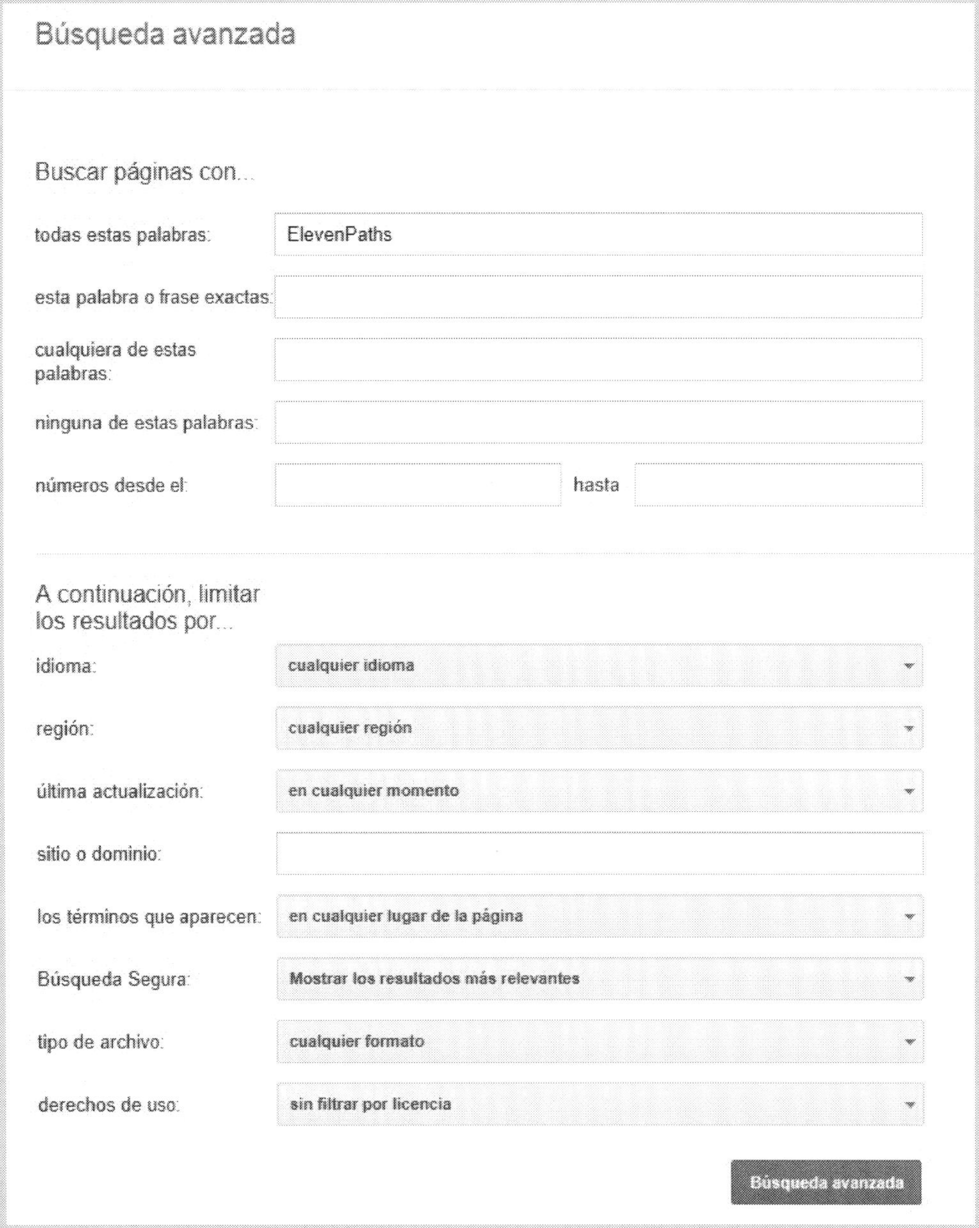

Figura 25. Interfaz de la búsqueda avanzada de Google.

4.2.3 Baidu

Baidu es un motor de búsqueda en idioma chino y focalizado en este país. Pueden existir ocasiones en las que Google no tenga indexada cierta información relacionada con contenidos en este idioma, por lo que conocer las características de un buscador centrado en esta cultura puede sacarnos del apuro. La particularidad de este buscadores es la utilización de paréntesis para acotar las opciones que queramos utilizar con cada uno de los operadores.

- Para buscar por la información alojada en un dominio determinado:

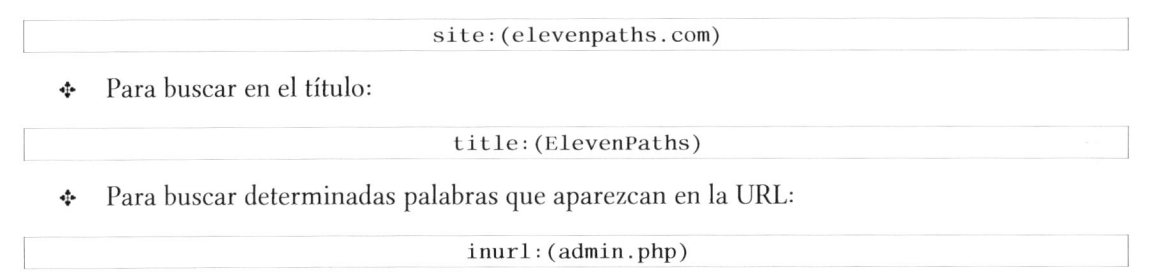

```
site:(elevenpaths.com)
```

- Para buscar en el título:

```
title:(ElevenPaths)
```

- Para buscar determinadas palabras que aparezcan en la URL:

```
inurl:(admin.php)
```

4.2.4 Yandex

El buscador ruso también comparte con el resto de buscadores ciertos operadores como la búsqueda literal («"ElevenPaths, la unidad de ciberseguridad"»), los caracteres especiales como los comodines («ElevenPaths, la * de ciberseguridad») y el operador de exclusión de palabras o términos (-), entre otros. Sin embargo, también tiene determinadas particularidades que si desconocemos pueden evitar que le saquemos el máximo partido:

- Para buscar por un determinado tipo de fichero:

```
mime=pdf
```

- Para buscar la existencia de una de las dos palabras, el operador OR es el carácter '|':

```
Pushkin | Europa
```

- Para el descubrimiento de subdominios:

```
                        rhost:com.telefonica.*
```

4.2.5 DuckDuckGo

Con el foco puesto en la privacidad y en asegurar a sus usuarios que no son rastreados, DuckDuckGo es un buscador peculiar que incluye algunas funcionalidades interesantes. Al margen de los operadores habituales como site: o ext: y las búsquedas booleanas, DuckDuckGo introduce el concepto de bangs. Un *bang* es un atajo que los usuarios de DuckDuckGo pueden utilizar para.

Tabla IV: Referencia de algunos bangs conocidos en DuckDuckgo.

Bang	Plataforma
!a	Amazon
!bd	Baidu
!b	Bing
!btc	Blockchain.com
!bluk	The British Library Catalogue
!e	Ebay
!f	Flickr
!fcc	Forocoches
!g	Google
!i (o !gi)	Google Imágenes
!m (o !gm)	Google Maps
!osm	OpenStreetMap
!q	Quora
!r	Reddit
!so	StackOverflow
!st	Stocktwits
!t	Thesaurus
!vtip	Virustotal
!vk	Vkontakte
!wa	Wolfram Alpha
!w	Wikipedia
!wr	WordReference
!y	Yahoo
!ya	Yandex
!ymg	Yandex Images
!yelp	Yelp
!yt	Youtube

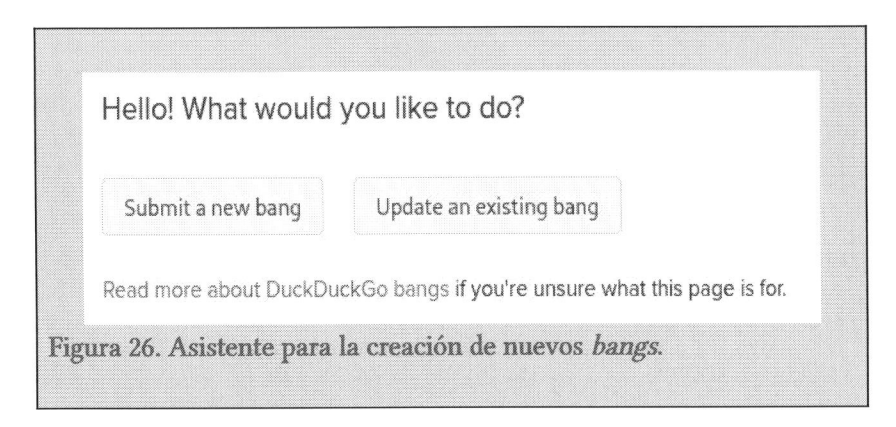

Figura 26. Asistente para la creación de nuevos *bangs*.

De esta manera, el usuario puede tener configurado por defecto este buscador y solo pivotar a otros si los resultados no le satisfacen. Algunos de los *bangs* más utilizados se enumeran en la tabla que se muestra en la página siguiente, , pero DuckDuckGo cuenta con una lista de diez mil diferentes[24]. De hecho, también cuenta con tutoriales para crear nuevos *bangs*[25] con un asistente muy sencillo.

4.3 Buscadores temáticos personalizados

Cuando llevamos a cabo una investigación muchas veces terminamos realizando búsquedas de información sobre actores e indicadores reconocidos y sobre los que ya se ha publicado en medios generalistas. El problema reside en que el ruido que se genera con la información expuesta en medios de comunicación generalistas muchas veces es tan elevado que nos cuesta separar la información real de la información republicada.

Para evitarlo, podemos apoyarnos en los conocidos *dorks* de Google como site:elevenpaths.com para encontrar resultados que pertenezcan únicamente a un dominio concreto. Si estuviéramos hablando de una búsqueda oficial sobre vulnerabilidades documentadas o informes realizados por empresas especializadas, también podríamos realizar la búsqueda con una cadena de site: que incluyan a los fabricantes más reconocidos o los portales de noticias que más nos interesen:

---

24 DuckDuckGo, «Say hello to bangs», DuckDuckGo Bang!, accedido 9 de enero de 2020, https://duckduckgo.com/bang.

25 DuckDuckGo, «Nuevo !Bang de DuckDuckGo», accedido 9 de enero de 2020, https://duckduckgo.com/newbang.

```
                site:elpais.com OR site:elmundo.es OR site:larazon.com OR…
```

En la práctica, esto no es verdaderamente operativo si tenemos en cuenta que cada vez que queremos consultar sobre un tema específico tenemos que tener en mente la lista de dominios temáticos en los que queremos buscar. Para facilitarnos el trabajo, podemos optar por configurar los buscadores a nuestro antojo.

4.3.1 Custom Search Engine de Google

Google nos ofrece la posibilidad de crear buscadores personalizados con su servicio Custom Search Engine. En ellos, desde nuestra propia cuenta de Google Apps podremos crear un buscador que se ajuste a nuestras propias necesidades. Por ejemplo, si queremos buscar información sobre los conocidos como MacronLeaks, la fuga de información de Dropbox o sobre el grupo APT28 y que la información que nos aparezca sea directamente de medios previamente identificados, podríamos configurar una búsqueda personalizada que nos limitará los resultados a páginas como elevenpaths.com, securelist.com, kaspersky.com, krebsonsecurity.com o securityaffairs.co entre otras.

Uso de un buscador personalizado de Google sobre el término *MacronLeaks* centrado en una lista de dominios preconfigurada que previamente hayamos seleccionado nosotros mismos. Basta con repasar nuestras necesidades anteriores e ir adecuando las búsquedas a través de una interfaz muy sencilla de configurar y que está accesible una vez presentado con tu cuenta de Google[26].

Una vez ahí, podemos crear una nueva instancia del buscador y obtener la dirección URL pública que se nos ha generado para compartirlo con otros compañeros de nuestra unidad o para guardarla en nuestros marcadores (ver Figura 27). De esta manera, vamos a evitar resultados que Google pueda considerar más importantes por el mero hecho de aparecer en prensa generalista y que tienen un mejor posicionamiento, pero que para el analista técnico contienen información genérica menos relevante. Dado que las direcciones URL de estos buscadores personalizados no son fáciles de recordar, se pueden guardar como marcadores en el navegador para tenerlos accesibles de forma rápida.

---

26 Google, «Búsqueda personalizada - Editar motores de búsqueda», accedido 9 de enero de 2020, https://cse.google.com/cse/all.

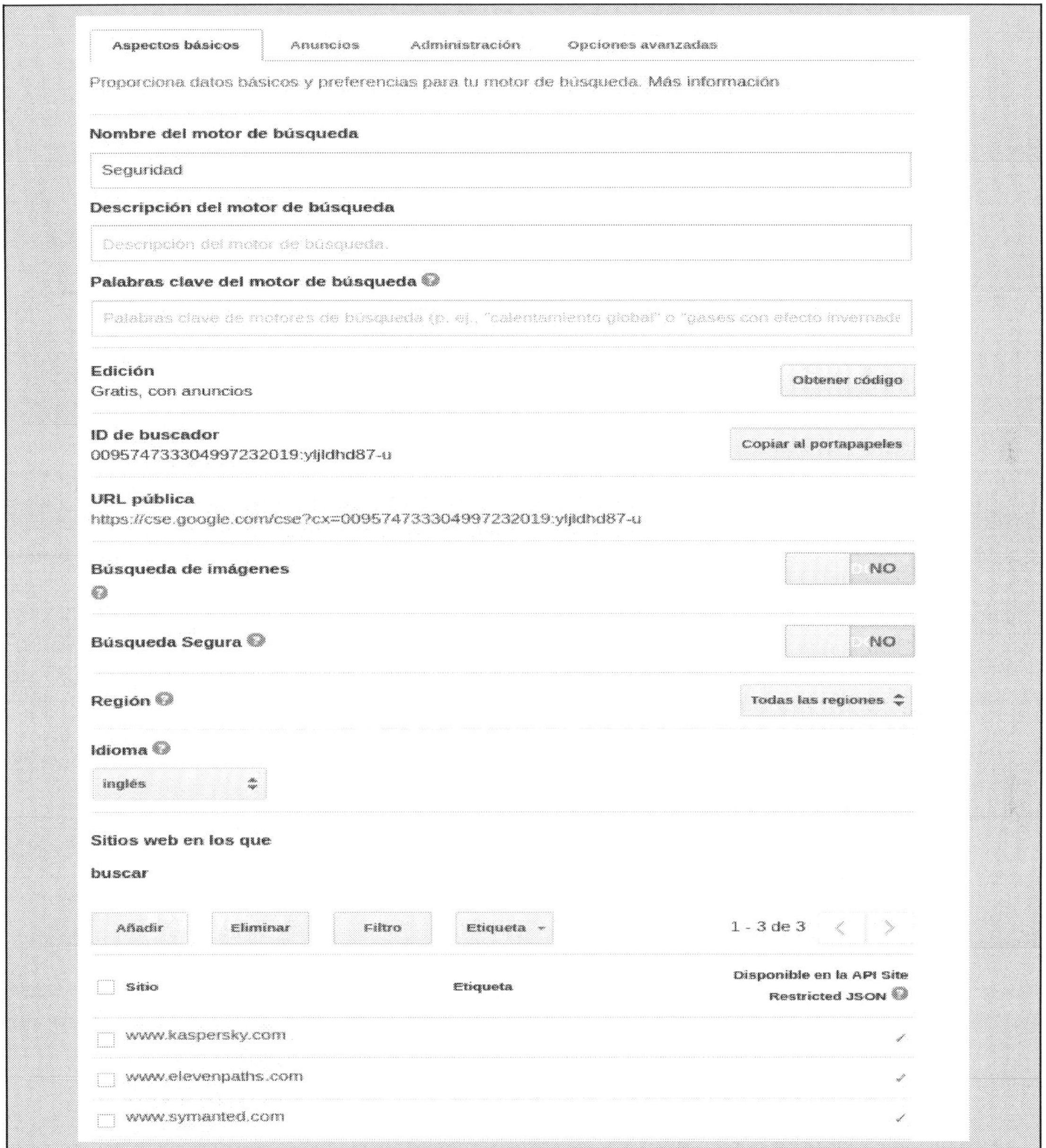

Capítulo 4: Usos avanzados de herramientas de búsqueda

Figura 27. Vista de la interfaz de configuración de un buscador personalizado sobre seguridad.

Manual de ciberinvestigación en fuentes abiertas: OSINT para analistas

Figura 28. Vista principal de un una instancia del metabuscador Searx.

4.3.2 Alternativas para configurar nuestros propios buscadores

Una función interesante puede consistir en apoyarnos en Searx[27], un proyecto de *software* libre hospedado en Github y distribuido con licencia AGPLv3 y que funciona como un metabuscador en docenas de plataformas. Aunque existen varias instancias públicas, el proyecto se puede instalar en local usando Docker y apenas un par de comandos:

```
$ docker pull wonderfall/searx
$ docker run -d --name searx -p $PORT:8888 wonderfall/searx
```

De todas formas, si solo queremos probar las capacidades de Searx, siempre podemos usar una de las múltiples instancias públicas existentes. Para probar sus capacidades, podemos usar una de las instancias públicas como Searx.me.

La potencia de los resultados recae en que combina los resultados de Google, Bing, Duckduckgo, WolframAlpha, Flickr o Youtube entre otros muchos. Los resultados vienen categorizados en función de su naturaleza además de ofrecernos algunas sugerencias en base a términos conocidos o relacionados.

---

27 Adam Tauber, *searx.me*, versión 0.15, Multiplataforma, 2014, https://searx.me/.

Otro de los aspectos interesantes es que se trata de un proyecto que ha sido concebido para ser programado desde el principio. En la propia documentación de la API del proyecto se nos enseña cómo nos permitirá interactuar con nuestra instancia especificando el formato a utilizar y la página de resultados que queremos recuperar a cada momento modificando la ventana con el parámetro «pageno».

De esta manera, nos podremos centrar en la programación de soluciones que se apoyen en Searx para buscar en los principales buscadores en lugar de tener que gestionar los resultados devueltos de forma independiente con cada plataforma. Por ejemplo, si quisiéramos los resultados anteriores en formato JSON bastaría con que especificáramos en la dirección URL que se nos genera la opción de format=json o format=xml en función de cómo prefiramos recibir los resultados. De esta forma, podremos construir peticiones que son mucho más *machine-friendly* como sigue:

```
$ curl https://searx.me/?q=osint&categories=general&format=json
```

Más allá de Searx, existen otros proyectos también interesantes como Yacy[28] que nos permiten beneficiarnos de otras funcionalidades como el *crawling* distribuido. También se trata de un proyecto de *software* libre y se puede instalar con relativa facilidad. Permite la creación de entornos de búsqueda a medida que cada uno puede personalizar a su gusto: desde colaborar por defecto con una red descentralizada en la identificación de nuevos contenidos hasta utilizarlo de forma privada para escanear el contenido de una intranet y permitir a los usuarios tener acceso a los contenidos a través de un buscador a medida.

4.4 Buscadores de imágenes

En tiempos de la viralización de contenidos, la búsqueda inversa de imágenes es una herramienta útil para la identificación de bulos. Algunos buscadores convencionales cuentan con herramientas que dada una imagen, permiten la búsqueda de imágenes similares ya publicadas. Los algoritmos utilizados tratan de comparar aspectos relevantes de las imágenes. Aunque no son perfectos, si la imagen es muy particular muchas veces puede servir para identificar la primera publicación de una de ellas y con ello validar si esta es una imagen reciente o no lo es. En esta sección se van a poner de ejemplo diversos buscadores.

---

28 Michael Christen y YaCy Community, *Yacy.net*, versión 1.92, Multiplataforma, Java, 2004, https://yacy.net/.

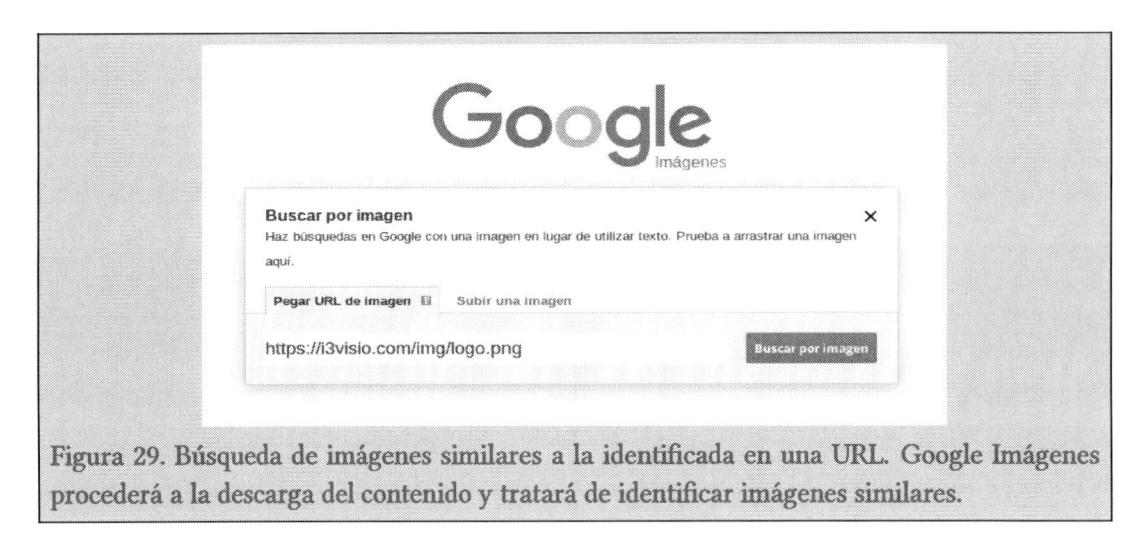

Figura 29. Búsqueda de imágenes similares a la identificada en una URL. Google Imágenes procederá a la descarga del contenido y tratará de identificar imágenes similares.

4.4.1 Google Imágenes

Para acceder a la búsqueda inversa de imágenes a través de Google Imágenes[29]. El buscador ofrece la posibilidad de hacer esta búsqueda de forma convencional por texto (por ejemplo, buscando montañas) o a partir de imágenes que tengamos en nuestro equipo o a través de una dirección URL.

Para este ejemplo vamos a utilizar una imagen obtenida de una dirección URL y la introduciremos en la caja de búsqueda para tratar de identificar otros lugares en los que aparezca dicho logo. En el caso del logo de i3visio.com al pinchar en la opción de ver por más tamaños aparecen más búsquedas en páginas diferentes a la original.

En este caso, aparece vinculada a un perfil de Twitter, un perfil de Github y un blog de Tumblr además de haber sido identificada en otra página web. Este tipo de búsquedas pueden ser útiles en el transcurso de una investigación en la que un colectivo o grupo utiliza iconos muy característicos. Al no ser la búsqueda una búsqueda por texto pueden aparecer resultados que de otra forma no aparecerían nunca.

---

29 Google, *Google Images*, Multiplataforma, accedido 9 de enero de 2020, https://images.google.com/.

Capítulo 4: Usos avanzados de herramientas de búsqueda

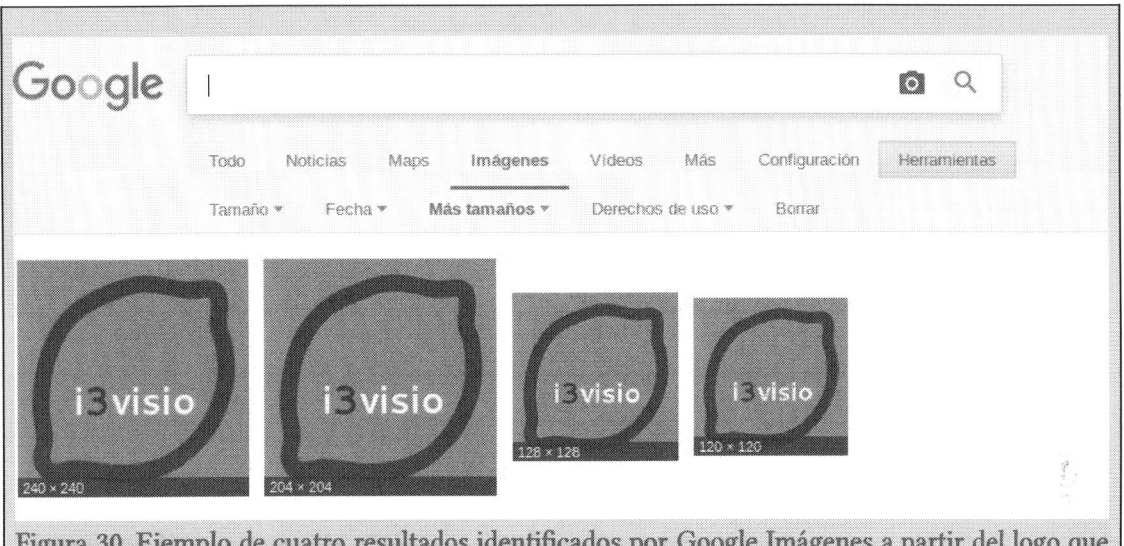

Figura 30. Ejemplo de cuatro resultados identificados por Google Imágenes a partir del logo que utilizamos para i3visio. Los resultados se corresponden con una imagen identificada en Twitter, Github, Tumblr y Libraries.io respectivamente.

4.4.2 Yandex Imágenes

El buscador Yandex también cuenta con un servicio similar al de Google que permite realizar la búsqueda inversa, permitiendo al usuario facilitar los archivos bien directamente desde el disco duro o facilitando una dirección URL de los mismos[30]. En este caso, no hemos sido capaces de identificar tantos resultados vinculados a la imagen como Google aunque sí ha conseguido identificar el uso de la imagen en un perfil de Github.

Al hacer la comparación con otras imágenes conocidas, Yandex ha establecido cierta relación en cuanto a formas y tonalidades con otros logos que no guardan una relación directa con el facilitado pero que son similares poniendo de manifiesto las limitaciones de los algoritmos utilizados. El hecho de que el ámbito de actuación principal del buscador sea de carácter rusoparlante también influye a la hora de identificar similitudes.

---

30 Yandex, *Яндекс.Картинки: поиск изображений в интернете, поиск по картинке*, Multiplataforma, accedido 9 de enero de 2020, https://yandex.ru/images/.

73

Figura 31. Imágenes similares al logo de i3visio.com identificadas por Yandex. La primera de ellas se corresponde con el avatar de la cuenta de Github.

4.4.3 Tineye

Tineye es una compañía especializada en la búsqueda y reconocimiento de imágenes. En su sitio web[31], se ofrecen productos relacionados con este campo que van desde servicios de reconocimiento de imágenes similares a los de Google o Yandex hasta casos de uso muy concretos como la

---

31 TinEye, «Tineye.Com», TinEye Reverse Image Search, 2020, https://tineye.com/.

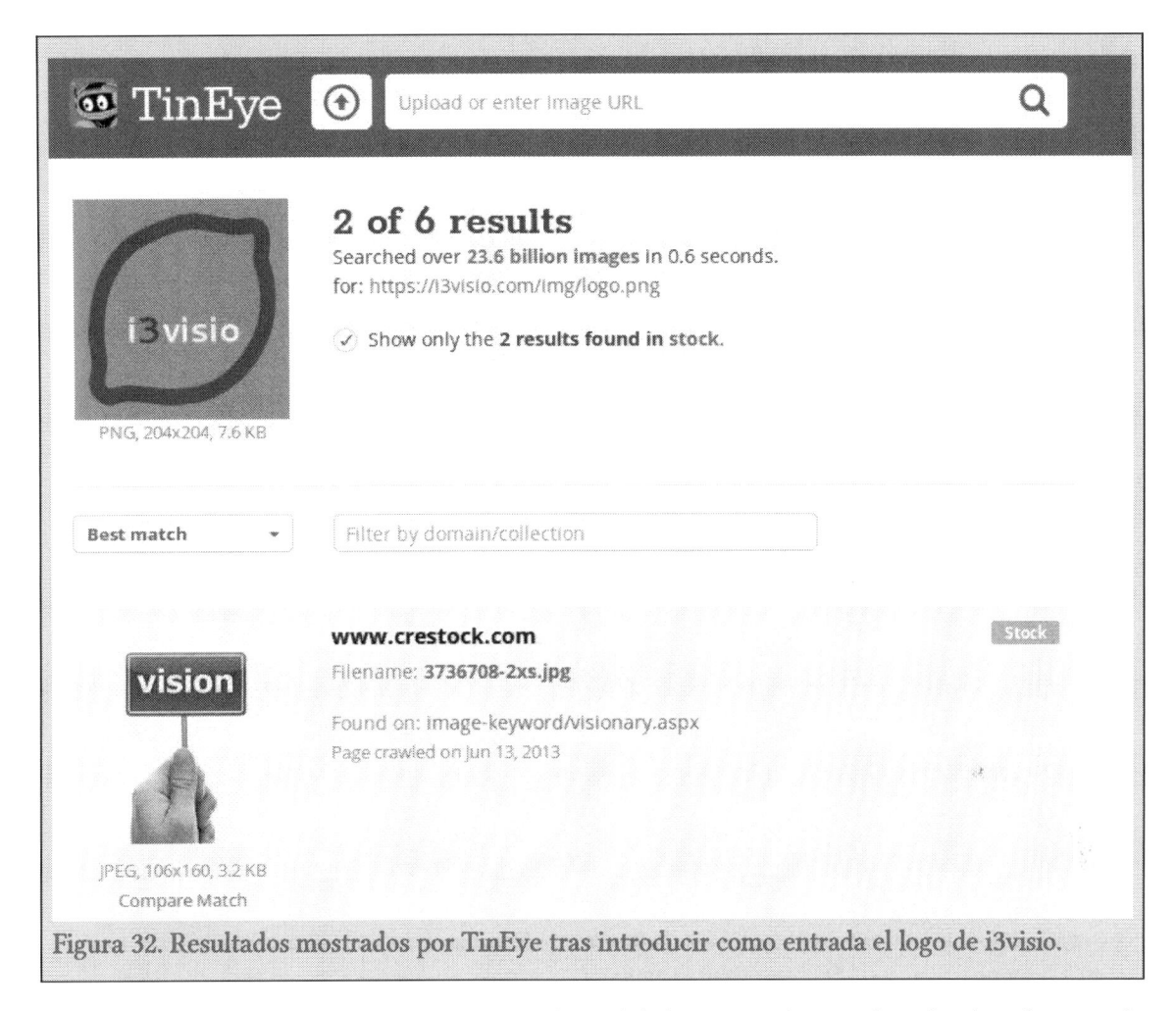

Figura 32. Resultados mostrados por TinEye tras introducir como entrada el logo de i3visio.

identificación de imágenes en base al color, la realidad aumentada o incluso la identificación de bebidas alcohólicas en base a la forma de las botellas y las etiquetas.

Para el analista, lo relevante es que es un servicio similar a los anteriores pero que también pone el foco en el reconocimiento de texto en las imágenes. En la figura anterior, se ha planteado el mismo ejemplo que anteriormente se ha utilizado con el resto de herramientas, se puede observar que no se han identificado imágenes similares. Sin embargo, en los resultados facilitados sí que se incluyen imágenes que contienen parte del texto incluido en la imagen (en este caso, el término «visio» aparece en las imágenes sugeridas relacionadas con «vision» en azul).

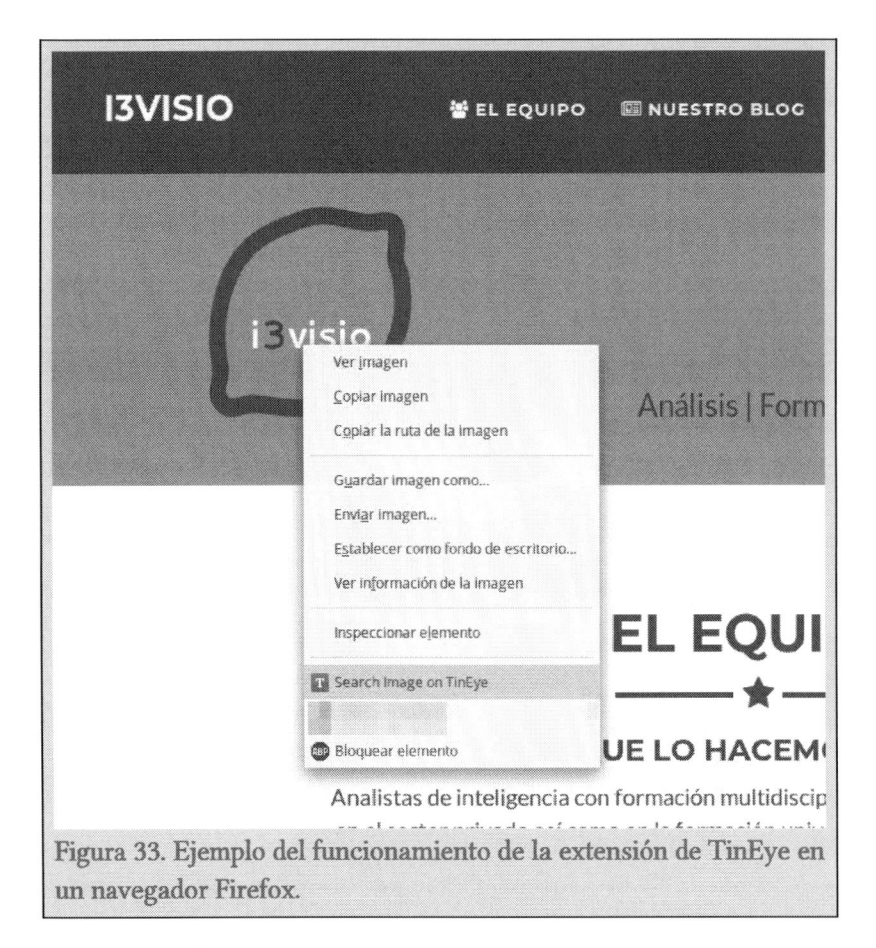

Figura 33. Ejemplo del funcionamiento de la extensión de TinEye en un navegador Firefox.

Evidentemente, los resultados en este caso no son satisfactorios, pero sirven para poner de manifiesto una funcionalidad concreta de TinEye relacionada con el reconocimiento de texto en imágenes. En unidades posteriores se analizarán las diferentes herramientas que existen relacionadas con este campo y sus limitaciones, que, como se verá, son significativas.

Adicionalmente, cuentan con una extensión de navegador que permite la búsqueda de imágenes similares directamente sobre la navegación al habilitar un nuevo menú contextual al pinchar con botón derecho sobre una imagen. La extensión está disponible para navegadores basados en Firefox o Google Chrome (incluyendo Opera, Chromium y similares) entre otros.

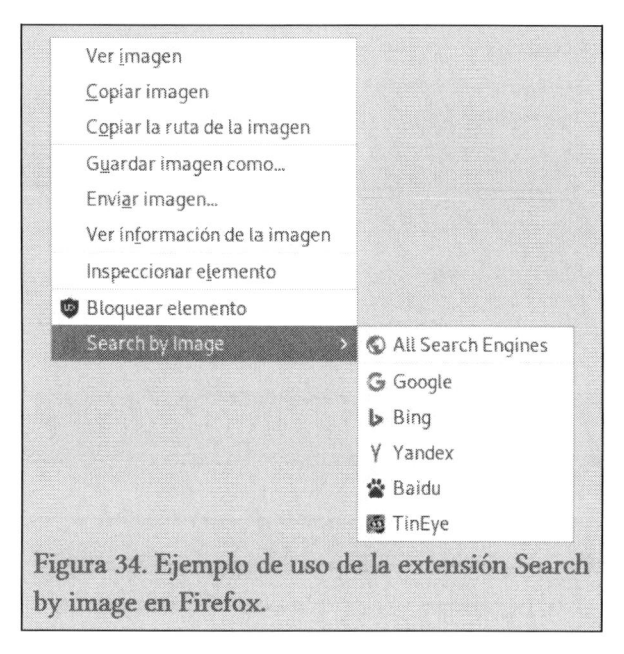

Capítulo 4: Usos avanzados de herramientas de búsqueda

Figura 34. Ejemplo de uso de la extensión Search by image en Firefox.

4.4.4 Extensiones de navegador para la búsqueda inversa de imágenes

Para evitar tener que introducir manualmente la búsqueda en cada una de las plataformas podemos hacer uso de extensiones de terceros que lancen las búsquedas contra diferentes plataformas. En el caso de Firefox, una de las extensiones más reconocidas es «Search by Image - Reverse Image Search» de Armin Sebastian[32]. La extensión, promocionada dentro del propio *marketplace* de extensiones de Mozilla y añade una opción en el menú contextual que se presenta al usuario cuando hace clic con el botón derecho sobre una imagen.

Desde dicho menú, el usuario puede lanzar directamente la búsqueda en cinco plataformas diferentes (Google, Bing, Yandex, Baidu y TinEye) con lo que ello conlleva en términos de ahorro de tiempo para el analista. Cada una de las páginas de resultados son abiertas en una nueva pestaña del navegador.

---

32 Sebastian Armin, *Search by Image*, versión 2.1.0, Multiplataforma, Javascript, 2019, https://addons.mozilla.org/es/firefox/addon/search_by_image/.

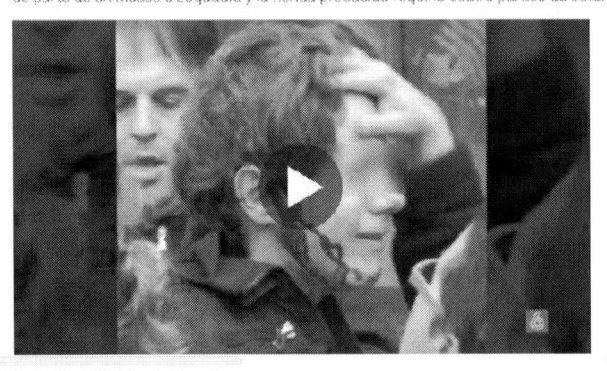

Figura 35. Un ejemplo de noticia desenmascarada por la cuenta de Twitter @malditobulo en la que se muestra la imagen de un menor presuntamente golpeado por fuerzas policiales el 1 de octubre.

4.4.5 Aplicaciones prácticas de la búsqueda inversa de imágenes

En la era de la inmediatez de la información en redes sociales, la búsqueda inversa de imágenes es un buen punto de partida a la hora de validar la verosimilitud de una información. Recientemente, las redes sociales se han poblado de imágenes presuntamente asociadas a episodios de violencia que han tenido lugar en el marco de las movilizaciones del 1 de octubre en Cataluña. Han sido muchos los medios de comunicación los que se han hecho eco a nivel nacional e internacional de cómo algunas de estas imágenes estaban siendo utilizadas para viralizar contenidos que encajan en la definición de *fake news*.

Perfiles en redes sociales como @malditobulo en Twitter se han encargado de desenmascarar muchos de estos casos. En algunas ocasiones, el proceso de validación podía pasar sencillamente por conocer estas herramientas para, con apenas una búsqueda, ser conscientes de que era necesario poner en cuarentena una determinada información como la ya conocida imagen del menor presuntamente golpeado por la Policía el 1 de octubre cuando la imagen se correspondía a unas movilizaciones en Cataluña que habían tenido lugar hace unos años.

Asimismo, esta búsqueda también puede ser útiles a la hora de identificar perfiles que utilicen una imagen muy característica. Este tipo de búsquedas que se apoyan en los avatares empleados son útiles incluso aunque los usuarios no utilicen aliases conocidos y pueden abrir las puertas a nuevas líneas de investigación.

4.5 Buscadores en redes anónimas

Para diferenciar contenidos web presentes en la *surface* web y en la *deep web* habitualmente se hace referencia a la facilidad con la que un contenido es indexado por los buscadores convencionales. Por definición, los contenidos alojados detrás de *hidden services* son contenidos a los que los buscadores convencionales no pueden acceder. Los dominios .onion que se utilizan en la red Tor solamente pueden ser resueltos si, una de dos, el usuario se conecta a ella utilizando las herramientas creadas a tal efecto o si este opta por usar pasarelas intermedias para conseguirlo a costa de exponer en parte nuestra privacidad como se verá en la última unidad de este módulo centrada en OPSEC y privacidad.

Manual de ciberinvestigación en fuentes abiertas: OSINT para analistas

Figura 36. Captura de pantalla de la página principal de Ahmia.

En cualquier caso, si existen contenidos que son accesibles a través del navegador, existen también herramientas automatizadas aunque más lentas que pueden recoger ese contenido por nosotros e indexarlo. Los buscadores a los que nos referimos pueden estar disponibles a través de la red de superficie o únicamente a través de *hidden services*.

4.5.1 Ahmia.fi

Disponible a través del dominio ahmia.fi, este buscador ofrece a los usuarios la posibilidad de ser accedido también como *hidden service* a través de la red Tor utilizando el dominio msydqstlz2kzerdg.onion. Antiguamente, los enlaces a los resultados eran mostrados empleando una pasarela intermedia si no accedes desde la red Tor de forma que podían ser consultados sin necesidad de usar la propia red. Al margen de que es buena práctica utilizar Tor Browser para acceder directamente a las páginas identificadas sin necesidad de pasarelas, a día de hoy ya no se facilita el acceso a través de estas pasarelas.

Ahmia.fi funciona como un buscador convencional sobre la red Tor y también sobre I2P y ofrece la posibilidad de reportar sitios con contenido no apropiado para que los resultados no sean mostrados. Su código fuente ha sido liberado con licencia BSD y está basado en Python2.7, Django

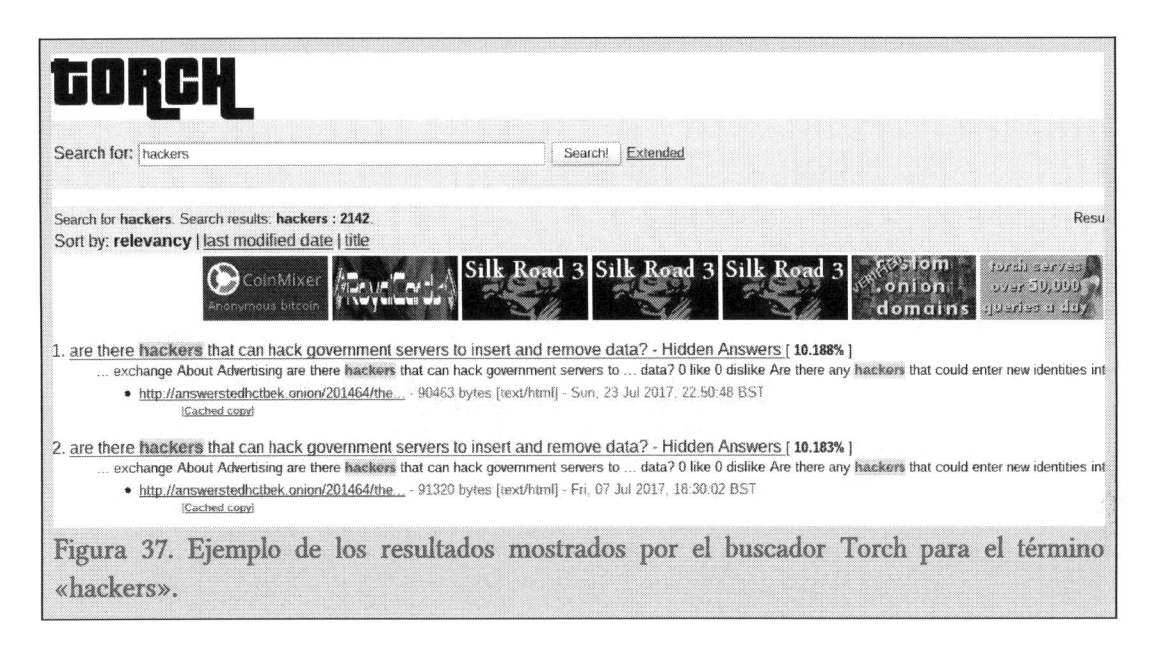

Capítulo 4: Usos avanzados de herramientas de búsqueda

Figura 37. Ejemplo de los resultados mostrados por el buscador Torch para el término «hackers».

y ElasticSearch para la indexación del contenido y los analistas pueden optar por instalarlo localmente para utilizar su propia instancia de búsqueda[33].

4.5.2 Torch

Torch[34] es una plataforma de búsqueda que está accesible como *hidden service* en el dominio . Hay que tener en cuenta que para acceder a dicho dominio es necesario utilizar un navegador conectado a la red Tor como por ejemplo Tor Browser Bundle, el navegador oficial del proyecto Tor. Funciona como un buscador convencional limitado exclusivamente a páginas accesibles a través de la red Tor, listando cerca de medio millón de enlaces a páginas .onion.

Aunque no cuenta con *dorks*, el buscador también cuenta con una opción de búsqueda avanzada como la mostrada en la Figura 38. En él se pueden configurar opciones como la identificación de patrones que aparezcan en la URL (similar al inurl: de Google), el número de resultados por página o definir si todos los términos facilitados han de aparecer en los resultados o si con que aparezca una de ellos es suficiente.

---

33 Juha Nurmi y Pushkar Pathak, *Ahmia.fi*, Linux Systems, 2016, https://ahmia.fi/about/.

34 Torch Developers, «Xmh57jrzrnw6insl.Onion», Torch, s. f., http://xmh57jrzrnw6insl.onion/.

81

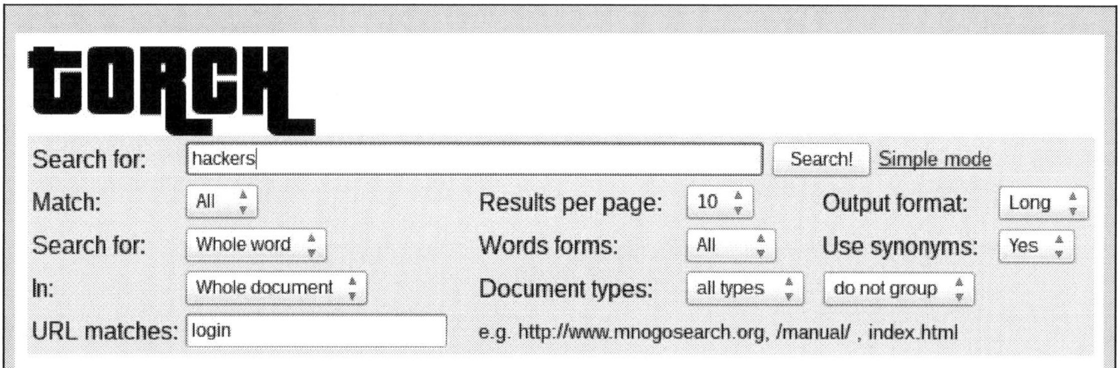

Manual de ciberinvestigación en fuentes abiertas: OSINT para analistas

Figura 38. Ventana de configuración de la búsqueda avanzada en el buscador Torch.

4.6 Buscadores en redes sociales

Al margen de las herramientas de búsqueda descritas anteriormente, mención especial en este capítulo merecen los buscadores propios de cada red social. Estos buscadores son la mejor herramienta para consultar la información publicada en cada una de las redes sociales, ya que cuentan con acceso a la información en bruto publicada en ella y a la que las grandes arañas de gigantes como Google, Bing o Yandex pueden no haber llegado todavía.

Como en el caso de los buscadores generalistas, muchas plataformas cuentan con funcionalidades de búsqueda básica: desde la búsqueda convencional hasta la búsqueda literal entrecomillando el texto de interés, Sin embargo, muchas de ellas también incluyen funcionalidades de búsqueda avanzada que es necesario conocer en cada caso. Entre ellas, se puede encontrar la posibilidad de ignorar algunas palabras, el filtrado por fecha o lugar de publicación, el número de interacciones o el uso de operadores *booleanos* como ocurre con Twitter. (ver Figura 39).

Las funcionalidades de búsqueda de Twitter, que además están accesibles como *dorks* de búsqueda avanzada, presentan otra característica muy interesante: la de buscar publicaciones realizadas por un usuario (from:yrubiosec), dirigidas a un usuario (to:febrezo) o en el que se menciona explícitamente a a un perfil (@i3visio) como se recoge en la Figura 40).

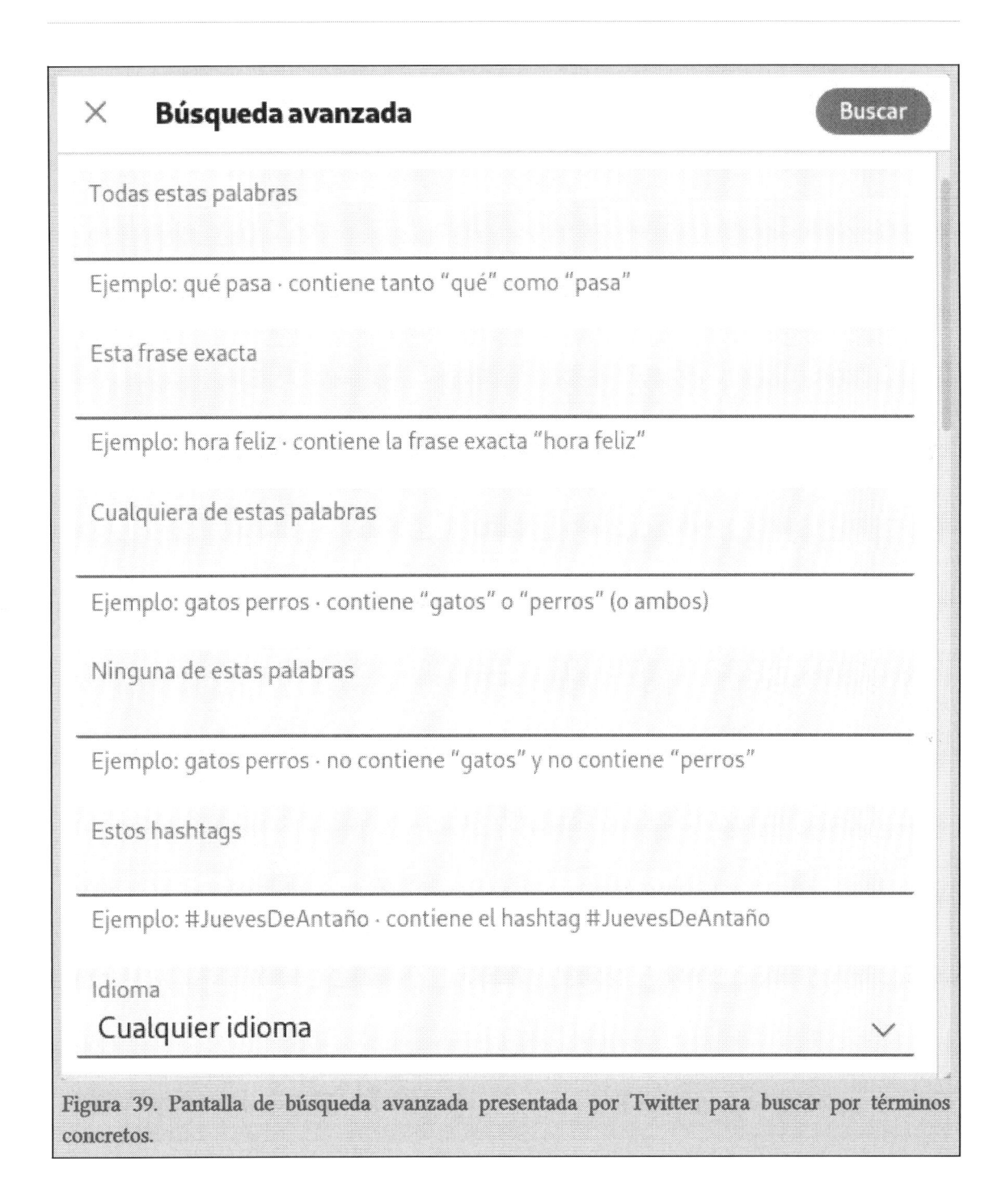

Capítulo 4: Usos avanzados de herramientas de búsqueda

| × **Búsqueda avanzada** | Buscar |

Todas estas palabras

Ejemplo: qué pasa · contiene tanto "qué" como "pasa"

Esta frase exacta

Ejemplo: hora feliz · contiene la frase exacta "hora feliz"

Cualquiera de estas palabras

Ejemplo: gatos perros · contiene "gatos" o "perros" (o ambos)

Ninguna de estas palabras

Ejemplo: gatos perros · no contiene "gatos" y no contiene "perros"

Estos hashtags

Ejemplo: #JuevesDeAntaño · contiene el hashtag #JuevesDeAntaño

Idioma
Cualquier idioma   ⌄

Figura 39. Pantalla de búsqueda avanzada presentada por Twitter para buscar por términos concretos.

83

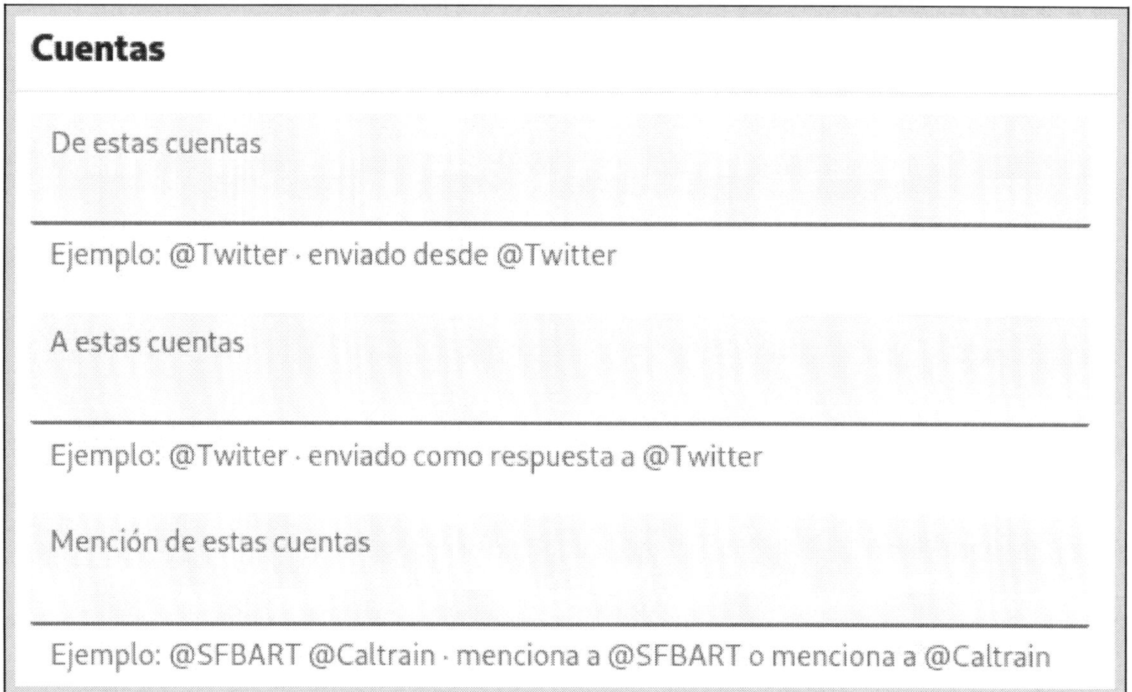

Cuentas

De estas cuentas

Ejemplo: @Twitter · enviado desde @Twitter

A estas cuentas

Ejemplo: @Twitter · enviado como respuesta a @Twitter

Mención de estas cuentas

Ejemplo: @SFBART @Caltrain · menciona a @SFBART o menciona a @Caltrain

Figura 40. Herramientas de búsqueda avanzada de Twitter sobre perfiles en su red social.

El hecho de que estas búsquedas estén disponibles como *dorks* facilita mucho el proceso de búsqueda y permite obtener resultados muy rápidamente. Estas búsquedas son muy interesantes para intentar establecer relaciones de amistad entre perfiles (combinando por ejemplo to: y from:) y acotando los resultados por rango temporal.

Uno de los usos más interesantes que tiene esta herramienta es la de identificación de perfiles vinculados con cuentas marcadas como privadas. Como sabemos, un usuario que no haya sido previamente aceptado por un perfil que etiqueta su cuenta como privada no podrá acceder a sus *tweets* y publicaciones o seguidores. Sin embargo, sí que es posible identificar mediante las búsquedas en Twitter qué usuarios interactúan con él indicando en la búsqueda el prefijo correspondiente.

Además, a partir de la información obtenida sobre los usuarios que interactúan con el perfil privado puede ser posible pivotar a otras redes sociales en las que encontrar información adicional para desanonimizar al objetivo.

Para que la búsqueda tenga éxito se tendrán que dar alguna de las siguientes circunstancias. En primer lugar, que el nivel de concienciación de un usuario en distintas redes sociales no sea el mismo. En segundo lugar, que el entorno del objetivo no tenga el mismo nivel de concienciación con respecto a ese tema.

En cualquier caso, la labor del analista pasará por agotar todas las posibilidades que le brindan las herramientas que tiene a su disposición. La falta de éxito en búsquedas anteriores no debe ser obstáculo para seguirlas realizando en nuevos casos por lo que mantener una estrategia de búsqueda rigurosa es fundamental para garantizar la identificación de la información relevante cuando, por error u omisión, esta esté disponible.

Capítulo 5: Metodologías para la realización de ejercicios de atribución

Hoy en día, casi cualquier organización tiene sus raíces en Internet. A medida que las diferentes actividades delictivas comienzan a tener lugar en la red, los investigadores e investigadores han tenido que adaptar sus metodologías y herramientas para enfrentar los problemas que han surgido al identificar a los seres humanos reales detrás de ellos. El tipo de acciones criminales puede ser muy diferente, pero la forma de investigar sobre ellas es similar desde un punto de vista técnico teniendo en cuenta que los valores de entrada que tendrá el investigador son similares: nombres completos, nombres de usuario y apodos, cuentas de correo electrónico, teléfono números y demás.

La atribución es la tarea por medio de la cual un investigador trata de obtener más información sobre un actor que ha llevado a cabo una determinada acción en el ciberespacio. La propia naturaleza cambiante de las evidencias obtenidas en la red hacen de esta labor una actividad compleja que obliga al analista a trabajar en un escenario manipulable y cambiante. Por este motivo, es necesario conocer los límites a los que nos tenemos que enfrentar a la hora de evaluar las evidencias obtenidas en el transcurso de una investigación con ramificaciones en el ciberespacio. Pero, ¿cómo podemos hacer frente a expectativas demasiado optimistas al tratar con toda esta información? ¿Qué podemos esperar encontrar cuando llevamos a cabo una investigación en la red? Estas preguntas y muchas otras son las que estamos tratando de enfrentar.

5.1 OSRFramework

OSRFramework es un paquete de aplicaciones de obtención de información en fuentes abiertas programado en Python por los autores de este manual y distribuido bajo licencia AGPLv3. El conjunto de aplicaciones integradas en OSRFramework incluye herramientas para facilitar el proceso de investigación en fuentes abiertas con el objetivo de facilitar la identificación de usuarios en la red.

Su característica principal es la capacidad de buscar usuarios en más de 200 plataformas distintas que agilizan las actividades de obtención y que podrían servir como punto de partida para la identificación de información relativa al investigado o incluso para la realización de de ataques dirigidos en función de la sensibilidad de la información expuesta.

5.1.1 Instalación de la herramienta

OSRFramework[35] es un conjunto de herramientas desarrolladas en Python por Yaiza Rubio y Félix Brezo que a partir de su versión 0.20.0 es solo compatible con Python 3.6+. El principal motivo del cambio fue precisamente el fin de vida de Python 2, que quedó establecido para el 31 de diciembre de 2019. En cualquier caso, el *framework* se distribuye como un paquete pip para facilitar el proceso de instalación al permitir que pip resuelva las dependencias requeridas en bibliotecas de terceros.

5.1.1.1 Instalación en sistemas Windows

Los requisitos básicos incluyen tener Python 3.6+ instalado en la máquina con Windows. También necesitarás tener instalado pip3 (un administrador de paquetes de Python). Puedes verificar ambas dependencias usando estos dos comandos en el terminal (presione la tecla Windows, escriba cmd y escriba los siguientes comandos en la terminal)[36]:

```
$ python --version
Python 3.7.5
$ pip3 --version
pip 19.3.1 from /home/felix/.local/lib/python3.7/site-packages/pip (python 3.7)
```

Si alguno de estos comandos genera un error, verifica las instrucciones en la siguiente sección Resolución de dependencias. Si has tenido suerte y todo ha ido como se esperaba (las versiones no tienen que coincidir exactamente), puedes reanudar la instalación de OSRFramework utilizando pip. Es importante que pip esté en sus versiones recientes, ya que versiones como 9.0.x (la que se instala por defecto en Ubuntu 18.04 por ejemplo) da algunos problemas. Si la versión de pip no está actualizada, se puede forzar la actualización del propio paquete para el usuario en cuestión usando el siguiente comando:

```
$ pip3 install pip --upgrade --user
```

---

35 Yaiza Rubio Viñuela y Félix Brezo Fernández, *OSRFramework*, versión 0.20.1, Multiplatform, Python (2014; repr., Madrid (España): i3visio, 2020), https://github.com/i3visio/osrframework.

36 Dado que en muchos sistemas pueden convivir Python 2 y Python 3, es habitual que aún se especifique la versión de Python a ejecutar en muchos comandos. Usando pip3 nos aseguraremos de usar el gestor de paquetes para dicha versión.

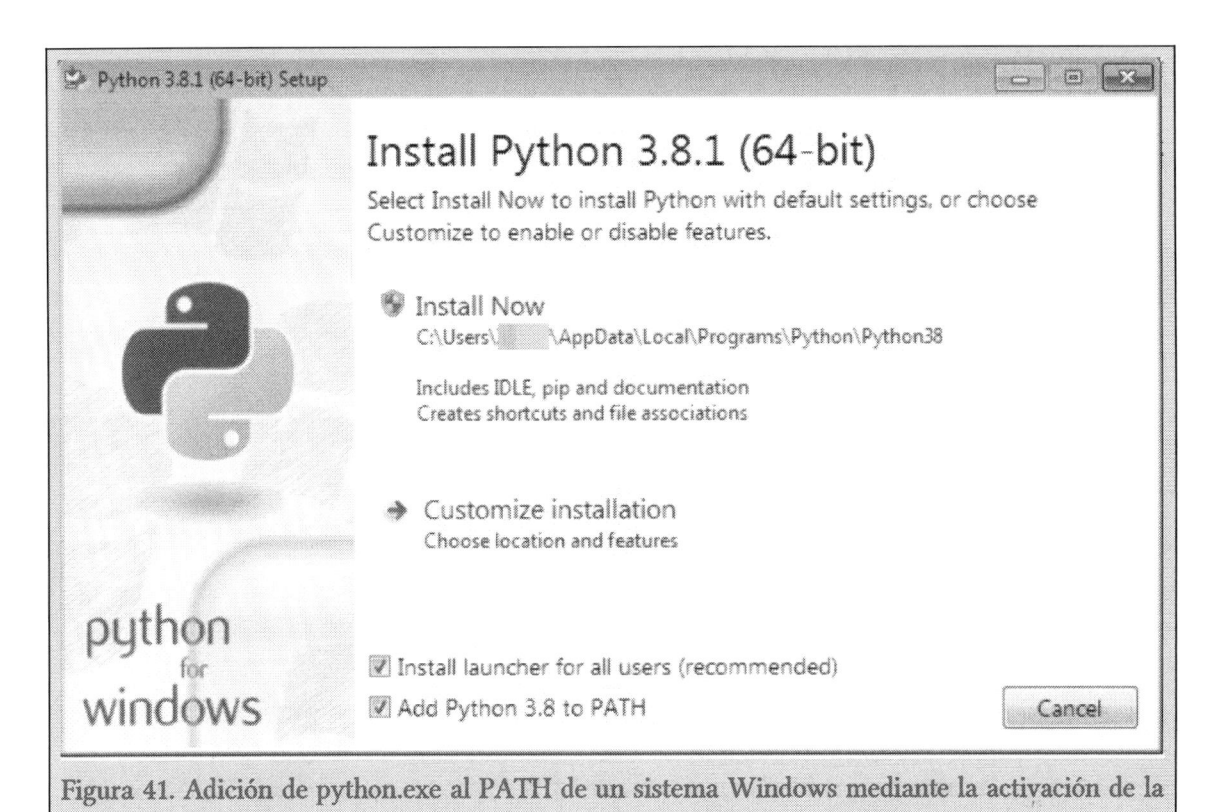

Capítulo 5: Metodologías para la realización de ejercicios de atribución

Figura 41. Adición de python.exe al PATH de un sistema Windows mediante la activación de la opción «Add Python 3.8 to PATH» en el menú de instalación de Python 3.8.1.

De todos modos, los autores y otros investigadores han publicado numerosos videotutoriales en Youtube con las instrucciones completas sobre cómo instalar este entorno de investigación en Sistemas Windows[37].

En primer lugar, si acabas de ejecutar los comandos antes, cierra la ventana del terminal anterior. Para instalar Python 3.6+ debemos proceder a https://python.org y descargar la versión más reciente (3.7.5 o superiores estarán bien). Este proceso descargará un instalador que iniciará un asistente que hará la mayor parte del trabajo, como la instalación de pip y muchas otras tareas. Sin embargo, ten en cuenta que deberás marcar la opción para agregar python.exe a la ruta como se

---

37 Se cuenta con vídeos de instalación de OSRFramework sobre instancias de desarrollo facilitadas por Microsoft en el marco de su programa Modern.ie. Los autores llegaron a publicar vídeos de instalación en https://www.youtube.com/watch?v=2BW_jazVzws que recogen el proceso para versiones más antiguas. Recuerda que OSRFramework >= 0.20.0 solo funciona con Python 3.6+.

muestra en la Figura 41, que no está activada de manera predeterminada y que es necesaria para ejecutar Python usando la terminal.

Una vez que la instalación ha finalizado, puedes verificar si todo está correctamente instalado escribiendo los comandos anteriores en una nueva terminal.

```
$ python --version
Python 2.7.11
$ pip --version
pip 19.1.2 from c:\python37\lib\site-packages (python 3.7)
```

Para instalar la aplicación en un sistema con Python 3.7 instalado y suponiendo que Python 3.x es la instancia predeterminada de Python, podemos instalarlo en Windows escribiendo el siguiente comando:

```
$ pip install osrframework
```

Si quisiéramos actualizar la herramienta a una versión más reciente, tendríamos que indicar a pip esto agregando la opción --upgrade:

```
$ pip install osrframework --upgrade
```

Después de hacerlo, el administrador de paquetes descargará la versión más reciente del paquete OSRFmework de los repositorios de Python Package Index[38]. Automáticamente, resolverá las dependencias correspondientes que se indican en el código fuente relativas a los paquetes adicionales que son necesarios para realizar las descargas o formatear las salidas.

5.1.1.2 Instalación en sistemas GNU/Linux y UNIX

En GNU/Linux y otros sistemas Unix podremos iniciar el proceso de instalación de dos maneras diferentes. Por un lado, lo podemos ejecutar como administradores indicando sudo delante del comando:

```
$ sudo pip3 install osrframework --upgrade
```

Si estamos utilizando un equipo en el que no tenemos privilegios de administración también podemos instalarlo solamente para ese usuario.

```
$ pip3 install osrframework --upgrade --user
```

---

[38] Python Software Foundation, «Pypi.Org», PyPI · The Python Package Index, accedido 8 de enero de 2020, https://pypi.org/.

5.1.2 Principales herramientas de OSRFramework

En los siguientes apartados se va a analizar el funcionamiento de las diferentes herramientas incluidas en el *framework*. Cada una de ellas ha sido desarrollada con el objetivo de integrarse con las demás y poder ser ampliada en función de las necesidades concretas de cada analista. Cada una de las herramientas tratará de dar respuesta a una necesidad diferente en función de los parámetros de entrada que utilicemos. Como todas ellas tienen una gran cantidad de opciones, el usuario siempre podrá indicar el parámetro -h para mostrar la ayuda de la aplicación.

Una de las herramientas que se ha lanzado en versiones recientes es un lanzador de todas ellas. Con el comando osrf se listan las diferentes aplicaciones del *framework* que estarán disponibles a modo de subcomandos. De esta forma, será lo mismo hacer:

```
$ osrf usufy --help
$ usufy --help
```

A continuación, se muestra la enumeración de las diferentes herramientas disponibles en el *framework*.

```
$ osrf
usage: osrf [-h] [--license] [--version]
            <sub_command> <sub_command_options> ...

OSRFramework CLI. Collection of tools included in the framework.

SUBCOMMANDS:
  List of available commands that can be invoked using OSRFramework CLI.

  <sub_command> <sub_command_options>
        alias_generator       Generates a list of candidate usernames based on known
                              information.
        checkfy               Verifies if a given email address matches a pattern.
        domainfy              Checks whether domain names using words and nicknames
                              are available.
        mailfy                Gets information about email accounts.
        phonefy               Looks for information linked to spam practices by a
                              phone number.
        searchfy              Performs queries on several platforms.
        usufy                 Looks for registered accounts with given nicknames.
        upgrade               Updates the module.
ABOUT ARGUMENTS:
  Showing additional information about this program.

        -h, --help            shows this help and exists.
        --license             shows the AGPLv3+ license and exists.
        --version             shows the version of the program and exists.

Use 'osrf <command> --help' to learn more about each command. Check
```

```
OSRFramework README.md file for further details on the usage of this program
or follow us on Twitter in <http://twitter.com/i3visio>.
```

5.1.3 Usufy

Una vez que hemos identificado algunos perfiles en los sitios de redes sociales, un problema importante que surge después implica tratar de encontrar nuevos perfiles asociados a un objetivo en otras redes. Por lo general, los usuarios tendemos a utilizar nombres similares en cada una de las diferentes plataformas. Por este motivo, nos interesará tratar de encontrar información sobre ellos en otras redes de forma automática validando si existe un determinado nombre de usuario dado de alta. Usufy nos ayudará en esta tarea automatizando el proceso de búsqueda y lanzando varias peticiones de forma simultánea. La herramienta realizará peticiones a distintas plataformas presentes en la red por un nombre de usuario concreto y tratará de identificar el texto que indica la NO presencia del usuario en dicha red: un 404, una imagen, un mensaje de «El usuario no existe», etc.

Una vez que hayamos hecho esto, podremos buscar nuevos usuarios en diferentes plataformas. Por ejemplo, para verificar si el usuario Elevenpaths existe solamente en la plataforma Twitter:

```
$ usufy -n yrubiosec -p twitter
```

O para verificar algunos nombres de usuario en Twitter:

```
$ usufy -n yrubiosec febrezo -p twitter
```

O para verificarlos en más de 200 plataformas, basta con que indiquemos -p all o lo dejemos en blanco:

```
$ usufy -n yrubiosec febrezo
```

Usufy también puede leer los usuarios (uno por línea) de un archivo donde los tengamos almacenados.

```
$ usufy -l nicks_file
```

La información se almacenará de manera predeterminada como un archivo CSV en la carpeta actual y que por defecto se denomina ./profiles.csv. Estos resultados también se puede almacenar en otros formatos ajustando el parámetro -e de la siguiente manera:

```
$ usufy -n elevenpaths -p all -e csv json xls gml
```

Adicionalmente, podremos indicar a OSRFramework que queremos que los resultados positivos encontrados por la herramienta sean directamente abiertos en el navegador. De esta manera, el analista no tendrá que abrirlos manualmente uno a uno y se facilita mucho el proceso de validación de si la existencia de un usuario en concreto es la deseada. Para ello, bastará con indicar la opción -w al final del comando.

```
$ usufy -n yrubiosec -p all -w
```

5.1.4 Alias_generator

En determinadas situaciones, puede no contarse con un alias concreto al disponer solamente de algunos datos del perfil objeto de estudio. Para dichos casos, se ha configurado un script que genera una lista de posibles alias a partir de la información suministrada por el usuario y empleando una serie de transformaciones ya observadas en el pasado por los autores como prácticas habituales para la generación de nuevos alias. Esta aplicación, cuenta con varias utilidades para modificar los aliases generados (todas se pueden consultar usando --help):

- ❖ --numbers. Para añadir números al final de los aliases.

- ❖ --leet. Para hacer sustituciones de determinadas letras por números. Las «e» por «3», las «o» por «0», etc.

- ❖ --common-words. Para añadir palabras adicionales habituales: «real», «www», «official», etc.

- ❖ --extra-words. Para especificar nuevas palabras que añadir a los aliases.

- ❖ --locales. Para añadir algunas referencias a nacionalidades («es», «en», «ru», etc.).

```
$ alias_generator --help
usage: alias_generator [-n <NAME>] [-s1 <SURNAME_1>] [-s2 <SURNAME_2>]
                       [-c <CITY>] [-C <COUNTRY>] [-y <YEAR>]
                       [-o <path_to_output_file>] [--numbers] [--common-words]
                       [--leet] [--locales]
                       [--extra-words EXTRA_WORDS [EXTRA_WORDS ...]] [-h]
                       [--version]

alias_generator is a tool that tries to create possible aliases based on the
inputs known from a person.

optional arguments:
  -n <NAME>, --name <NAME>
                        Name of the person.
  -s1 <SURNAME_1>, --surname1 <SURNAME_1>
                        First surname.
  -s2 <SURNAME_2>, --surname2 <SURNAME_2>
                        Second surname.
```

Manual de ciberinvestigación en fuentes abiertas: OSINT para analistas

```
  -c <CITY>, --city <CITY>
                        A city linked to the profile.
  -C <COUNTRY>, --country <COUNTRY>
                        A country.
  -y <YEAR>, --year <YEAR>
                        Birth year.
  -o <path_to_output_file>, --output-file <path_to_output_file>
                        Path to the output file.
Profile squatting arguments:
  Showing additional configuration options for this program based on the
  original -s option in usufy.py.

  --numbers             Adds numbers at the end of the nicknames.
  --common-words        Adds some famous words at the end of the nicknames.
  --leet                Adds the leet mode to change 'a' by '4', 'e' by '3',
                        etc.
  --locales             Adds ending linked to countries.
  --extra-words EXTRA_WORDS [EXTRA_WORDS ...]
                        Adds new words to the nicknames provided by the user.

About arguments:
  Showing additional information about this program.

  -h, --help            shows this help and exists.
  --version             shows the version of the program and exists.
```

En este caso, para lanzar su ejecución en modo interactivo bastaría con escribir el comando e ir introduciendo los términos de búsqueda conocidos:

```
$ alias_generator
```

Este modo de empleo preguntará a continuación datos del usuario objeto de estudio y almacenará los resultados en un fichero output.txt cuya localización se puede especificar utilizando el parámetro opcional «-o».

```
$ cat output.txt
y.rubio
y.rubio.1987
y.rubio.1987.i3visio
y.rubio.87
y.rubio.87.i3visio
y.rubio.i3visio
y_rubio
y_rubio_1987
y_rubio_1987_i3visio
y_rubio_87
y_rubio_87_i3visio
y_rubio_i3visio
ya.rubio
ya.rubio.i3visio
ya_rubio
ya_rubio_i3visio
yai.rubio
```

```
yai.rubio.i3visio
yai_rubio
yai_rubio_i3visio
yairubio
yairubioi3visio
yaiza.r
yaiza.r.1987
yaiza.r.1987.i3visio
yaiza.r.87
yaiza.r.87.i3visio
yaiza.r.i3visio
yaiza.rubio
yaiza.rubio.1987
yaiza.rubio.1987.i3visio
[...]
```

```
Collecting information about the profile
----------------------------------------

Insert a name:                          yaiza
Insert the first surname:               rubio
Insert the second surname:
Insert a year (e. g.: birthyear):       1987
Insert a city:
Insert a country:

Additional transformations to be added
--------------------------------------

Extra words to add (',' separated):

Input data:
-----------

Name:               yaiza
First Surname:      rubio
Year:               1987


Generating new aliases...

2019-12-24 14:11:20.326446      Generation finished...
```

Figura 42. Ejemplo de ejecución de alias_generator.py en OSRFramework con datos de entrada relativos a Yaiza Rubio.

Los resultados generados se mostrarán por pantalla y se almacenarán, uno por línea, en el fichero de texto anteriormente descrito. Esta funcionalidad es especialmente interesante si queremos automatizar el proceso de búsqueda de dichos usuarios. Recordemos que usufy, cuenta con una opción especial, la opción -l, que utiliza los aliases enumerados en un fichero de texto en lugar de una secuencia de usuarios pasados por parámetro. De esta manera, podemos agilizar el proceso de consulta sin demasiado esfuerzo

```
$ usufy -l output.txt -p twitter -w
```

5.1.5 Mailfy

Con mailfy, OSRFramework nos permite investigar sobre un correo electrónico. Mailfy realiza diferentes verificaciones:

- Paso 1. Utiliza python-emailahoy3[39] para tratar de identificar si el correo electrónico existe.

- Paso 2. Utiliza búsquedas contra diferentes plataformas para tratar de identificar si el correo se ha utilizado para registrar cuentas. Entre las plataformas en que se busca se encuentran Instagram, Twitter o servidores de claves por ejemplo.

- Paso 3. Intenta utilizar la API de pago de HaveIBeenPwned[40] para detectar brechas de seguridad.

- Paso 4. Utiliza la plataforma DeHashed[41] para identificar filtraciones del correo.

- Paso 5. Utiliza la búsqueda inversa de ViewDNS.info para identificar dominios registrados con ese correo electrónico.

Un ejemplo de ejecución típico es el siguiente:

```
$ mailfy -m "felixbrezo@gmail.com"
```

---

39 Val Neekman, *python-emailahoy3*, versión 0.1.3, POSIX, Python, 2019, https://github.com/febrezo/python-emailahoy-3.

40 Troy Hunt, «Haveibeenpwned.Com», Have I Been Pwned: API key, 18 de julio de 2019, https://haveibeenpwned.com/APIDocs/Key.

41 DeHashed, «dehashed.com», DeHashed — #FreeThePassword, 2020, https://dehashed.com/.

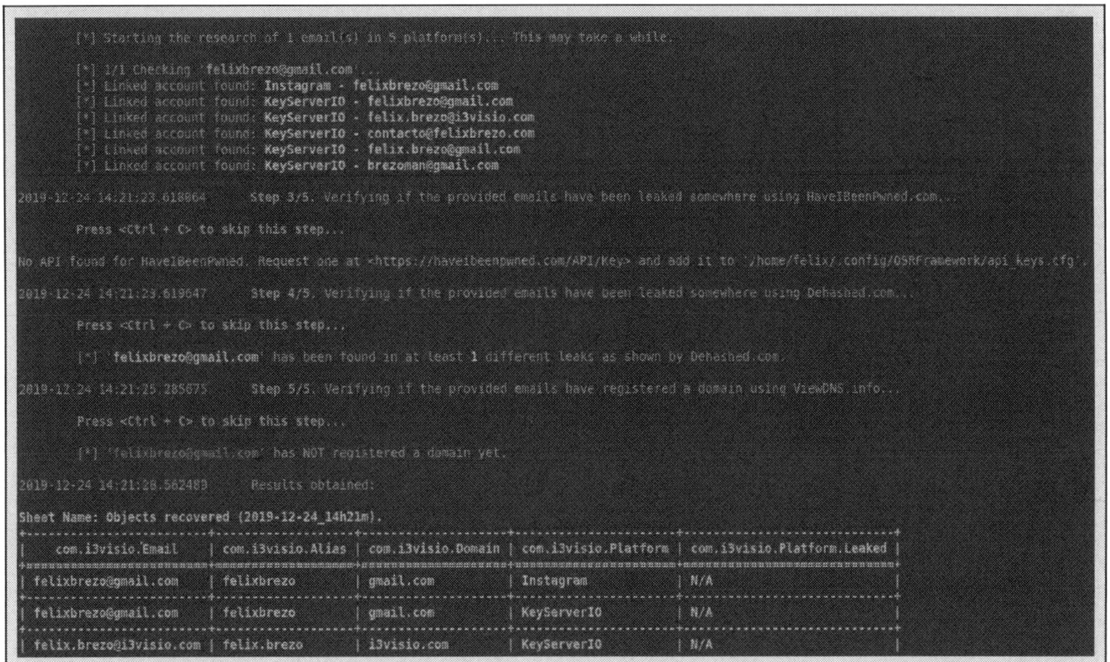

Capítulo 5: Metodologías para la realización de ejercicios de atribución

Figura 43. Ejemplo de ejecución de una búsqueda con mailfy para el correo electrónico felixbrezo@gmail.com. «mailfy -m felixbrezo@gmail.com» nos ha permitido identificar otros correos vinculados al usuario y cuentas en redes sociales.

Como algunos procesos pueden tardar tiempo, en cualquier momento de la ejecución es posible saltarse un paso presionando Ctrl + C (se puede ver un ejemplo de su funcionamiento en la Figura 43). Por otro lado, también se puede usar mailfy con el parámetro -n seguido del nombre de usuario que queremos verificar. Con esta opción, se intentará encontrar referencias a correos que utilicen ese alias.

```
$ mailfy -n yrubiosec
```

5.1.6 Searchfy

Utilizando el *script* searchfy, se pueden realizar consultas contra los servicios de búsqueda de usuarios de diferentes plataformas. Esta funcionalidad extiende la capacidad de usufy al permitir aglutinar la existencia de perfiles en diferentes buscadores bajo una misma consulta. En este caso, en lugar de realizar las búsquedas por nombres de usuario, se pueden hacer búsquedas más amplias empleando nombres y apellidos o cualquier término que se considere relevante. Un ejemplo de ejecución sería el siguiente:

Manual de ciberinvestigación en fuentes abiertas: OSINT para analistas

```
$ searchfy -p all -q "Yaiza Rubio"
```

Los resultados obtenidos generan entidades del mismo tipo que las entidades de usufy que se pueden integrar en los mismos ficheros de salida que usufy y pueden venir determinados por la búsqueda de nombres y apellidos junto con otros términos. Entre las plataformas en las que se puede buscar utilizando searchfy se encuentran Facebook, Twitter, Instagram, Github o KeyServer.io, un repositorio de claves públicas PGP del MIT.

5.1.7 Domainfy

Domainfy es una herramienta que también ha evolucionado mucho con el paso del tiempo. Con su comportamiento por defecto, permite identificar dominios principales que resuelvan utilizando un *nick* o marca:

```
$ domainfy -n telefonica
...
2019-12-24 14:33:38.879505    2 results obtained:

Sheet Name: Objects recovered (2019-12-24_14h33m).
+-------------------+------------------+
| com.i3visio.Domain | com.i3visio.IPv4 |
+===================+==================+
| telefonica.com    | 212.170.36.79    |
+-------------------+------------------+
| telefonica.org    | 103.224.182.237  |
+-------------------+------------------+
```

La búsqueda principal se realiza solo en los TLD principales (.com, .org, .net, etc.) pero se puede ampliar al conjunto de CCTLD o incluso a todos utilizando los parámetros -t cc o -t all. Adicionalmente, en OSRFramework 0.20 se ha introducido la opción de --whois. Esta opción intentará buscar dominios registrados con esos términos que no necesariamente resuelvan en la actualidad.

```
$ domainfy -n telefonica
...
2019-12-24 14:37:23.428569    3 results obtained:

Sheet Name: Objects recovered (2019-12-24_14h37m).
+------------------+------------------------+--------------------+------------------+
| com.i3visio.Alias | com.i3visio.Email     | com.i3visio.Domain | com.i3visio.IPv4 |
+==================+========================+====================+==================+
| telefonica       | ["support@epik.com"]  | telefonica.org     | 103.224.182.237  |
+------------------+------------------------+--------------------+------------------+
| telefonica       | ["abuse@acens.net"]   | telefonica.net     | N/A              |
+------------------+------------------------+--------------------+------------------+
| telefonica       | ["abuse@acens.net"]   | telefonica.com     | 212.170.36.79    |
+------------------+------------------------+--------------------+------------------+
```

5.1.8 Otras utilidades de OSRFramework

Paralelamente a las capacidades de detección, en el *framework* se han desarrollado aplicaciones destinadas a la identificación de información adicional que complemente los datos recabados de los perfiles.

- Phonefy. Permite identificar posibles casos de *spam* telefónico asociados a un número de teléfono empleando la aplicación phonefy. La filosofía seguida es similar a la de usufy. Los resultados retornados en este caso devolverán incidencias reportadas por otros usuarios asociadas a prácticas abusivas en diferentes fuentes como ListaSpam.

```
$ phonefy.py -n 910000000 920000000
```

- Checkfy. En el caso de que tengamos constancia de un patrón de correo electrónico (por ejemplo, el que muestran algunas plataformas como Twitter a la hora de intentar recuperar la contraseña de un usuario), podríamos intentar averiguar el correo electrónico que se esconde detrás apoyándonos en una lista de aliases generada por alias_generator. Supongamos el caso de un patrón como «fe**********@g****.***». ¿Qué correos electrónicos podrían existir sobre usuario si sabemos que se llama Félix Brezo y es de 1987?

```
$ checkfy -N output.txt -m fe**********@g****.***
...
2019-12-24 14:31:49.714197    Pattern type identified as 'twitter'. Regular expression: '^fe..........@g....\....$'.

2019-12-24 14:31:49.790276    Trying to identify possible emails 250264 email(s)...
Relax!

    Press <Ctrl + C> to stop...

2019-12-24 14:31:50.000538    Task finished. Validated emails:
[
    "felix.b.1987@games.com",
    "felix.b.1987@gamil.com",
    "felix.b.1987@gawab.com",
    "felix.b.1987@globo.com",
    "felix.b.1987@gmail.com",
    "felix.b.1987@gmial.com",
    "felix.b.1987@gustr.com",
    "felix_b_1987@games.com",
    "felix_b_1987@gamil.com",
    "felix_b_1987@gawab.com",
    "felix_b_1987@globo.com",
    "felix_b_1987@gmail.com",
    "felix_b_1987@gmial.com",
    "felix_b_1987@gustr.com",
    "felixbrezo87@games.com",
```

```
"felixbrezo87@gamil.com",
"felixbrezo87@gawab.com",
"felixbrezo87@globo.com",
"felixbrezo87@gmail.com",
"felixbrezo87@gmial.com",
"felixbrezo87@gustr.com"
]
```

- osrf upgrade.. Permite chequear si es posible actualizar OSRFramework a una versión más reciente.

```
$ osrf upgrade
...
2019-12-24 14:27:51.311269     Grabbing information about local and upstream versions of OSRFramework...
Details:
{
  "status": "up-to-date",
  "local_version": "0.20.1",
  "remote_version": "0.20.1",
  "repository": "https://pypi.python.org/pypi"
}
2019-12-24 14:27:51.920516     Local version of OSRFramework (0.20.1) is up to date with the remote version (0.20.1).
```

Muchas de estas opciones son configurables no solamente desde la propia línea de comandos, sino que también desde los archivos .cfg que se generan en la instalación. Las rutas de configuración más relevantes se detallan a continuación:

- Para configurar las credenciales de acceso de aquellas plataformas que requieran estar autenticado a la hora de verificar si un perfil existe:

    <USER_HOME>/.config/OSRFramework/accounts.cfg

- Para incluir las API keys de Twitter o de herramientas de verificación de *hashes*:

    <USER_HOME>/.config/OSRFramework/accounts.cfg

- Para modificar la forma en que OSRFramework se conecta a internet e incluir, por ejemplo, *proxies* intermedios o modificar el User Agent:

    <USER_HOME>/.config/OSRFramework/browser.cfg

- Para modificar las opciones por defecto de las diferentes aplicaciones, incluyendo las plataformas a buscar por defecto o el número de hilos

```
<USER_HOME>/.config/OSRFramework/general.cfg
```

- En caso de que por algún error modificáramos la configuración de la aplicación y esta dejara de funcionar, existen copias de los originales de estos ficheros en la siguiente ruta:

```
<USER_HOME>/.config/OSRFramework/default/
```

- El usuario también podrá añadir sus propias plataformas incluyendo los ficheros .py correspondientes en la carpeta de *plugins* correspondiente a los *wrappers*. Estos ficheros serán automáticamente leídos por OSRFramework cuando se lance la siguiente ejecución.

```
<USER_HOME>/.config/OSRFramework/plugins/wrappers/
```

5.2 Tinfoleak

Tinfoleak es una herramienta de código abierto que automatiza la extracción de información de Twitter y facilita su análisis posterior para la generación de inteligencia. Está incluida en múltiples distribuciones Linux orientadas a la seguridad: Kali Linux, CAINE, BlackArch y Buscador pero también se puede descargar directamente desde la web oficial[42]. La versión 2.3 implementa una gran cantidad de funcionalidades que enumeran sus autores como sigue:

- Extracción de información básica sobre el usuario: imagen del perfil, fecha de creación de la cuenta, estado de verificación de la cuenta, nombre en Twitter, nombre completo de usuario, descripción de la cuenta, ID de Twitter, etc.

- Aplicaciones utilizadas por el usuario para publicar *tweets*.

- Análisis de *hashtags*, menciones y *likes* del usuario.

- Análisis del contenido de *tweets*: se muestran los *tweets* publicados por el usuario que cumplen el filtro especificado (búsqueda por palabras clave, *retweets* y contenido multimedia).

- Análisis de Metadatos: se muestran metadatos asociados a las fotografías del perfil, o de las imágenes publicadas por los usuarios.

---

42 Vicente Aguilera, *Tinfoleak*, versión 2.3, Multiplataforma, Python (Internet Security Auditors), accedido 9 de enero de 2020, https://www.isecauditors.com/herramientas-tinfoleak.

Manual de ciberinvestigación en fuentes abiertas: OSINT para analistas

Figura 44. Detalle de la interfaz de consulta de Tinfoleak sobre la cuenta de Twitter @cia.

- ❖ Análisis de contenido multimedia: Se muestran las imágenes y videos publicados por el usuario, junto a la fecha y hora de su publicación, la aplicación utilizada, el usuario a quien se ofrece respuesta (si la hubiera), el número de *retweets* y *likes*, así como la consulta del *tweet* donde se publica el contenido multimedia asociado.

- ❖ Análisis basado en coordenadas geográficas: identificación de *tweets* publicados en el área geográfica especificada.

- ❖ Análisis basado en el *timeline* global: identificación de *tweets* publicados en el timeline global

- ❖ Análisis de conversaciones entre usuarios: Se muestran las conversaciones que ha mantenido el usuario especificado con el resto de usuarios.

- ❖ Análisis de seguidores: se genera un fichero CSV con información detallada sobre los seguidores del usuario especificado.

- ❖ Análisis de amigos: se genera un fichero CSV con información detallada sobre los amigos del usuario especificado.

- ❖ Análisis de frecuencia de palabras.

- ❖ Análisis de identidades digitales: identificación de la presencia del usuario en otras redes sociales.

Para sacar jugo a la información obtenida de Twitter es muy recomendable contar con API *keys* de Twitter dedicadas a la investigación de perfiles.

5.3 Recon-ng

Recon-ng[43] es un *framework* de reconocimiento web escrito en Python. Entre sus características principales se enumeran los módulos independientes, interacción con base de datos, construcción con funciones confortables, ayuda interactiva y completado de comandos. Tiene una apariencia similar a Metasploit Framework, además de incluirse por defecto en la versión 2018-4 de Kali Linux. Veamos el siguiente ejemplo de cómo se utilizaría el módulo «whois_pocs», el cual usa el Whois de ARIN para recolectar información de contacto para un dominio seleccionado.

Si estás utilizando Kali Linux puedes ir hasta el buscador para el icono de la herramienta o, si lo deseas también podrás hacer desde la terminal. Si no estás utilizando Kali Linux, deberás hacer este primer paso de instalación:

```
$ apt-get install recon-ng
```

Se puede ver qué módulos se encuentran disponibles con el comando «search»:

```
[recon-ng][default] > search google_site
```

En este paso, para usar el módulo utilizaremos el comando «use»:

```
[recon-ng][default] > use recon/domains-hosts/google_site_web
```

Ahora es necesario decirle al programa sobre qué dominio queremos trabajar. Para ello, utilizaremos el comando «set»:

```
[recon-ng][default][google_site_web] > set SOURCE telefonica.com
```

---

43 lanmaster53, *The Recon-ng Framework*, versión 5.1.0, Python, 2020, https://github.com/lanmaster53/recon-ng.

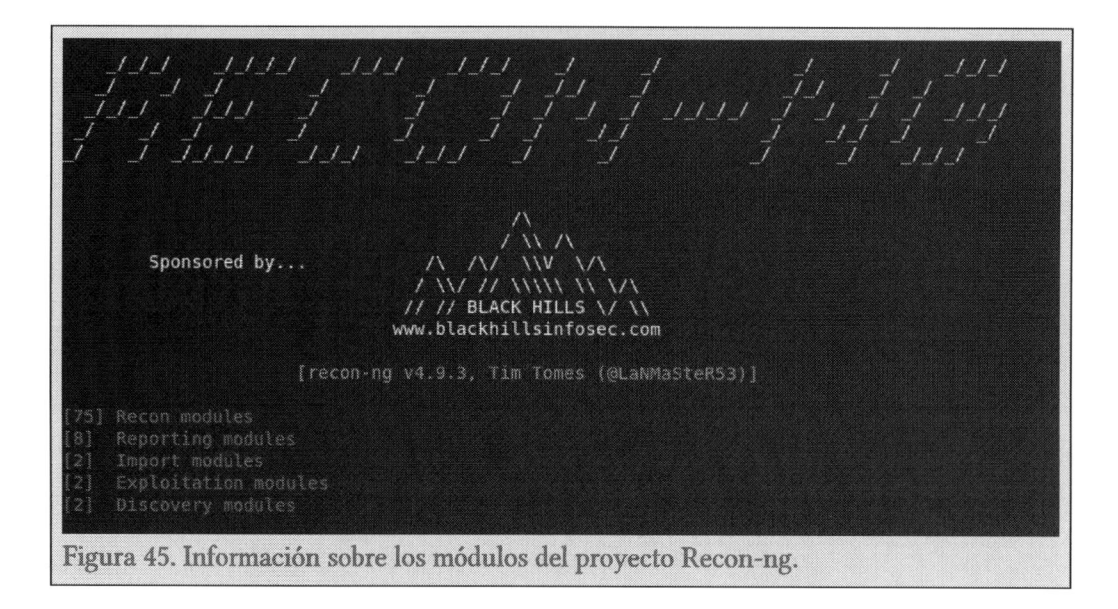

Figura 45. Información sobre los módulos del proyecto Recon-ng.

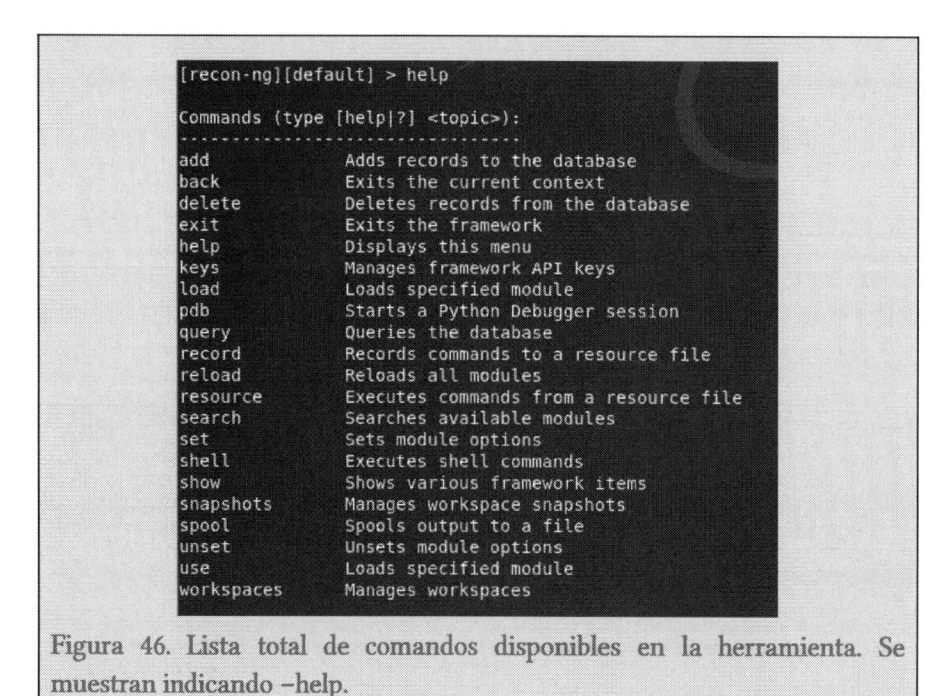

Figura 46. Lista total de comandos disponibles en la herramienta. Se muestran indicando –help.

Capítulo 5: Metodologías para la realización de ejercicios de atribución

Para la lanzar la herramienta lo haremos de la siguiente manera:

```
[recon-ng][default][google_site_web] > run
```

Después de haber lanzado la ejecución, se muestran los resultados. Sin embargo, para visualizarlos tendremos que usar el comando «show» seguido de «contacts» o «hosts»:

```
[recon-ng][default][google_site_web] > show contacts
[recon-ng][default][google_site_web] > show hosts
```

5.4 TheHarvester

TheHarvester[44] es una aplicación escrita en Python y liberada con licencia GPL 2.0 que nos facilita la identificación de cuentas corporativas y subdominios gracias a los diferentes *wrappers* que tiene para distintos buscadores. El proceso de instalación se puede llevar a cabo utilizando Git contra el propio repositorio oficial y resolviendo las dependencias necesarias, en este caso, el paquete requests.

```
$ git clone https://github.com/laramies/theHarvester
$ pip install requests
```

Una vez dentro de la ruta, podemos habilitar los permisos de ejecución (+x) para el *script* theHarvester.py para evitar tener que escribir «python theHarveseter.py» cada vez que lo queramos ejecutar.

```
$ cd theHarvester
$ chmod +x theHarvester.py
$ ./theHarvester.py
*******************************************************************
*                                                                 *
*   | |_| |_                /\  /\                      _| |_     *
*   |_   _|__   /\  /\ __ _ _ ____   _____  ___| |_ ___ _ __      *
*     | | | '_ \ / /_/ / _` | '__\ \ / / _ \/ __| __/ _ \ '__|    *
*     | | | | | / __  / (_| | |   \ V /  __/\__ \ ||  __/ |       *
*     \_| |_| |_\/ /_/ \__,_|_|    \_/ \___||___/\__\___|_|       *
*                                                                 *
* TheHarvester Ver. 2.7.1                                         *
* Coded by Christian Martorella                                   *
* Edge-Security Research                                          *
* cmartorella@edge-security.com                                   *
*******************************************************************
[...]
```

La ejecución de la aplicación es sencilla. Con la opción -d indicaremos el dominio sobre el que queremos investigar y con la opción -b el conjunto de fuentes que emplearemos. Al poner -b all,

---

44 Christian Martorella, *theHarvester*, Python, 2020, https://github.com/laramies/theHarvester.

105

estaremos buscando en Bing, Yahoo, Google, Dogpile o PGP cualquier referencia que pueda existir al dominio en cuestión.

```
$ ./theHarverster.py -b all -d i3visio.com
*******************************************************
*                                                     *
*   | |_| |_  __    /\ /\__ _ _ ____   _____ ___| |_ ___ _ __  *
*   | __| '_ \ / _ \  / //_/ _` | '__\ \ / / _ \/ __| __/ _ \ '__| *
*   | |_| | | |  __/ / __ \ (_| | |   \ V /  __/\__ \ ||  __/ |    *
*    \__|_| |_|\___| \/  \/\__,_|_|    \_/ \___||___/\__\___|_|    *
*                                                     *
*  TheHarvester Ver. 2.7.1                            *
*  Coded by Christian Martorella                      *
*  Edge-Security Research                             *
*  cmartorella@edge-security.com                      *
*******************************************************

Full harvest..
[-] Searching in Google..
      Searching 0 results...
      Searching 100 results...
[-] Searching in PGP Key server..
200
OK

[...]

[+] Emails found:
------------------
contacto@i3visio.com
felix.brezo@i3visio.com
yaiza.rubio@i3visio.com

[+] Hosts found in search engines:
----------------------------------
[-] Resolving hostnames IPs...
217.160.129.99:www.i3visio.com

[+] Virtual hosts:
------------------
217.160.129.99        i3visio.com
```

Además de este escaneo, se puede utilizar theHarvester para identificar subdominios dentro de una compañía. Las opciones -n, -c y -t nos pueden ayudar a ampliar la superficie de exposición de una organización tratando de identificar nuevos subdominios en base a términos recurrentes como (mail.midominio.com, jobs.midominio.com, etc.) o explorando la subred de la organización. Cualquiera de estas opciones puede ser añadida para ampliar las posibilidades de detección.

```
-n: Perform a DNS reverse query on all ranges discovered
-c: Perform a DNS brute force for the domain name
-t: Perform a DNS TLD expansion discovery
```

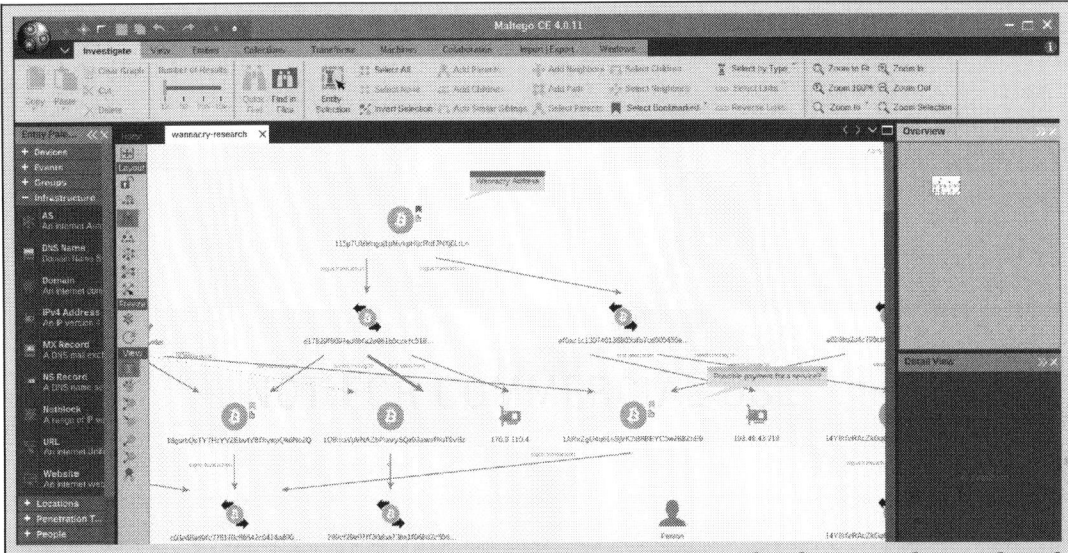

Capítulo 5: Metodologías para la realización de ejercicios de atribución

Figura 47. Captura de pantalla de parte de una investigación realizada con Maltego sobre el incidente de seguridad de Wannacry del 12 de mayo de 2017.

5.5 Maltego

Maltego[45] es una herramienta distribuida con licencia privativa por Paterva orientada a la recolección y visualización de información en una interfaz gráfica visual. Funciona con el concepto de transformadas, que son pequeñas aplicaciones que realizan tareas concretas sobre las entidades representadas gráficamente. La interfaz *drag & drop* y el fácil acceso a una gran cantidad de funcionalidades desde los menús contextuales han hecho de Maltego una de las herramientas más reconocidas en el ámbito de la investigación en internet hasta el punto de que la Community Edition ha sido incluida en distros como Kali Linux.

5.5.1 La interfaz gráfica

La interfaz presenta un espacio central sobre el que el analista puede arrastrar las entidades sobre las que realizará la investigación. Las entidades o nodos pueden ser de diferentes tipos. En función del tipo de entidad se podrán llevar a cabo diferentes operaciones. Sobre cada una de ellas se podrán

---

45 Paterva, *Maltego CE*, Multiplataforma, Java (Paterva), accedido 9 de enero de 2020, https://www.paterva.com/buy/maltego-clients/maltego-ce.php.

añadir notas y comentarios así como cambiar el etiquetado, añadir relaciones manualmente o cambiar los iconos para visualizar el contenido de imágenes.

Las diferentes vistas disponibles también facilitan el proceso de identificación de nodos relevantes agrandando o empequeñeciendo los iconos en función de las relaciones que entran y salen del nodo. Los resultados también pueden ser exportados a ficheros de imagen para incluirlos posteriormente en informes.

5.5.2 El concepto de transformadas

Las transformadas de Maltego son el conjunto de operaciones que se pueden hacer sobre una entidad. Por defecto, Maltego sugiere al analista la instalación de una serie de transformadas desarrolladas por la propia Paterva y otras empresas como Kaspersky, Virustotal o Shodan. Muchos de estos paquetes son gratuitos y se pueden instalar directamente desde la pestaña de inicio de la aplicación con un solo clic. En nuestro caso están instaladas las oficiales de Paterva, las entidades de CaseFile, Shodan y dos paquetes interesantes sobre Bitcoin y HaveIBeenPwned. Antes de empezar a usar las transformadas de Paterva es necesario estar registrado con una cuenta de la versión Community.

Otra opción es desarrollar nuestras propias transformadas. En realidad estas pueden estar escritas en cualquier lenguaje de programación ya que el único requisito es que la salida de la ejecución sea la impresión por pantalla de los resultados en el formato XML definido en la especificación de Maltego. Por ejemplo, aunque existen *frameworks* como que *canary* facilitan ese proceso de generación de nuevas transformadas, para generar las transformadas que incluimos en OSRFramework se han utilizado librerías específicas que ajustan los resultados generados por usufy, mailfy y demás a la salida que en realidad espera Maltego.

Figura 48. Paquetes de transformadas que se pueden incorporar en Maltego por defecto desde diferentes *hubs* de transformadas.

5.5.3 Máquinas de transformadas

En algunas ocasiones podemos estar interesados en crear nuestra propia secuencia de operaciones dada una entidad determinada. Por ejemplo, una acción típica para emplear una máquina de transformadas sería la definición del proceso en el que a partir de una dirección URL concreta queremos solicitar la extracción del dominio en cuestión, del dominio obtener la cuenta de correo electrónico que lo registró y de esta última identificar si ha quedado expuesta en alguna base de datos filtrada. Este proceso de transformadas seguidas se puede automatizar directamente desde la propia interfaz de Maltego.

Una vez introducida la información genérica de la máquina, la interfaz solicitará al analista qué tipo de máquina quiere crear:

- Macro. Las máquinas de tipo macro son plantillas que se ejecutarán una sola vez cada que sean lanzadas.

- De tiempo. Las máquinas de tipo temporal son plantillas que ejecutarán la secuencia de transformadas de forma periódica hasta que sea pausada.

- En blanco. Esta opción creará una máquina en blanco sin plantilla.

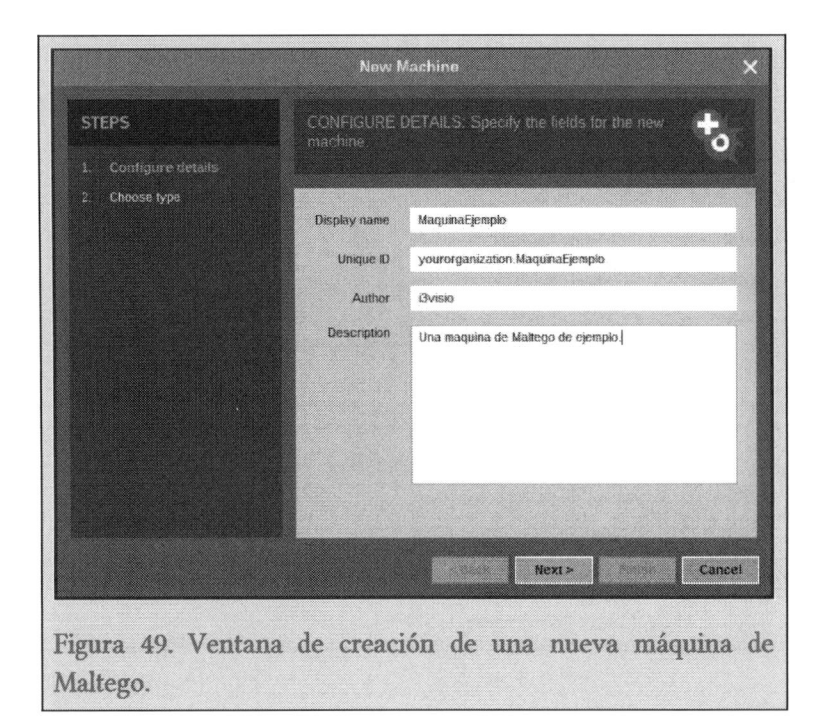

Figura 49. Ventana de creación de una nueva máquina de Maltego.

El código de una plantilla por defecto sería el siguiente, en donde los comentarios se introducen empezando las líneas con los caracteres «//». Para ejecutar nuevas transformadas de forma secuencial bastará con invocar la orden run y poner entre paréntesis el nombre de la transformada. Si no nos lo sabemos, no pasa nada porque en la propia interfaz de creación se pueden seleccionar manualmente. Además, desde la propia vista gráfica podemos comprobar el tipo de entidades sobre el que se ejecutará la transformada.

Un ejemplo de máquina basado en la original podría ser el siguiente. Nótese que hemos modificado los comentarios y añadido al final una nueva transformada y hemos modificado los comentarios para mayor claridad.

```
// Un sencillo ejemplo de máquina
//      Por Yaiza Rubio y Félix Brezo

// ¡Recuerda que tienes que estar logueado!

// Inicializamos la máquina con sus metadatos y descripción
machine("yourorganization.MaquinaEjemplo",
    displayName:"MaquinaEjemplo",
    author:"i3visio",
    description: "Una máquina de Maltego de ejemplo.") {
```

Capítulo 5: Metodologías para la realización de ejercicios de atribución

```
// Definimos el proceso start en donde se incorporan las transformadas
start {
    // Definimos la primera transformada que toma como input un dominio
    run("paterva.v2.DomainToMXrecord_DNS")

    // Se intenta resolver un registro MX de la anterior ejecución
    run("paterva.v2.DNSNameToIPAddress_DNS")

    // La última transformada intenta identificar nuevos dominios
    run("paterva.v2.IPAddressToDNSName_DNS")
}
```

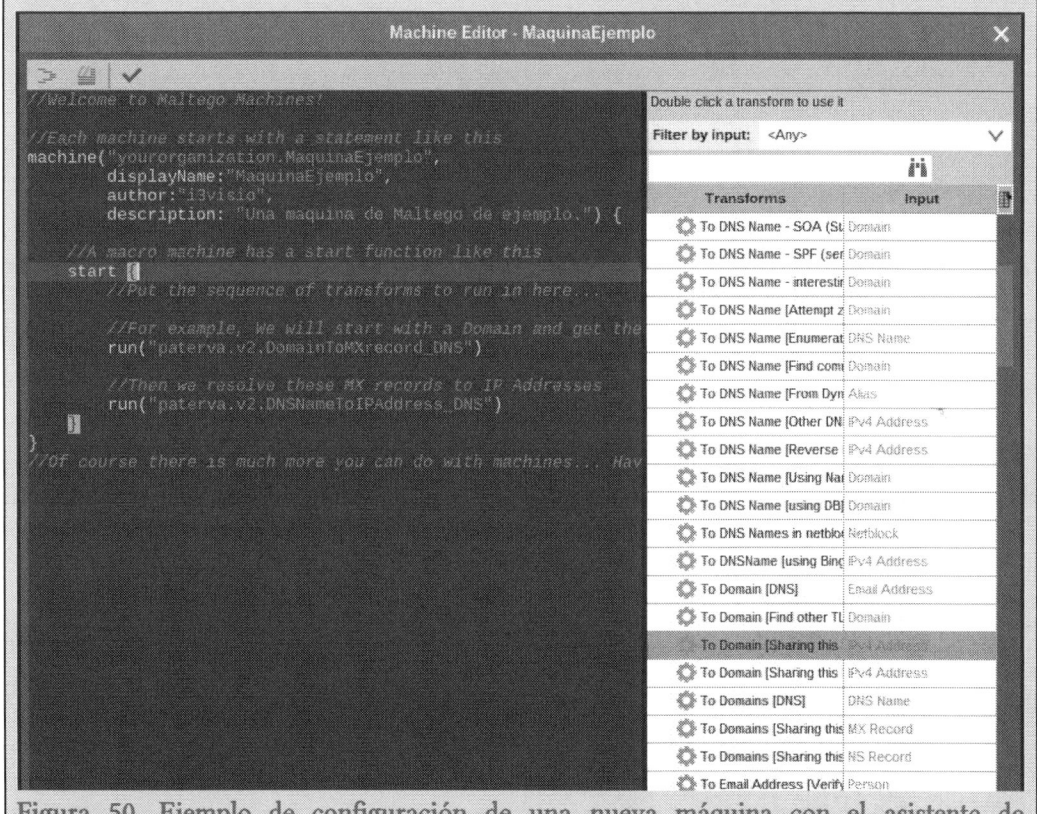

Figura 50. Ejemplo de configuración de una nueva máquina con el asistente de transformadas en la parte derecha.

111

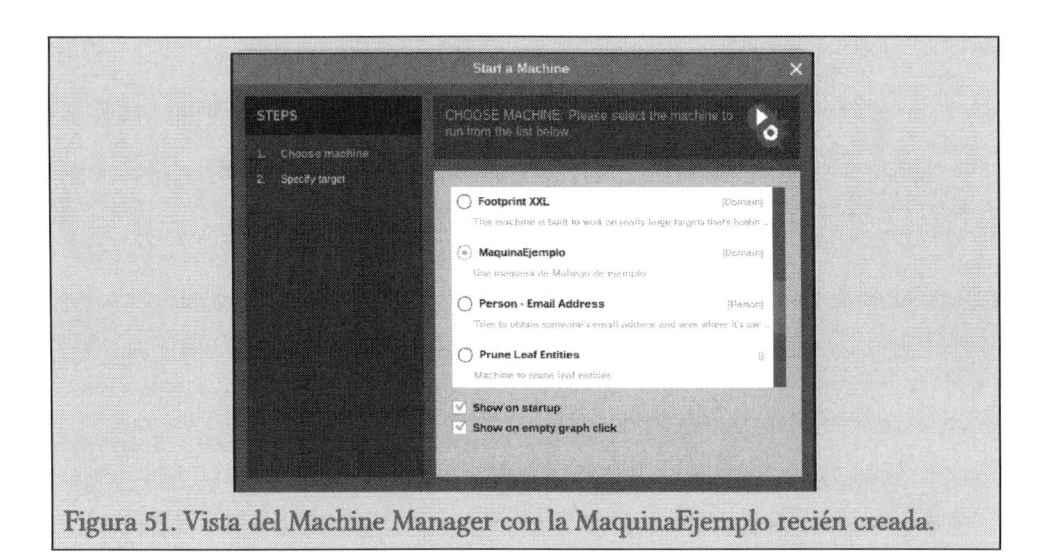

Manual de ciberinvestigación en fuentes abiertas: OSINT para analistas

Figura 51. Vista del Machine Manager con la MaquinaEjemplo recién creada.

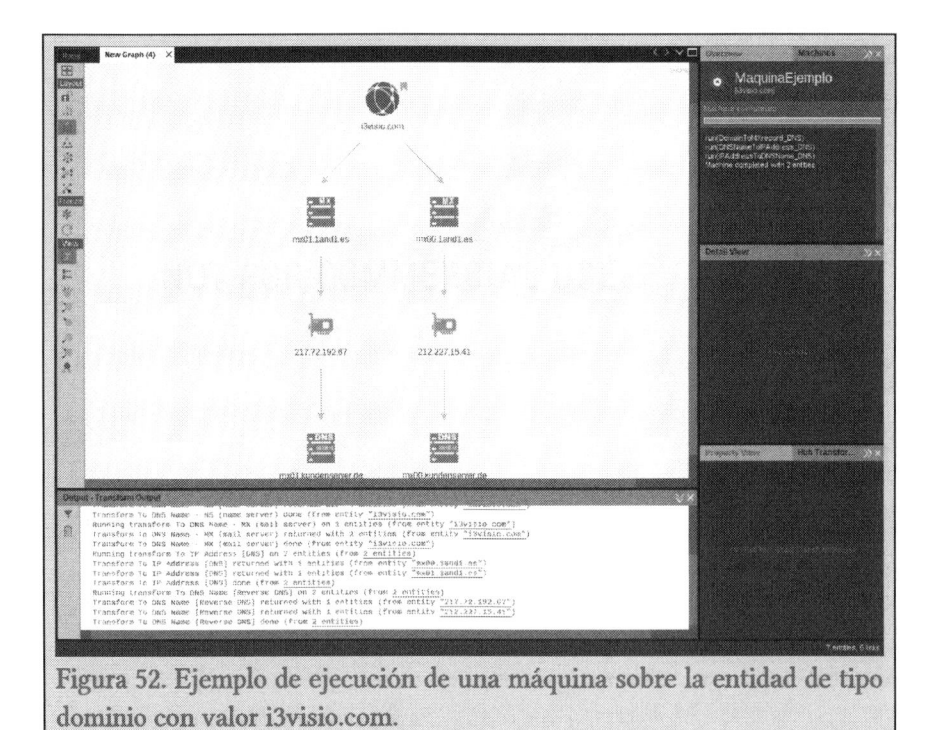

Figura 52. Ejemplo de ejecución de una máquina sobre la entidad de tipo dominio con valor i3visio.com.

Desde este momento podremos seleccionar la máquina localizándola desde el propio buscador del Machine Manager. Para ejecutar la máquina siempre podemos utilizar la propia interfaz seleccionándola en la pestaña de Machines y siguiendo el asistente que se presenta a continuación.

5.5.4 Versiones

Como se ha comentado, Maltego es una herramienta muy potente pero no es *software* libre. Existen diferentes clientes ellas distribuidas desde la página oficial de Paterva[46].

- Maltego Community Edition. Versión gratuita de Maltego distribuida con usos no comerciales y también incluidas en la distribución de *pentesting* Kali Linux. Aunque permite trabajar con transformadas y cargar, la versión presenta limitaciones en cuanto al número de resultados que pueden generar cada una de las transformadas (máximo 12) y en las capacidades de exportación de los documentos.

- Maltego Classic. Es la versión comercial clásica de Maltego con un precio de 760 $ y un coste de renovación anual cercano a los 300 $. Permite que las transformadas generen hasta 10000 entidades en total, el máximo de entidades que se pueden mostrar en un grafo en esta versión.

- Maltego XL. Es una versión más potente de Maltego y permite generar hasta 64000 resultados por transformadas para un total de un millón de entidades totales mostradas. Los costes ascienden a 1800 $ de coste inicial y 760 $ de renovación anual.

- Maltego CaseFile[47]. Se trata de una versión gratuita de uso comercial que cuenta con una gran cantidad de entidades precargadas. Sin embargo, no permite la ejecución de transformadas ni la exportación por lo que solamente se puede usar como herramienta de análisis.

Asimismo, también existe la posibilidad de desplegar un servidor de transformadas de cara a facilitar a los analistas de otras organizaciones el acceso a la información de dentro de la empresa. De hecho, muchas empresas ven en esta aproximación una forma útil de dar salida a sus propias

---

46 Paterva, «Maltego Clients», accedido 9 de enero de 2020, https://www.paterva.com/buy/maltego-clients.php.

47 Paterva, *CaseFile*, Multiplataforma, Java (Paterva), accedido 9 de enero de 2020, https://www.paterva.com/buy/maltego-clients/casefile.php.

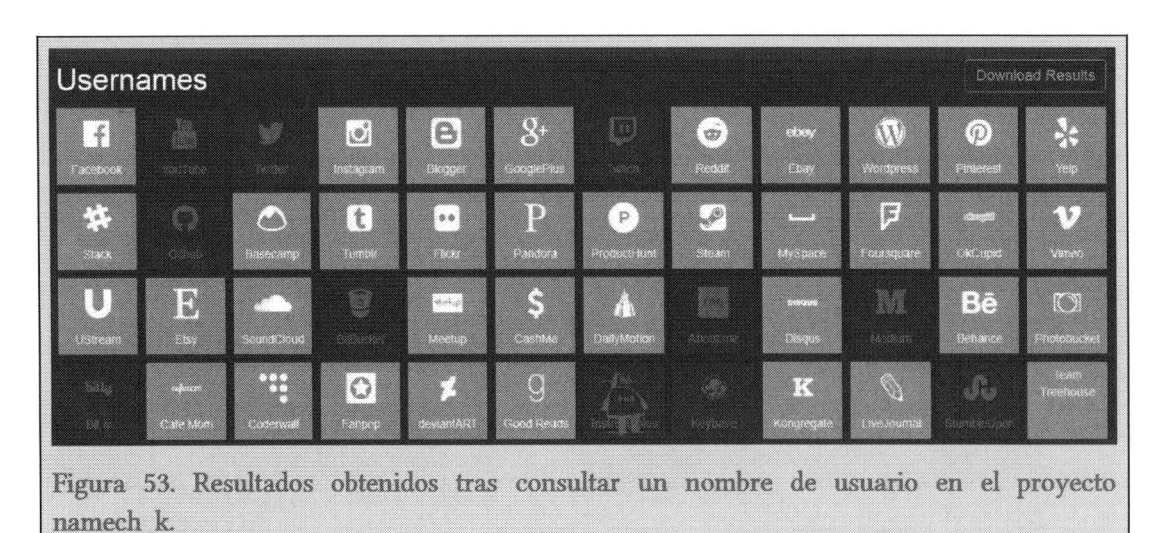

Manual de ciberinvestigación en fuentes abiertas: OSINT para analistas

Figura 53. Resultados obtenidos tras consultar un nombre de usuario en el proyecto namech_k.

API mientras ofrecen a sus clientes una interfaz de consulta de la que no se tienen que preocupar. El lector se dará cuenta enseguida de esto según vaya probando los diferentes grupos de transformadas muchos de los cuales requieren que el usuario introduzca sus propias API *keys*.

5.6 Otras herramientas para la investigación en redes sociales

En aquellos casos en los que necesitemos hacer investigaciones puntuales y no tengamos a disposición un equipo con las herramientas ya instaladas, también podemos contar con otras herramientas disponibles a través de internet.

5.6.1 Namechk

Namechk[48] cuenta con una aproximación similar a usufy. De forma sencilla, puedes consultar si un usuario está ocupado en determinadas redes sociales o dominios en internet. Por ejemplo, veamos a continuación en dónde se encuentra ocupado el nombre de usuario febrezo. El problema que presenta una interfaz de estas características es que estamos delegando en un tercero la verificación así como la actualización de los *wrappers* y plataformas en que consultan. Además de que el

---

48 David Gosse y Jeremy Woertink, *Namechk.com*, Multiplataforma, 2009, https://namechk.com/.

Capítulo 5: Metodologías para la realización de ejercicios de atribución

Figura 54. Consulta de la información de un usuario sobre la plataforma Socialbearing.

resultado no lo recibimos en un formato fácilmente exportable, el uso de este tipo de herramientas es mucho más complejo de automatizar que si contamos con una aplicación instalada en local.

5.6.2 Socialbearing

Socialbearing[49] es una plataforma de la que podemos extraer información sobre Twitter de forma sencilla. Podemos utilizar funcionalidades como extraer aquellos *tweets* publicados en base a determinadas *keywords*, localizaciones, *followers* y *friends* con la necesidad de estar *logueados*. Sin embargo, la opción de extraer información sobre un usuario (@handle) es la que más información de contexto suele proporcionarnos.

---

49 Tom Elliott, *Socialbearing.com*, accedido 9 de enero de 2020, https://socialbearing.com/.

115

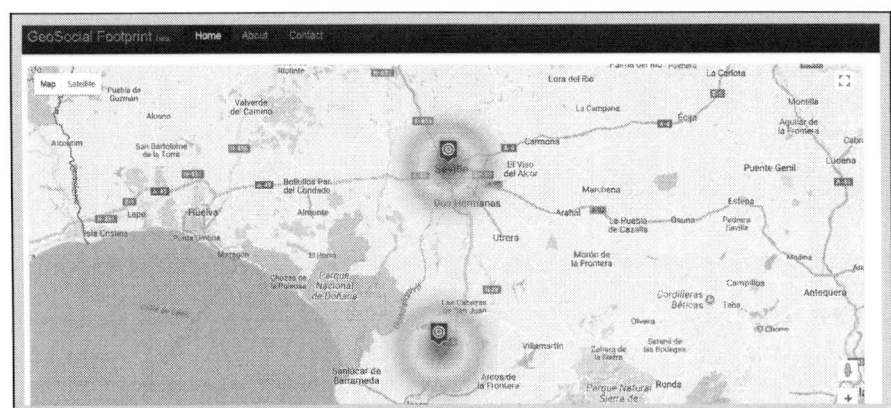

Manual de ciberinvestigación en fuentes abiertas: OSINT para analistas

Figura 55. Monitorización de la actividad de un usuario de Twitter en función de su localización.

5.6.3 GeoSocial Footprint

En ciertas ocasiones, los usuarios de Twitter tienen habilitada la opción de localización de sus *tweets*, por lo que a través de herramientas como la que nos ofrece GeoSocial Footprint[50] podríamos monitorizar la actividad de un usuario en un momento determinado. Simplemente, tendríamos que introducir el nombre de usuario y ya podríamos obtener los *tweets* geolocalizados presentados en un mapa de calor.

---

50 Chris Weidemann, *GeoSocial Footprint*, 2013, http://geosocialfootprint.com/.

Capítulo 6: Obtención de información sobre activos tecnológicos

En muchas de las investigaciones a las que se puede enfrentar un analista especializado en ciberseguridad se verán afectados activos tecnológicos de distinta índole. Desde direcciones IP sospechosas de verse involucradas en un ataque hasta dominios que sirven direcciones URL de *phishing*, rangos de IP que pertenecen a la infraestructura tecnológica de un cliente o ficheros sospechosos identificados en las máquinas de los empleados.

En esta sección se analizarán diferentes tipos de utilidades que nos servirán para dar cobertura a este tipo de necesidades más puramente tecnológicas. Se analizarán algunas de las capacidades de los buscadores tecnológicos más relevantes como Shodan, Zoomeye o Censys y se pasará a continuación a presentar diferentes utilidades que servirán al analista para obtener más información de contexto sobre direcciones IP, dominios, direcciones URL, correos electrónicos o ficheros.

6.1 Buscadores tecnológicos

Al margen de los buscadores generalistas ya identificados en secciones anteriores, existen otros buscadores que se centran en el escaneo de todo el rango de direcciones IP conocido para identificar las tecnologías utilizadas en cada segmento de la red. Para ello, en lugar de almacenar el contenido del recurso ponen el foco en los *banners* que muestran las diferentes tecnologías. Por ejemplo, dado un dominio como i3visio.com (217.160.129.99), estos buscadores se centrarán en identificar la tecnología que corre en el puerto 443 a partir de las cabeceras recopilando las respuestas como en el siguiente ejemplo:

```
$ curl -I https://i3visio.com
HTTP/1.1 200 OK
Date: Fri, 10 Nov 2017 00:43:05 GMT
Server: Apache/2.4.7 (Ubuntu)
Last-Modified: Sat, 21 Oct 2017 20:18:06 GMT
ETag: "421a-55c1449835b80"
Accept-Ranges: bytes
```

Manual de ciberinvestigación en fuentes abiertas: OSINT para analistas

```
Content-Length: 16922
Vary: Accept-Encoding
Content-Type: text/html
```

Por este motivo, cuando se identifica una vulnerabilidad en un determinado tipo de tecnología muchos utilizan estos buscadores para identificar servidores que no hayan aplicado los parches de seguridad o para identificar recursos que han quedado sin protección. El buscador más conocido de estas características es Shodan, aunque en esta sección también se hará mención a ZoomEye o Censys.

6.1.1 Shodan

Shodan[51] es un motor de búsqueda que le permite al usuario encontrar diferentes tipos de equipos conectados a internet usando una variedad de filtros. Realmente, lo que hace este servicio es capturar los *banners*, que son como metadatos que el servidor devuelve al cliente. Los filtros más utilizados son los que se exponen a continuación. Aunque es un servicio gratuito, para poder usar estas búsquedas avanzadas, es necesario darse de alta en el servicio autenticándose con usuario y contraseña.

Figura 56. Ejemplo de una de las búsquedas sobre Shodan en la que se identifican 14260 resultados de servicios que utilizan la tecnología Apache en Barcelona.

---

51 John Matherly, *Shodan*, servicio web, 2013, https://www.shodan.io/.

- Para buscar por ciudad:

```
apache city:"Barcelona"
```

- Para buscar por país:

```
apache country:es
```

- Para buscar por un dominio concreto:

```
hostname:elevenpaths.com
```

- Para buscar por red o rango de red:

```
net:217.116.18.19
```

- Para buscar por sistema operativo:

```
os:windows
```

- Para buscar por puerto:

```
port: 8333
```

- Para realizar un OR booleano en Google:

```
port:8333 | port:8332
```

- Para buscar por el título:

```
title:"Web Scada"
```

- Para buscar por el contenido HTML de una página web:

```
http.html:"Esto puede ser un comentario dentro del código HTML"
html:"Esto puede ser un comentario dentro del código HTML"
```

6.1.2 Zoomeye

Zoomeye[52] es otro buscador similar a Shodan pero desarrollado por la empresa china Knownsec. Inc. Su primera versión fue publicada en el año 2013. A diferencia de Shodan, que permite realizar algunas búsquedas sin usuario, es necesario tener siempre un usuario registrado para poder obtener resultados. Los principales operadores que se pueden utilizar son los siguientes:

- Para buscar por aplicación:

---

52 Knownsec, Inc., *ZoomEye - Cyberspace Search Engine*, servicio web, 2013, https://www.zoomeye.org/.

Manual de ciberinvestigación en fuentes abiertas: OSINT para analistas

```
app:[nombre de la aplicación]
```

- ❖ Para buscar por versión:

```
ver:[número de la versión]
```

- ❖ Para buscar por localización:

```
country:[código de localización]
city:[nombre de la ciudad]
```

- ❖ Para buscar por puerto:

```
port:[número del puerto]
```

- ❖ Para buscar por sistema operativo:

```
os:[nombre del sistema operativo]
```

- ❖ Para buscar por servicio:

```
service:[nombre del servicio]
```

- ❖ Para buscar por dominio:

```
hostname:[nombre del dominio]
```

- ❖ Para buscar por dirección IP

```
ip:[dirección IP]
```

- ❖ Para buscar por cabeceras HTTP:

```
headers:[petición de cabecera en HTTP]
```

- ❖ Para buscar por *keywords* de SEO:

```
keywords:[keywords definidas dentro del tag <meta name="keywords">]
```

- ❖ Para buscar por descripción:

```
desc:[descripción dentro de <meta name="description">]
```

- ❖ Para buscar por título:

```
title: [título dentro de <title>]
```

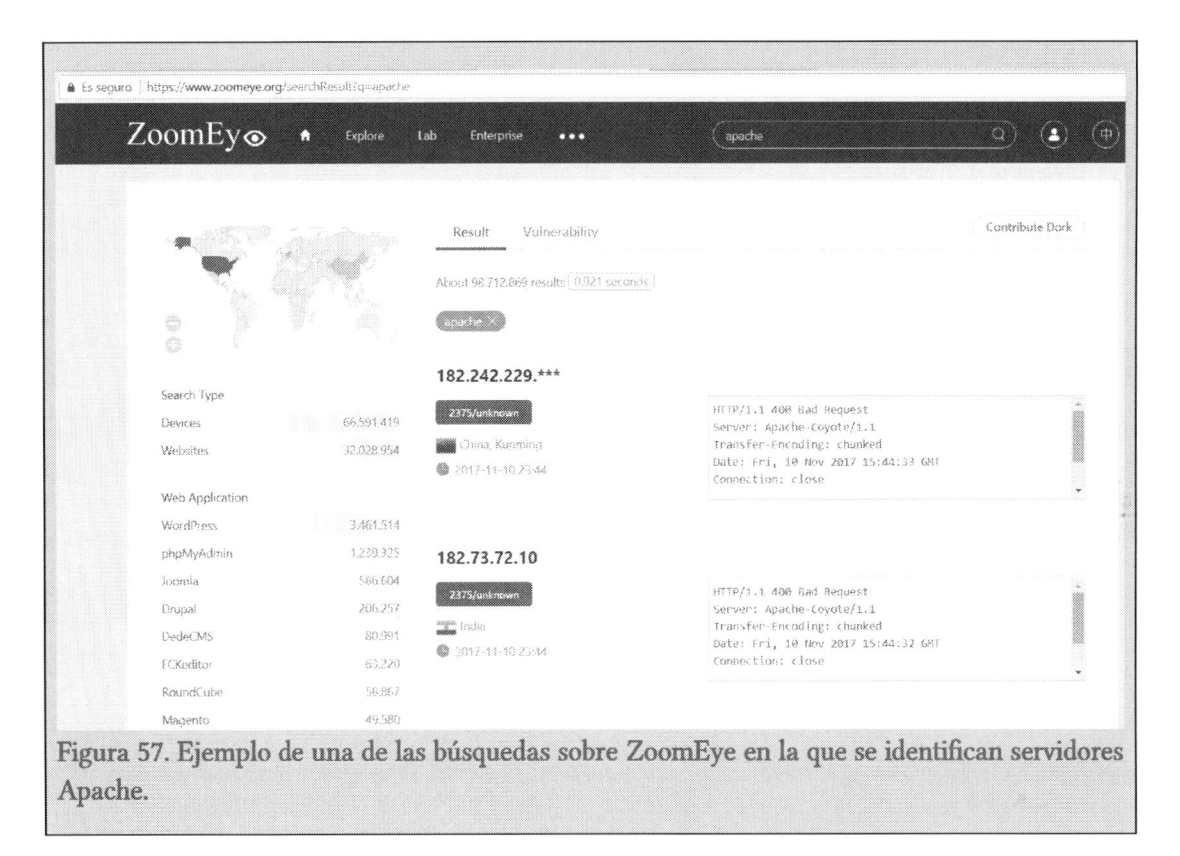

Capítulo 6: Obtención de información sobre activos tecnológicos

Figura 57. Ejemplo de una de las búsquedas sobre ZoomEye en la que se identifican servidores Apache.

6.1.3 Censys

Censys[53] mantiene tres conjuntos de datos a través de los escaneos diarios y sincronizándolos con los registros públicos de transparencia de certificados:

- *Hosts* en el espacio de direcciones IPv4 público

- Sitios web en los dominios de Alexa Top Million

- Certificados X.509

Desde la interfaz disponible se puede consultar información sobre *hosts*, dominios y tecnologías de forma similar a como se hace en las plataformas anteriores.

---

53 Censys, *Censys.io*, servicio web, accedido 9 de enero de 2020, https://censys.io/ipv4.

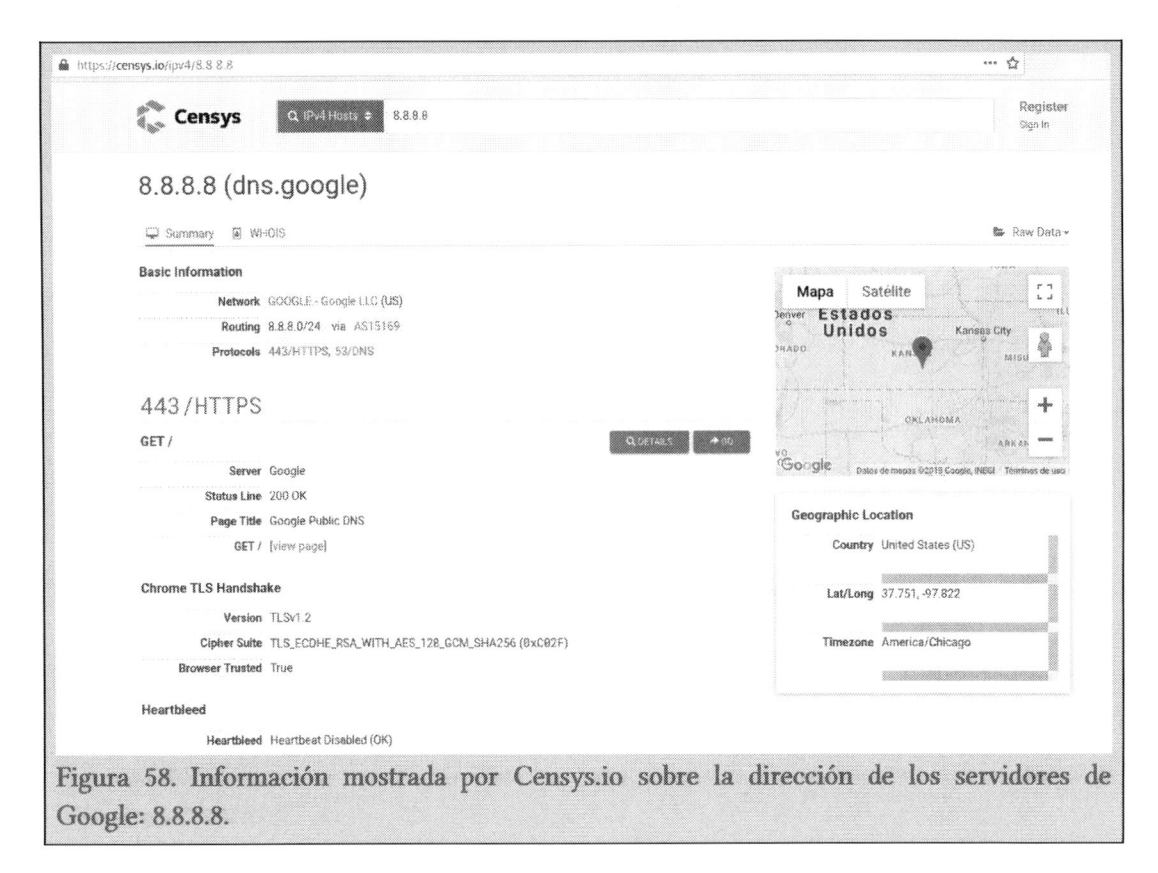

Figura 58. Información mostrada por Censys.io sobre la dirección de los servidores de Google: 8.8.8.8.

También se pueden realizar búsquedas sobre registros que cumplan ciertos criterios (por ejemplo, direcciones IPv4 de Alemania fabricados por Siemens o certificados de confianza para github.com), generar informes sobre cómo se configuran los sitios web (por ejemplo, qué conjuntos de cifrado eligen los sitios web más populares) y realizar un seguimiento de cómo se han parcheado las redes con el tiempo. También publican todos sus datos sin procesar, proporcionando acceso programático a través de una API REST.

Por defecto, Censys realiza búsquedas de texto completo lo que nos permitirá identificar, por ejemplo, *scripts* de minería de criptomonedas inyectados en sitios web conocidos. Por ejemplo, si se busca la palabra *Dell*, encontraremos dominios en los que aparezca la palabra Dell en el registro y no limitará la búsqueda a los dispositivos fabricados por Dell, aunque esto sea posible realizarlo utilizando su sintaxis de búsqueda avanzada que se recoge en sus páginas de ayuda:

Capítulo 6: Obtención de información sobre activos tecnológicos

- **Especificación de campos**. Los registros de Censys están estructurados y permiten la consulta de campos específicos. Por ejemplo, puede buscar todos los *hosts* con un código de estado HTTP específico con la siguiente consulta:

```
80.http.get.status_code: 200.
```

- **Lógica booleana**. Se pueden fabricar múltiples consultas utilizando operadores booleanos comunes como AND, OR o NOT y paréntesis. Por ejemplo:

```
("Schneider Electric" OR Dell) AND 23.20.0.0/14.
```

- **Redes, *hosts* y protocolos**. Se pueden buscar direcciones IP utilizando la notación CIDR para subredes (es decir, «ip:23.20.0.0/14») o especificando un rango de direcciones de forma más manual («ip:[23.20.0.0 TO 23.20.5.34]»). También pueden buscarse *hosts* que sirvan a un protocolo en particular buscando a partir del operador «protocols», por ejemplo, «protocols: "102/s7"».

- **Consultas DNS**. Aunque se podrían hacer localmente con la herramienta NSLookup, se pueden realizar *online* directamente sobre la plataforma: «a:facebook.com» y «mx:gmail.com».

- **Rangos**. Las búsquedas por rangos son útiles cuando queremos buscar, por ejemplo, en puertos que van del rango 1001 al 2000 o en códigos de respuesta HTTP entre 200 y 300. La notación para acotar los límites inferiores y superiores incluye el uso de «[x TO y]» (con corchetes) para rangos que incluyan ambos valores «x» e «y» y «{ x TO y }» (con llaves) para rangos que no los incluyan. Por ejemplo, «80.http.get.status_code:[200 TO 300]» buscará banners de respuesta HTTP en el puerto 80 que devuelvan códigos de estado entre 200 y 300 ambos incluidos.

- **Rangos de fechas**. Las fechas deben ser formateadas usando la siguiente sintaxis: 2012-01-01 TO 2012-12-31]. También se pueden especificar límites unilaterales: 2012-01-01 TO *].

- **Comodines**. Por defecto, Censys busca palabras completas con lo que la búsqueda del término «Goo» no devolverá los registros que contengan la palabra «Google» o «Goose». Las búsquedas con comodines se pueden realizar con términos individuales, utilizando ? para reemplazar un solo carácter, y * para reemplazar cero o más caracteres. Por ejemplo, si se desea buscar palabras que empiecen con por el término «Goo», la búsqueda correcta sería «Goo*».

123

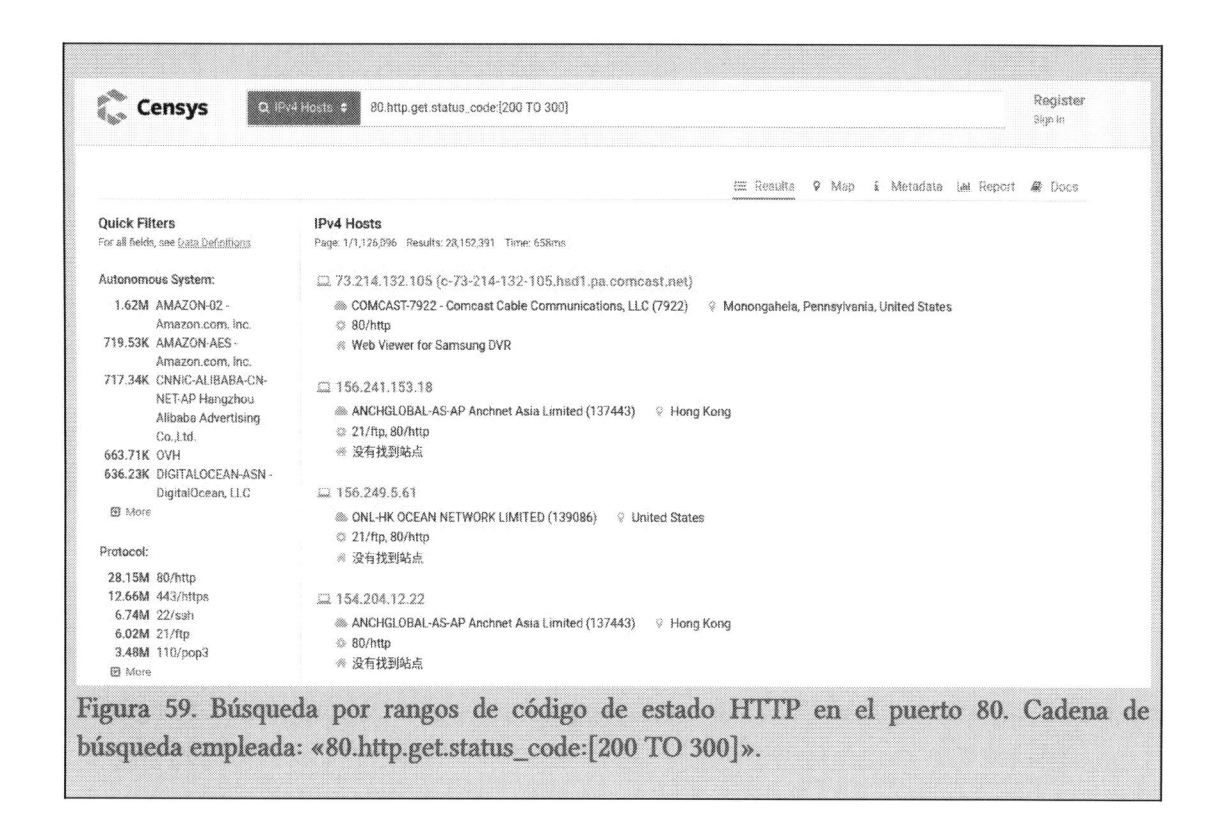

Manual de ciberinvestigación en fuentes abiertas: OSINT para analistas

Figura 59. Búsqueda por rangos de código de estado HTTP en el puerto 80. Cadena de búsqueda empleada: «80.http.get.status_code:[200 TO 300]».

- **Expresiones regulares**. En Censys también se soporta el uso de expresiones regulares sobre un campo, por ejemplo, «metadata.manufacturer: /De[ll]/». La sintaxis de expresiones regulares empleada por Censys es la propia de ElasticSearch[54] que, internamente, utiliza Apache Lucene y en cuyo funcionamiento se profundizará más adelante.

Dado el uso especial que se le da a muchos de los caracteres, algunos de ellos deben ser escapados manualmente con una barra invertida en el caso de que se quieran realizar búsquedas sobre ellos: + - = & || > < ! ( ) { } [ ] ^ " ~ * ? : \ /. Una de las limitaciones que tiene Censys es que solamente se podrán realizar 10 consultas diarias sin estar registrado para prevenir abusos contra su infraestructura.

---

54 Elastic, *Regexp query*, servicio web, accedido 9 de enero de 2020, https://www.elastic.co/guide/en/elasticsearch/reference/current/query-dsl-regexp-query.html#regexp-syntax.

6.2 Investigación sobre dominios

Los dominios son cadenas de texto que se utilizan en internet para acotar realidades administrativas en internet. Un dominio, como cadena de texto más o menos legible, es más sencillo de recordar que una dirección IP pero estos deben ser traducidos a las correspondientes direcciones IPv4 a partir de los correspondientes DNS o Domain Name Servers. Estos sistemas se encargan de hacer el mapeo entre nombres de dominio y direcciones IP de las máquinas reales.

De esta manera, un usuario que quiera acceder a «google.com», no tendrá que recordar la dirección IP en la que se encuentran sus servidores, sino que bastará con solicitar el recurso y dejar que la estructura jerárquica de los DNS resuelva a la dirección IP actual donde se aloja el mismo. Esta infraestructura es especialmente útil en el caso de que la plataforma cambie de localización, ya que el administrador solamente tendrá que actualizar la nueva dirección en la que hospeda sus máquinas.

El coste de registrar un dominio puede variar en función del TLD (Top Level Domain) que queramos utilizar. Desde dominios generalmente gratuitos como los .tk, .gq, .ga, .cf o .ml hasta otros TLD globales más comunes como .com, .org o .info y cuyos precios pueden alcanzar los miles de dólares en función de la popularidad del término utilizado.

La facilidad con la que se pueden registrar nuevos dominios y la imposibilidad económica y funcional de abarcar absolutamente todos hace de esta funcionalidad de internet una característica que ha sido muy explotada por los ciberdelincuentes a la hora de construir páginas de *phishing* creíbles. Por ejemplo, en el pasado ha sido muy habitual, el uso de dominios de Camerún .cm como plataformas para la distribución de phishing dado que la similitud visual entre mibanco.com y mibanco.cm es notable. Sin embargo, conforme se van ocupando las diferentes marcas, los ciberdelincuentes han ido evolucionando hacia otras vías. ¿Que está registrado mibanco.com? Pues se registra www-mibanco.com (con guion) o mibancoonline.com o incluso aproximaciones más ingeniosas como el uso de caracteres como las tildes o letras especiales: no es lo mismo el dominio telefonica.com (el oficial) que telefónica.com (con tilde).

Partiendo de esta base, en este apartado se detallarán diferentes tipos de herramientas que son de utilidad a la hora de poner en contexto la información disponible de forma pública sobre un dominio concreto.

Figura 60. Interfaz para hacer la consulta de whois sobre el dominio i3visio.com en Domaintools.

6.2.1 Whois

La información de WhoIs se corresponde con los datos que una persona debe facilitar a la hora de registrar un dominio. Sin embargo, con la entrada en vigor del RGPD el 15 de mayo de 2018 esta información se ha visto limitada de forma significativa dado el mayor grado de concienciación adquirido por muchos proveedores de servicio. Gran parte de la información que podíamos consultar la podíamos obtener directamente con comandos de la terminal como whois, aunque la información no siempre será completa en función de sobre qué tipo de TLD estemos preguntando.

```
$ whois i3visio.com
```

Son muchas las plataformas web que facilitan información de contexto sobre el registro de un dominio. Por desgracia para los analistas, el peso de dicha información ha ido decayendo con el paso de los años. Habitualmente el registro de dominios sospechosos se suele realizar a través de proveedores de identidad que permiten ocultar la dirección real de quien registra el dominio, lo que supone una barrera adicional para el investigador. Servicios como Whois Privacy Guard son muy habituales ya tanto entre usuarios legítimos como por parte de usuarios maliciosos. En cualquier caso, a continuación, se enumeran dos de ellas.

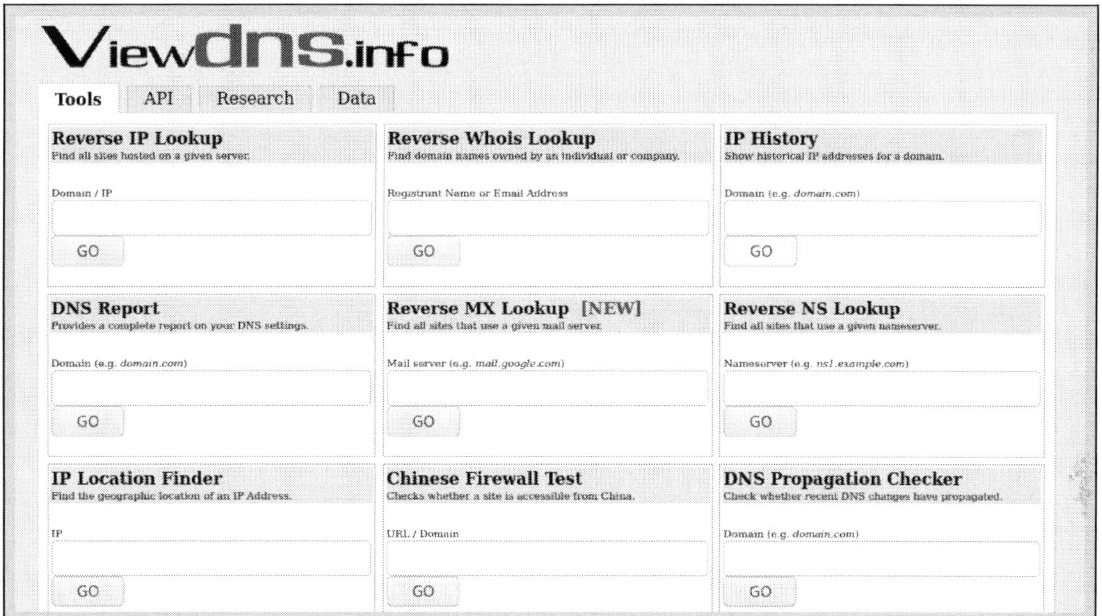

Figura 61: Pantalla de las herramientas de consulta que incluye ViewDNS. Entre ellas se encuentra, la búsqueda Whois (en la tercera columna).

6.2.1.1 Domaintools

Herramientas comerciales como Domaintools[55] nos ofrecen una herramienta efectiva con muchas opciones de búsqueda sobre los diferentes registradores, muchos de ellos con consultas gratuitas. Entre la información a consultar destacan los registradores de un dominio, la fecha del registro o el email que se utilizó. Aunque tiene una versión de pago muy potente, la versión gratuita suele funcionar bastante bien para gran cantidad de los TLD existentes, aunque sea necesario en ocasiones resolver un CAPTCHA con cada consulta.

---

55 «Whois Lookup, Domain Availability & IP Search - DomainTools», accedido 9 de enero de 2020, https://whois.domaintools.com/.

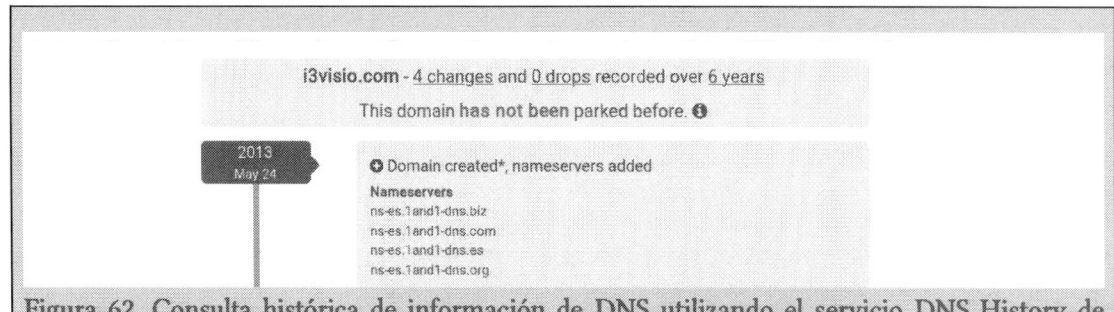

Figura 62. Consulta histórica de información de DNS utilizando el servicio DNS History de Complete DNS.

6.2.1.2 ViewDNS

Aunque no está tan actualizada como otras herramientas, ViewDNS[56] es una plataforma que cuenta con una gran cantidad de utilidades de consulta de información de Whois. Otra ventaja que tiene este servicio es que muchos de los datos se presentan en las herramientas de ViewDNS se presentan un formato de texto bastante cómodo de procesar.

6.2.2 Whois History

Otro búsqueda relevante relacionada con la información de Whois de un dominio es la evolución de los datos históricos almacenados sobre un dominio. Como se ha comentado anteriormente, el registro de un dominio no es una acción que se realiza de forma indefinida sino que tiene una fecha de inicio y una fecha de fin. Si pasada dicha fecha no se ha ejecutado la renovación, el dominio podrá ser realquilado a una persona diferente.

El histórico de la información de un dominio puede ser una buena pista para destapar información de contacto antigua que facilite más pistas que la información actual. El objetivo es intentar tanto antiguas direcciones IP apuntadas por el dominio como datos de registro que el nuevo administrador haya podido dejar en el olvido. Este tipo de consultas requieren una infraestructura costosa en el tiempo que incluye las altas y bajas de cada dominio diariamente. Muchas plataformas ofrecen estas consultas bajo diferentes modelos de contratación, aunque aún existen algunas aplicaciones que con ciertas limitaciones permiten efectuar esta consulta.

---

56 ViewDNS.info, *ViewDNS.info*, servicio web, accedido 9 de enero de 2020, https://viewdns.info/.

Capítulo 6: Obtención de información sobre activos tecnológicos

Un ejemplo de estas plataformas es Complete DNS que cuenta con el servicio DNS History para la búsqueda histórica[57] de cambios en los servidores de nombres asociados a un dominio. La búsqueda presenta los resultados en forma de línea de tiempo, pero permite solamente tres búsquedas diarias por IP. Un servicio alternativo y más antiguo es el de WhoIsRequest[58]. Entre las plataformas que cuentan con servicios premium avanzados se encuentra Whoisology[59]. El uso de la plataforma con una cuenta gratuita permite acceder a parte de la información como fechas de modificación, ciudad o nombre del registrador.

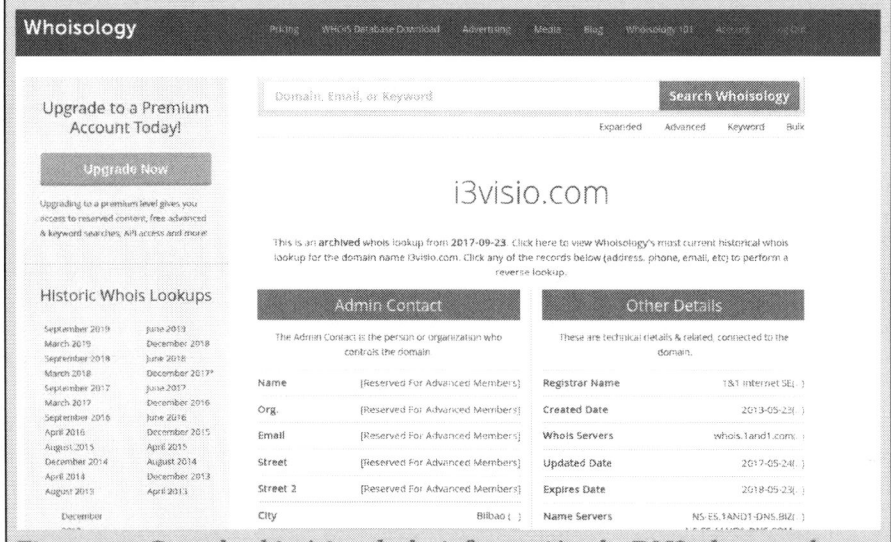

Figura 63. Consulta histórica de la información de DNS almacenada por Whoisology en el pasado (diciembre de 2017). Es habitual que toda o parte de la información de este tipo de servicios sea clasificada como reservada para usuarios de pago.

---

57 CompleteDNS, *DNS History*, servicio web, accedido 9 de enero de 2020, https://completedns.com/dns-history/.

58 Whoisrequest.com, *Domain history checker*, servicio web, accedido 9 de enero de 2020, https://whoisrequest.com/history/.

59 Whoisology, *Whoisology*, servicio web, accedido 9 de enero de 2020, https://whoisology.com/.

Manual de ciberinvestigación en fuentes abiertas: OSINT para analistas

6.2.3 Passive DNS

Para averiguar todas las direcciones IP a las que ha resuelto un dominio en el pasado se necesita un recopilatorio de la información histórica. Los datos de Passive DNS se obtienen de las consultas realizadas por un cliente a su DNS local. Cuando este DNS no conoce la respuesta y esta no está almacenada en la memoria caché del servidor, entonces el DNS intentará consultar la información a un servidor raíz externo, seguido por una petición al servidor del dominio de nivel superior (TLD) y por otra al servidor de nombres autorizado para conseguir la información solicitada.

En este sentido, es posible activar sondas especiales en los servidores DNS que registren los paquetes que contienen las respuestas al cliente, junto con la marca de fecha y hora de cuándo se realizó la consulta sin almacenar quién realizó la consulta. Existen diferentes plataformas que mantienen un registro histórica de esta información.

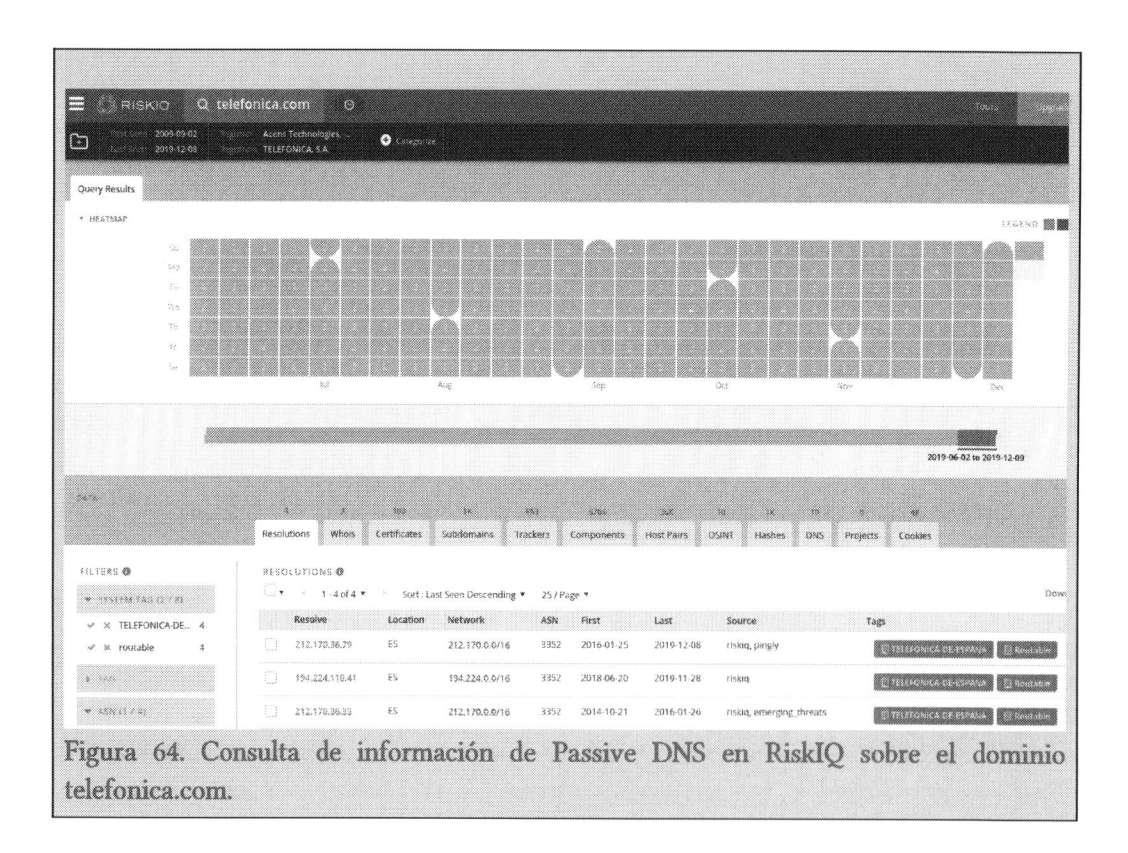

Figura 64. Consulta de información de Passive DNS en RiskIQ sobre el dominio telefonica.com.

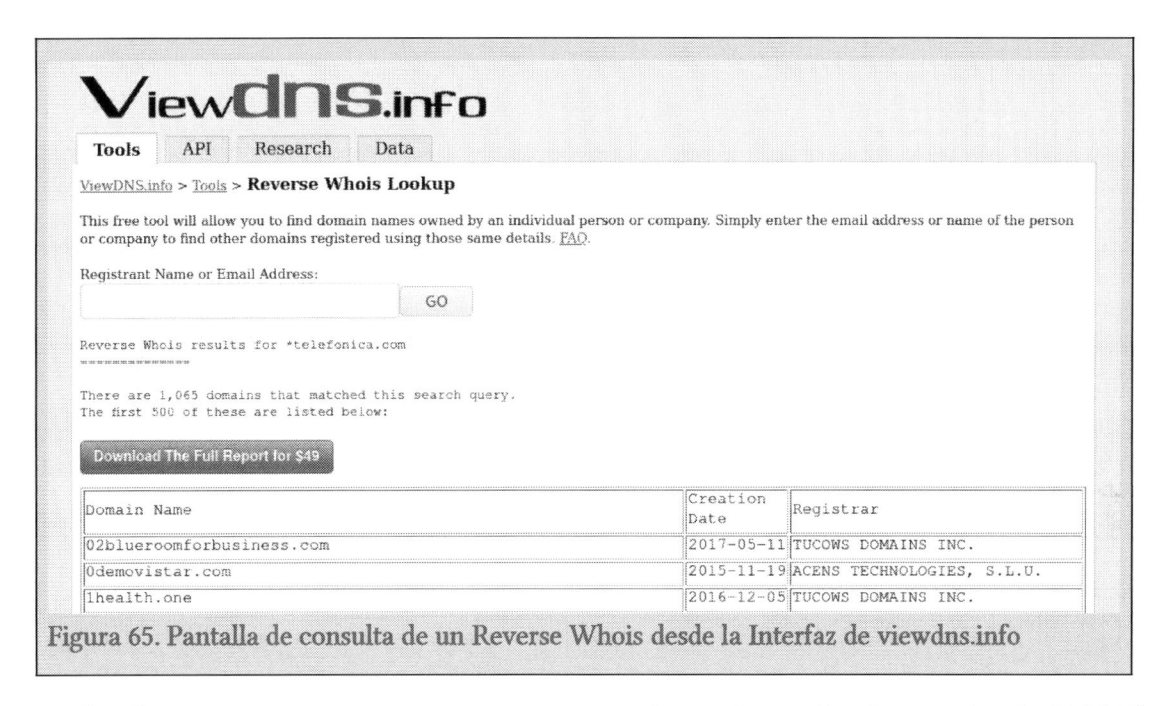

Capítulo 6: Obtención de información sobre activos tecnológicos

Figura 65. Pantalla de consulta de un Reverse Whois desde la Interfaz de viewdns.info

Una de ellas, que requiere registro aunque sea gratuita, es la versión Community de RiskIQ[60]. Además de información de Passive DNS, ofrece también otro tipo de información como certificados o subdominios. Esta plataforma es una buena fuente de información también si se cuenta con información sobre certificados o direcciones IP a través de la pestaña de búsqueda de «Discover».

6.2.4 Reverse Whois

Los estándares de registro de dominios obligan a que la información de contacto publicada sobre el mismo sea verídica. Por este motivo, la búsqueda inversa de información de Whois, es decir, la búsqueda de dominios registrados por una dirección de correo electrónica, ha sido siempre interesante para los investigadores.

La potencia de esta búsqueda ha hecho tradicionalmente que muchas de las plataformas que ofrecen este tipo de consultas las pongan a disposición del gran público a precios muy relevantes. Sin embargo, existen herramientas como ViewDNS que nos van a permitir consultar la información de

---

60 RiskIQ, *RiskIQ Community Edition*, servicio web, accedido 9 de enero de 2020, https://community.riskiq.com/.

Whois y ver los dominios registrados por determinadas direcciones de correo, con la ventaja de que la información textual presentada sobre cada resultado es más fácil de procesar.

En ViewDNS[61] se puede realizar esa consulta gratuitamente (con un límite de 500 resultados máximo, eso sí). Además ofrece la posibilidad de hacer búsquedas con comodines, lo que amplía la potencia de la búsqueda ya que podríamos tratar de identificar todos los dominios registrados por cuentas de correo electrónico vinculadas a grandes corporaciones indicando *telefonica.com. Este mecanismo, es, por cierto, una buena forma de identificar direcciones de correo electrónico vinculadas a una organización.

6.3 Direcciones IP

Como ya se ha visto anteriormente, las direcciones IP son un conjunto de números que identifican de manera lógica, pero también jerárquica, la interfaz de red de un dispositivo. Las direcciones IPv4 están compuestas por 32 bits separados en cuatro octetos y se corresponden con elementos con los que trabajaremos mucho como analistas.

6.3.1 Localización de la dirección IP

Otra de las herramientas que es probable que en el transcurso de una investigación queramos realizar es la geolocalización de una dirección IP. Aunque una búsqueda rápida en Google nos mostrará una gran cantidad de herramientas de geolocalización, a continuación se muestra un ejemplo empleando el servicio ip2location.com.

Su uso es muy sencillo ya que solamente tendremos que introducir la dirección en la parte superior derecha. Entre la información que podemos esperar obtener se encuentran las coordenadas de la dirección IP así como otra información relativa al ISP, la hora local o la empresa que provee el servicio de *hosting*.

---

61 ViewDNS.info, *Reverse Whois Lookup*, servicio web, accedido 9 de enero de 2020, https://viewdns.info/reversewhois/.

Capítulo 6: Obtención de información sobre activos tecnológicos

IP Address	217.160.129.99
Location	Germany, Baden-Wurttemberg, Karlsruhe
Latitude & Longitude of City	49.004720, 8.385830 (49°0'17"N 8°23'9"E)
ISP	1&1 Internet SE
Local Time	11 Nov, 2017 06:50 PM (UTC +01:00)
Domain	1and1.com
Net Speed	(COMP) Company/T1
IDD & Area Code	(49) 0721
ZIP Code	76229
Weather Station	Karlsruhe (GMXX0063)
Mobile Country Code (MCC)	-
Mobile Network Code (MNC)	-
Carrier Name	-
Elevation	115m
Usage Type	(DCH) Data Center/Web Hosting/Transit
Anonymous Proxy	No
Proxy Type	(DCH) Hosting Provider, Data Center or CDN Range
Shortcut	http://www.ip2location.com/217.160.129.99
Twitterbot	@ip2location 217.160.129.99
Slackbot	/ip2location 217.160.129.99

Figura 66. Información sobre la geolocalización de una dirección IP.

También existen otros proveedores que nos permiten consultar la información directamente desde línea de comandos, algo que puede ser muy útil si queremos hacer la petición desde entornos remotos en los que tenemos una interfaz gráfica. Por ejemplo, ip-api.com responde directamente con un JSON con los detalles de geolocalización de la dirección IP o dominio facilitada.

133

Manual de ciberinvestigación en fuentes abiertas: OSINT para analistas

```
$ curl ip-api.com/i3visio.com
{
  "country"     : "Germany",
  "countryCode" : "DE",
  "region"      : "NW",
  "regionName"  : "North Rhine-Westphalia",
  "city"        : "Bonn",
  "zip"         : "",
  "lat"         : 50.7374,
  "lon"         : 7.09821,
  "timezone"    : "Europe/Berlin",
  "isp"         : "1&1 Internet AG",
  "org"         : "1&1 Internet AG",
  "as"          : "AS8560 1&1 Internet SE",
  "mobile"      : false,
  "proxy"       : false,
  "query"       : "217.160.129.99"
}
```

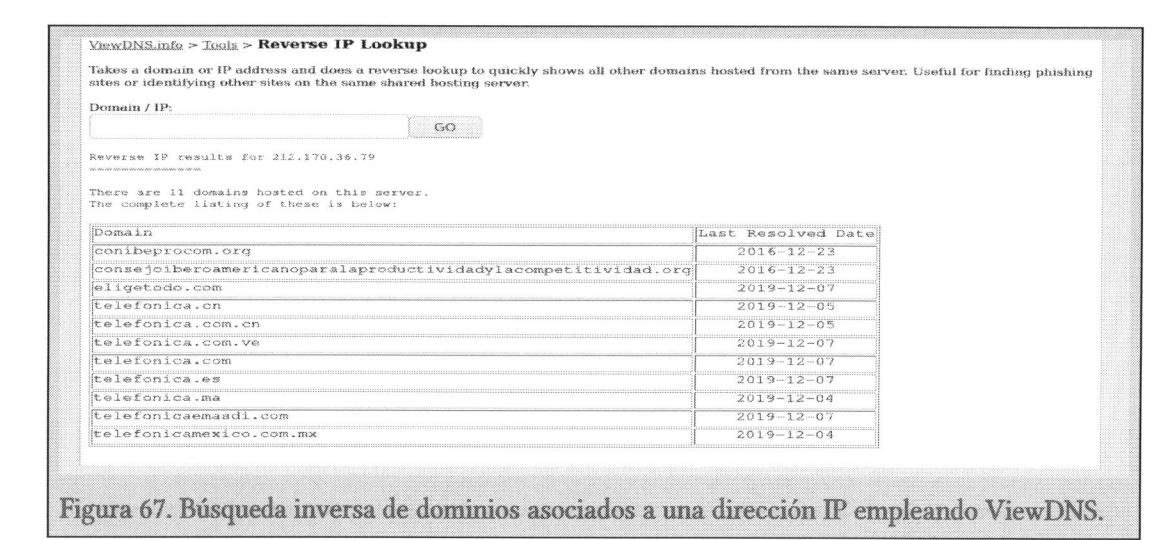

Figura 67. Búsqueda inversa de dominios asociados a una dirección IP empleando ViewDNS.

6.3.2 Reverse IP

La búsqueda inversa de dirección IP es una utilidad que permite la identificación de dominios asociados a una dirección IP concreta. Esta funcionalidad nos permitirá identificar dominios que en el pasado estuvieron vinculados. La plataforma ViewDNS cuenta con una utilidad que nos permite realizar dicha consulta a través de su Reverse IP Lookup[62].

---

62 ViewDNS.info, *Reverse IP Lookup*, servicio web, accedido 9 de enero de 2020, https://viewdns.info/reverseip/?host=.

Capítulo 6: Obtención de información sobre activos tecnológicos

Figura 68. Búsqueda reputacional sobre una dirección IP contra el servicio IPVoid.

6.3.3 IP Address Blacklist

IPVoid[63] es un servicio hermano de URLVoid y presenta una utilidad de consulta de reputación de direcciones IP. El servicio consulta la información sobre dicha dirección IP en hasta 80 plataformas y servicios de reputación diferentes.

6.4 Plataformas de inteligencia y *sandboxing* de ficheros

Cuando se lleva a cabo una investigación que implica a distintos activos tecnológicos, es necesario contar también con información de contexto que va más allá de la obtenida en el caso concreto. Para ello, los especialistas en ciberseguridad cuentan con herramientas especializadas que recopilan

---

63 NoVirusThanks Company Srl, *IP Blacklist Check*, servicio web, accedido 9 de enero de 2020, https://www.ipvoid.com/.

la información de distintas fuentes y que ofrecen servicios de agregación y de consulta especializados sobre direcciones IP, direcciones URL implicadas en otros incidentes o ficheros asociados a campañas de *malware*.

Aunque probablemente el buque insignia de este tipo de aplicaciones es VirusTotal, existen también diferentes herramientas y plataformas que nos pueden ser de utilidad. Sí es cierto que hay que hacer referencia al hecho de que muchas de estas plataformas son versiones gratuitas de servicios mucho más complejos. Es habitual que cuenten con modelos de suscripción Premium que incluyen capacidades adicionales de búsqueda así como con una funcionalidad que es muy relevante si se trabaja con información o ficheros de carácter confidencial: la de poder mantener las analíticas privadas y no hacerlas públicas para otros analistas.

En las páginas que siguen analizaremos servicios como Virustotal o Hybrid Analysis, así como *feeds* de información colaborativos como el de OTX de Alienvault.

6.4.1 Virustotal

Virustotal es una plataforma que agrupa hasta 64 antivirus diferentes para darnos un veredicto sobre si un determinado archivo es *malware* o no. De la misma manera, también nos permite realizar la búsqueda *hashes*, direcciones URL, direcciones IP, etc.

Por ejemplo, imaginemos que nos encontramos con un dominios y queremos saber si algún proveedor de soluciones de seguridad lo ha catalogado en algún momento en el tiempo con algún tipo de amenaza. Una de las opciones pasa por el análisis manual en cada herramienta de la dirección URL, pero otra mucho más cómoda será comprobar si la dirección URL en concreto ha podido ser relacionada con prácticas maliciosas.

De forma, similar, Virustotal permite la subida de ficheros de los que sospechamos para que sean evaluados por los distintos motores de antivirus implementados en la solución. Cada fichero será analizado por varias docenas de herramientas y el veredicto de todas ellas se mostrará resumido junto con el comportamiento, la fecha del análisis o la de la primera subida del fichero.

Hay que tener en cuenta que la subida de ficheros a la plataforma en su versión abierta hará el análisis público. El objetivo de esto es nutrir de información a otros analistas que se puedan encontrar, o bien la misma muestra en el futuro (sabrán que es la misma porque todas ellas se *hashean*), o bien alguno de los dominios, direcciones o cadenas de texto empleados en la misma.

Capítulo 6: Obtención de información sobre activos tecnológicos

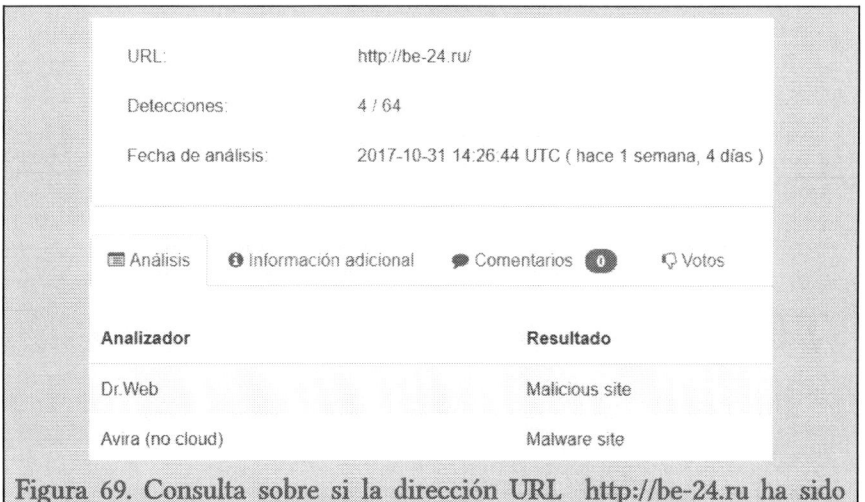

Figura 69. Consulta sobre si la dirección URL http://be-24.ru ha sido catalogada como web maliciosa.

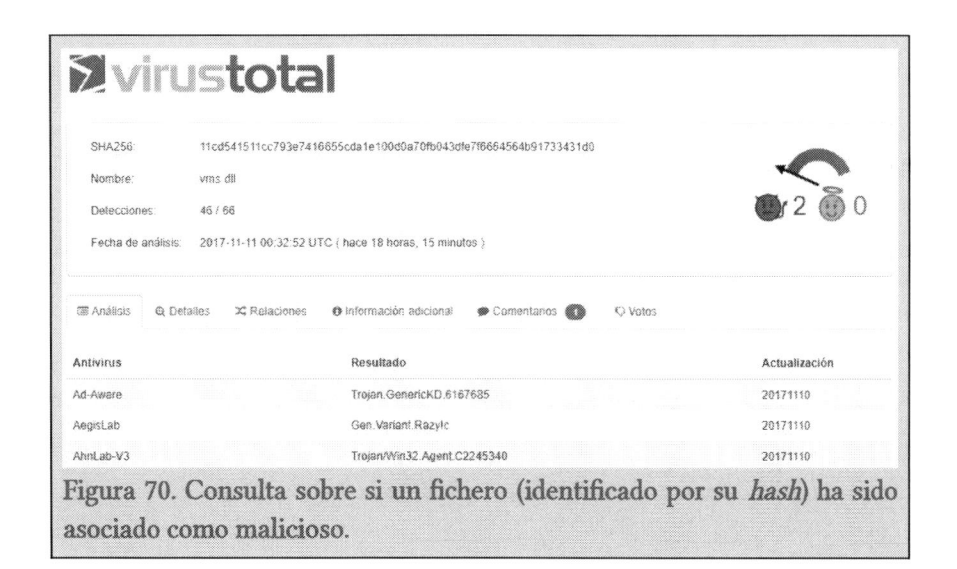

Figura 70. Consulta sobre si un fichero (identificado por su *hash*) ha sido asociado como malicioso.

137

Figura 71. Vista de últimos ficheros subidos a la plataforma de Hybrid Analysis.

6.4.2 Hybrid-analysis

Hybrid Analysis es una herramienta propietaria de Crowdstrike[64] que permite el análisis de ficheros ejecutables sospechosos en sus *sandbox*. Como en Virustotal, todos los análisis realizados por cuentas que no son de pago serán de carácter público. Entre los parámetros por los que se puede buscar se encuentran *hashes* de ficheros, cadenas de texto, dominios o direcciones IP.

6.4.3 OTX

Open Threat Exchange es un *feed* de compartición de información gestionado por Alienvault[65]. Contiene una gran cantidad de Indicators of Compromise o IoC y los presenta de una forma explorable. Estos indicadores compartidos con la comunidad de Alienvault pueden ser utilizados por empresas y particulares para provisionar adecuadamente sus herramientas de prevención y evitar que activos tecnológicos que están afectando a otras empresas puedan afectarles a ellos. Los indicadores de compromiso gestionados por Alienvault incluyen, entre otros, los siguientes:

- Direcciones IP
- Dominios y subdominios
- Emails
- URL y URI

---

64 CrowdStrike, *Falcon Sandbox*, servicio web, accedido 9 de enero de 2020, https://hybrid-analysis.com/.

65 AlienVault, *Open Threat Exchange*, servicio web, accedido 9 de enero de 2020, https://otx.alienvault.com/.

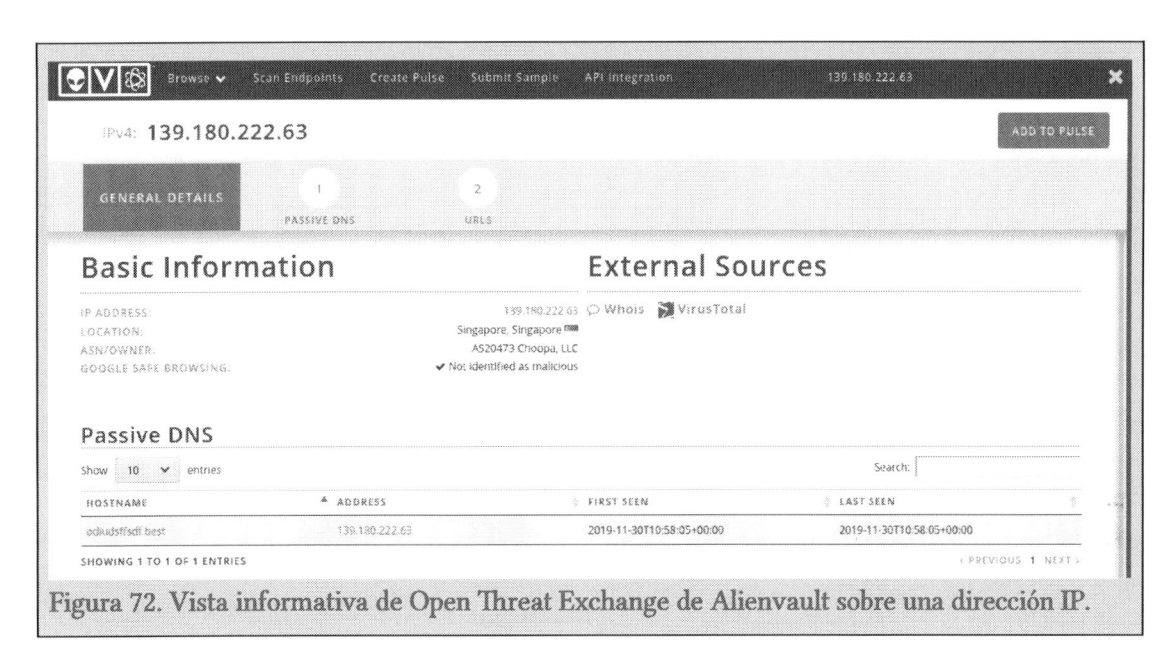

Capítulo 6: Obtención de información sobre activos tecnológicos

Figura 72. Vista informativa de Open Threat Exchange de Alienvault sobre una dirección IP.

- *Hashes* de ficheros: MD5, SHA1, SHA256, PEHASH, IMPHASH

- Direcciones de subred

- Rutas de fichero

- Identificador de CVE

6.5 Investigación sobre carteras de criptomonedas

La definición del protocolo que dio lugar a Bitcoin en 2008[66] fue el inicio de una multitud de aplicaciones y casos de uso que se apoyan en la tecnología que lo hace posible: la cadena de bloques. Desde las primeras definiciones del protocolo de Bitcoin, el concepto ha evolucionado mucho más allá de crear el sistema de pago electrónico *peer-to-peer* descrito en el documento original mediante la propuesta del mantenimiento de un libro contable público y distribuido que incluya todas las operaciones de la red para que estas permanezcan inmutables y verificables.

---

66 Satoshi Nakamoto, «Bitcoin: A Peer-to-Peer Electronic Cash System» (bitcoin.org, 31 de octubre de 2008), https://bitcoin.org/bitcoin.pdf.

De hecho, los bloques minados aproximadamente cada 10 minutos han dado paso a proyectos como la Lightning Network[67] que permiten la realización de pagos prácticamente instantáneos apoyándose en el propio Bitcoin. Es cierto que los cambios han ido mucho más allá de usar esta cadena de bloques.

En Namecoin[68] se utiliza para registrar información de registro de dominios; en Ethereum[69], se amplía el paradigma introduciendo el concepto de *contratos inteligentes*, que son programados en un lenguaje de programación específico como Solidity con los que los usuarios pueden interactuar y que funcionan de forma autónoma, mientras que en Monero[70] las operaciones registradas en la cadena de bloques pública no exponen ni el saldo transferido ni tampoco el origen o el destinatario de una transacción.

Cada una con sus matices, la cantidad de protocolos y de implementaciones de tecnologías que heredan la filosofía se cuenta por centenares tal y como se recoge en Coinmarketcap[71]. Sin embargo, todas ellas comparten un concepto: la utilización de un registro contable distribuido, inmutable y persistente. La propuesta es que siempre sea inmutable porque las operaciones se agrupan en bloques que son encadenados criptográficamente con el anterior, de forma que la sola modificación de un bit en un bloque previo dará lugar a una cadena completamente diferente además de inválida.

También se dice que es persistente porque una copia de las operaciones ancladas en la cadena se almacena en cada nodo participante, haciendo potencialmente imposible censurar la totalidad del registro sin afectar gravemente a otros servicios que operan en la red.

---

[67] Joseph Poon y Thaddeus Dryja, «The Bitcoin Lightning Network: Scalable Off-Chain Instant Payments» (lightning.network, 14 de enero de 2016), https://lightning.network/lightning-network-paper.pdf.

[68] Andreas Loibl, «Namecoin», 1 de agosto de 2014, https://www.net.in.tum.de/fileadmin/TUM/NET/NET-2014-08-1/NET-2014-08-1_14.pdf.

[69] Dr Gavin Wood, «Ethereum: A Secure Decentralised Generalised Transaction Ledger» (Ethereum Foundation, 3 de febrero de 2018), http://gavwood.com/Paper.pdf.

[70] Kurt M. Alonso y koe, *Zero to Monero: A Technical Guide to a Private Digital Currency;for Beginners, Amateurs, and Experts*, 1.ª ed., 2018, https://web.getmonero.org/library/Zero-to-Monero-1-0-0.pdf.

[71] CoinMarketCap, *Top 100 Cryptocurrencies by Market Capitalization*, servicio web, accedido 10 de enero de 2020, https://coinmarketcap.com/.

Las soluciones propuestas en Bitcoin en busca de la descentralización asumen que los participantes se encuentran en un entorno hostil. Por ello, la definición de protocolos de consenso que reduzcan la posibilidad de que sus operaciones sean censuradas ha centrado el debate a lo largo de estos años. De hecho, los usuarios actualmente pueden pensar en las diferentes *blockchains* como servicios que usar para almacenar datos relacionados con transacciones monetarias por un lado y con datos en bruto con diferentes fines por otro.

En este apartado se aclaran algunos conceptos básicos sobre el uso de la tecnología que hace posible muchas de las criptodivisas y se introducen algunas de las herramientas con las que cuentan los analistas para trazar las operaciones que tienen lugar en este nuevo ecosistema de pagos que ofrece nuevas oportunidades también para los cibercriminales.

6.5.1 Conceptos básicos de la cadena de bloques

Los siguientes conceptos hacen referencia a terminología técnica utilizada a la hora de hablar del ecosistema de la cadena de bloques. Estos conceptos se ilustran con ejemplos muy relacionados con Bitcoin, pero son extrapolables a otras tecnologías.

- **Dirección**. Las direcciones están asociadas con un par de claves criptográficas cuya parte pública es *hasheada* siguiendo procedimientos conocidos para generar un identificador único. En las tecnologías como Bitcoin o Litecoin, los distintos actores pueden ser destinatarios de diferentes transacciones y operar con las unidades monetarias recibidas utilizando el componente privado de este par de claves para firmar y efectuar operaciones de salida. Aunque criptográficamente robusto, la principal implicación que tiene este modelo tiene que ver con la custodia de dichas claves privadas ya que en caso de pérdida, destrucción o sustracción de las mismas el legítimo propietario perderá el control total de la dirección. Esta realidad supone una barrera importante que algunos servicios intentan evitar ofreciendo sistemas de custodia de las claves.

Dirección	39m5Wvn9ZqyhYmCYpsyHuGMt5YYw4Vmh1Z
Formato	BASE58 (P2SH)
Transacciones	479
Total Recibidas	22858.64720954 BTC
Cantidad total enviada	22464.52120296 BTC
Saldo final	394.12600658 BTC

Petición de pago | Botón de Donación

Figura 73. Información general sobre el saldo y el volumen de transacciones recibidas por una dirección de Bitcoin.

- **Carteras o monederos**. Se entiende por carteras o monederos el *software* (o *hardware*) que implementa un sistema de gestión de distintas claves privadas de una o varias criptodivisas. Las carteras pueden almacenar las claves en distintos soportes y con diferentes medidas de seguridad, de la misma forma que pueden estar o no conectadas a la red.

- **Transacción**. Unidad transaccional en la que un actor acredita criptográficamente su voluntad de registrar una operación. Estas operaciones pueden incluir la transferencia de unidades monetarias entre dos cuentas u otras operaciones más complejas que impliquen cambios de estado en función de la cadena.

- **Bloque**. Un bloque es una unidad contenedora conformada por un conjunto de nuevas transacciones pendientes de registrar en la cadena. La característica más relevante de esta estructura es que contiene una referencia criptográfica del bloque anterior, lo que permite encadenarlos sucesivamente hasta el bloque génesis original dado que la sola modificación de un bit en cualquiera de ellos dará lugar a una cadena completamente diferente.

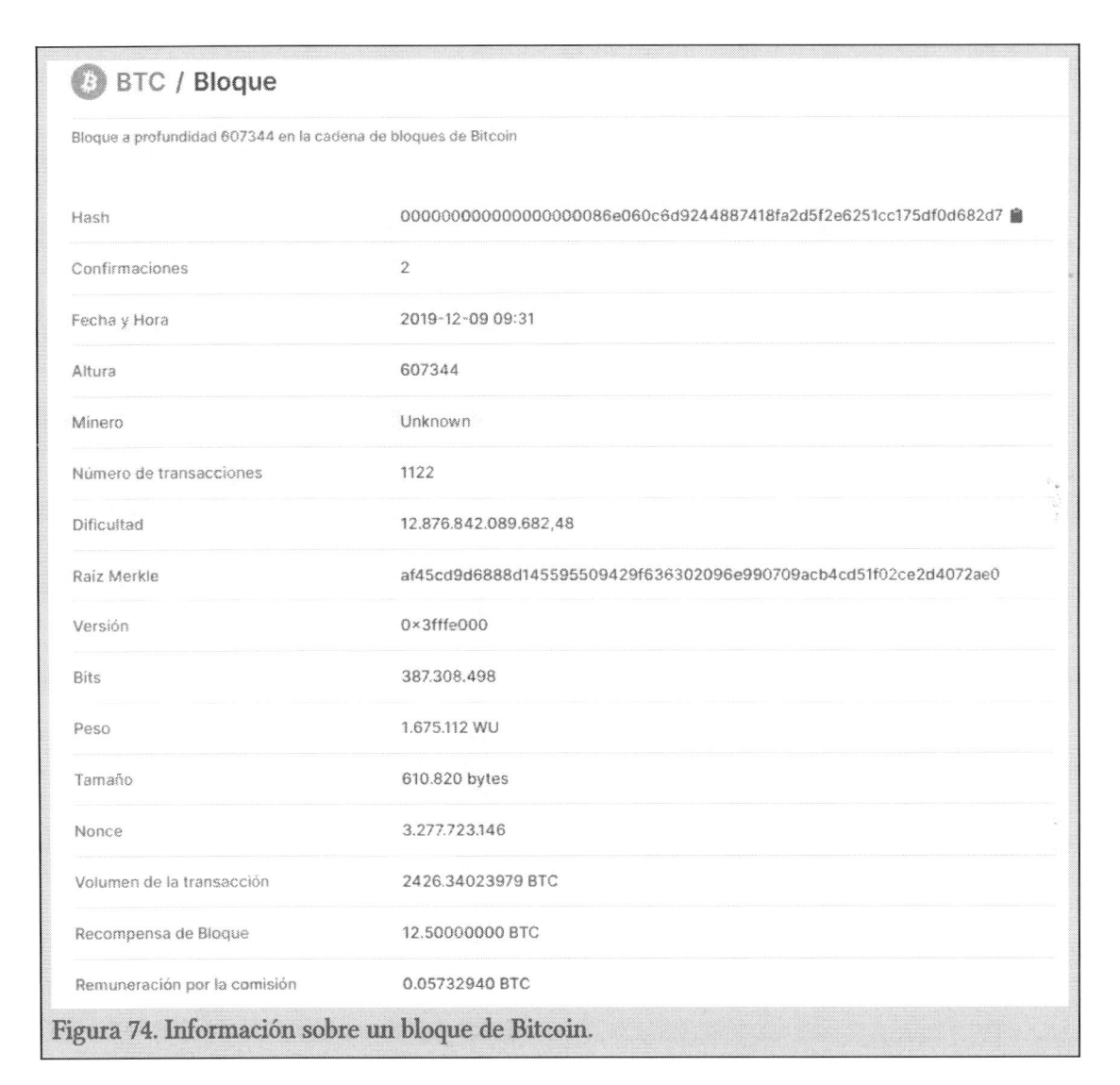

Capítulo 6: Obtención de información sobre activos tecnológicos

BTC / Bloque	
Bloque a profundidad 607344 en la cadena de bloques de Bitcoin	
Hash	0000000000000000000086e060c6d9244887418fa2d5f2e6251cc175df0d682d7
Confirmaciones	2
Fecha y Hora	2019-12-09 09:31
Altura	607344
Minero	Unknown
Número de transacciones	1122
Dificultad	12.876.842.089.682,48
Raíz Merkle	af45cd9d6888d145595509429f636302096e990709acb4cd51f02ce2d4072ae0
Versión	0x3fffe000
Bits	387.308.498
Peso	1.675.112 WU
Tamaño	610.820 bytes
Nonce	3.277.723.146
Volumen de la transacción	2426.34023979 BTC
Recompensa de Bloque	12.50000000 BTC
Remuneración por la comisión	0.05732940 BTC

Figura 74. Información sobre un bloque de Bitcoin.

❖ **Mecanismo de consenso**. En las cadenas de bloques públicas el minado de bloques es utilizado para minimizar el riesgo de que una transacción no sea incluida en un bloque por voluntad del minero. Los diferentes algoritmos existentes implementan procedimientos diferentes como la prueba de trabajo para consensuar qué nodo será el responsable de añadir el siguiente bloque. Estos procesos están definidos para que la adición de un nuevo bloque no pueda conocerse a priori y se distribuya de forma homogénea entre los participantes. En el caso de la prueba de trabajo, los nodos participantes realizan operaciones criptográficas de *hashing* sobre las transacciones pendientes de añadir a la cadena en busca de un *hash* con unas condiciones concretas. La naturaleza propia de una operación de *hashing* hace que quien tenga una capacidad de cómputo para realizar esas operaciones, tendrá una mayor posibilidad de dar con un *hash* objetivo válido, pero incluso teniendo una mayoría no se puede asegurar quién añadirá el próximo bloque sino las posibilidades que tiene de hacerlo.

De esta manera, si la capacidad de cómputo de la red está distribuida convenientemente la censura o rechazo de una transacción no se podrá prolongar indefinidamente en el tiempo. Algunos de los mecanismos de consenso utilizados más conocidos son la prueba de trabajo (o «Proof of Work» en inglés, a menudo abreviado como PoW) o la prueba de participación («Proof of Stake» en inglés, a menudo abreviado como PoS). La primera de ellas ha experimentado un repunte como forma de monetizar infecciones en equipos de terceros al utilizar su capacidad de cómputo (y su energía eléctrica) para generar nuevas monedas para el atacante.

- **Cadena de bloques**. Se corresponde con el conjunto de bloques encadenados entre sí desde el bloque génesis original que da lugar a la cadena.

- **Cadena de bloques pública**. Se trata de una cadena de bloques cuya información es accesible para cualquier persona y en la que cualquier persona puede contribuir a su mantenimiento. Ejemplos de cadenas de bloques públicas son Bitcoin, Litecoin o Ethereum.

- **Cadena de bloques permisionada**. Se trata de una cadena de bloques en la que operaciones como el acceso, la adición de bloques, la realización de transacciones u otras operaciones están controlados o permisionados. Este tipo de tecnologías se pueden utilizar como repositorios compartidos entre distintas organizaciones o departamentos. Las tecnologías que lo dan soporte habitualmente pueden ser configuradas para funcionar como cadenas de bloques públicas. Hyperledger Fabric o Multichain son implementaciones de este tipo de filosofías.

- *Fork* o **bifurcación**. En ocasiones, la comunidad que da soporte y mantiene una cadena de bloques puede optar por cambiar las reglas del juego originales de dos formas: implementando un *hard fork* (bifurcación dura e incompatible hacia atrás) o un *soft fork* (bifurcación blanda). Para conseguirlo, las nuevas propuestas han de ser aprobadas y votadas por los participantes en ella. Algunas de estas propuestas pueden ser aprobadas por la totalidad de los mineros que añaden nuevos bloques a la cadena y en dicho caso el cambio se considera aceptado y, a partir de un bloque consensuado, dejar que estas entren en juego.

- Sin embargo, en otras pueden existir diferentes sensibilidades contrapuestas entre quienes apuestan por la implementación del cambio y quienes no lo hacen y que dicha implementación provoque que algunas acciones se puedan realizar en una de las versiones pero no en la otra. En la práctica esto dará lugar a una bifurcación de la cadena: todos los nodos habrán compartido un antecesor común en el que compartían las reglas del juego y por tanto, todas las operaciones, pero a partir de un momento determinado las reglas empezarán a cambiar.

    Exactamente esto es lo que ocurrió con el *hard fork* de Bitcoin Cash. Una parte de la comunidad propuso ampliar el tamaño máximo del bloque de Bitcoin (originalmente 1MB) para que en cada bloque entraran más transacciones. Aunque la mayor parte de los participantes optaron por no aplicar dicho cambio, una parte significativa sí que lo implementó y a partir de agosto de 2017 hay dos formas de gastar los bitcoins: con las reglas de Bitcoin y con las reglas de Bitcoin Cash.

- **Datos anclados**. El concepto hace referencia a los datos introducidos en una transacción que se registra en un bloque de la cadena. Para prevenir el abuso del sistema, las diferentes cadenas de bloques establecen diferentes tipos de restricciones como la limitación del espacio usable con este fin. En primer lugar, la longitud de los datos anclados es arbitraria y depende de las restricciones que ponga el protocolo en cada caso. Por ejemplo, en el caso de Bitcoin, el máximo de bytes que se pueden anclar es de 80 bytes por transacción aunque en otras cadenas de bloques el tamaño puede ser configurable a espacios mucho mayores.

    Por otro lado, las comisiones necesarias para que una transacción sea añadida en un bloque y registrada en todos los participantes de la cadena sirven de incentivo para que los nodos de la red custodien la cadena (y los datos por extensión) consiguiendo el efecto de que resulte costoso para un potencial atacante la inundación de la red.

    Aún así, por las características propias de resistencia a la censura, las cadenas de bloques son el vehículo perfecto para el anclaje de información cuyo ciclo de vida pueda pervivir.

Manual de ciberinvestigación en fuentes abiertas: OSINT para analistas

Los autores presentamos en EuskalHack un proyecto, blockchain_c2c[72], en el que se planteaba la posibilidad de que esta tecnología se utilizara como vehículo para la difusión de órdenes de control entre nodos infectados.

6.5.2 El seguimiento de transferencias de Bitcoin a través de las direcciones implicadas en Wannacry

El 12 de mayo de 2017 fue un día que a muchos de nosotros no se nos olvidará fácilmente: el «día de Wanacry». WannaCry[73] fue uno de los incidentes con mayor impacto en la opinión pública de los últimos años. El *malware* se aprovechó de la ya famosa vulnerabilidad EternalBlue, para cifrar los archivos de miles de equipos pidiendo a cambio un rescate de unos 300 dólares en bitcoins. La pregunta es, ¿qué fue de estos rescates pagados por las víctimas?

6.5.2.1 El saldo de las direcciones

Las tres direcciones de Bitcoin identificadas han conseguido recaudar una cantidad superior a los 54 bitcoins. Sin embargo, el diseño del sistema de cobro de los rescates era mejorable. La presentación de la misma dirección a diferentes víctimas complicaba a los atacantes discernir qué víctima había realizado el pago del dinero. Teniendo en cuenta que las transacciones de Bitcoin quedan registradas en la cadena de bloque, las víctimas podían llegar a suplantar a otras víctimas que sí que habían pagado atribuyéndose una transacción en concreto.

En el caso de Bitcoin, la recomendación para quienes administran plataformas en las que se puede pagar por bienes o servicios en bitcoins es generar una dirección de pago única para cada cliente que quiere realizar una compra[74]. De esta manera, es muy cómodo para el comercio verificar si un cliente ha realizado ya el pago en la cadena de bloques. Estas recomendaciones son también aplicables para el caso de Wannacry: a pesar de ser una extorsión, el modelo ideal habría pasado

---

72 Félix Brezo Fernández y Yaiza Rubio Viñuela, *Blockchain C2C*, Multiplataforma, Python, 2018, https://github.com/i3visio/blockchain_c2c.

73 Para más información técnica sobre el incidente, recomendamos la lectura del *paste* publicado en Github que recopilaba los detalles técnicos del incidente: «WannaCry|WannaDecrypt0r NSA-Cyberweapon-Powered Ransomware Worm». Disponible *online* en: https://gist.github.com/rain-1/989428fa5504f378b993ee6efbc0b168

74 Bitcoin Community, «Merchant Howto», Bitcoin Wiki, 3 de julio de 2017, https://en.bitcoin.it/wiki/Merchant_Howto.

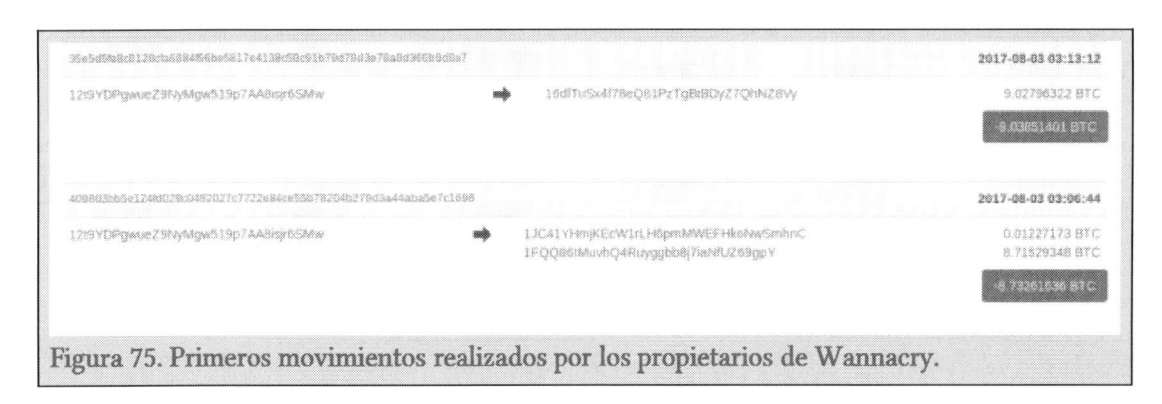

Capítulo 6: Obtención de información sobre activos tecnológicos

Figura 75. Primeros movimientos realizados por los propietarios de Wannacry.

por generar una dirección diferente para cada usuario, lo que habría permitido al atacante contar con una sencilla tabla en la que asociar cada dirección de cobro a una clave de descifrado diferente.

Además, esta operación habría tenido otro efecto colateral positivo para el atacante: los investigadores no habrían podido generar más que un subconjunto reducido de direcciones de cobro (una por cada detonación de la muestra) y la tarea de dimensionar el número total de infecciones sería mucho más compleja. Las opciones para conseguirlo habrían pasado por realizar un seguimiento de algunas direcciones conocidas y de tratar de analizar, una vez se empezara a observar el movimiento de esas cuentas, si terminaban por converger en algún punto. El motivo de por qué no se aplicó salió a la luz poco después: una condición de carrera en el proceso de generación de direcciones únicas para cada víctima[75] que impedía que funcionara bien y que terminaba por elegir una de las ya famosas tres direcciones.

6.5.2.2 Los movimientos de Wannacry

Apenas unos días después de que se cerraran las ediciones de 2017 de Blackhat USA y DEFCON, el 3 de agosto se produjeron los primeros movimientos desde las direcciones de Bitcoin más monitorizadas: seis operaciones diferentes registradas en la *blockchain* de Bitcoin en un período de apenas unos minutos (concretamente, a las 03:06, 03:07, 03:13, 03:14, 03:14 y 03:25). Comenzaba así el proceso de persecución de estas direcciones que pronto empezarían a mezclarse en una sucesión de operaciones.

---

75 Ionut Arghire, «WannaCry Ransomware Creators Make Rookie Mistake», *SecurityWeek.Com* (blog), 17 de mayo de 2017, https://www.securityweek.com/wannacry-ransomware-creators-make-rookie-mistake.

Partiendo de la base de que las tres direcciones, para efectuar una operación, el autor o autores del ataque tuvo que firmar estas operaciones con las claves privadas correspondientes a cada dirección y notificarlas a algún nodo de la cadena de bloques para que estas fueran añadidas. A partir de ahí, el propio autor podría generar una lista de incontables direcciones bajo su control entre las que realizar estas operaciones para confundir a los investigadores.

Sin embargo, si utilizamos herramientas como Blockseer[76] (ver Figura 76) podremos darnos cuenta de que en apenas cinco saltos, el dinero termina asociado a un mercado, Hitbtc.com, que opera como *exchange* de criptodivisas desde el año 2013. Desde Hitbtc se pueden intercambiar estos Bitcoins por muchas otras divisas como Ethereum, Ethereum Classic, Litecoin o Lisk entre otras que han sido concebidas para proteger el anonimato de quien las usa, como Monero, Dash o Zcash y de las que se hablará más adelante.

En algunas de estas plataformas, el proceso de registro general es trivial y no requiere de la facilitación de información adicional salvo que se quiera proceder a la compra y venta con divisas convencionales como explican en su propia guía de usuario. En cualquier caso, para muchos investigadores, este sería un buen punto de partida porque esta plataforma sí que contaría con información de las operaciones en las que se vio implicada una cuenta muy próximas a los autores aún a sabiendas de que los implicados podrían no ser estos.

Por desgracia, la política de Blockseer con respecto a las cuentas gratuitas ha cambiado recientemente y se necesita contar con una licencia y contar con el departamento de compras. Sin embargo, también es posible utilizar otras herramientas como Other eXploration Tool de Samourai Wallet. Esta herramienta funciona de forma similar a Blockseer y presenta para ello un buscador en el que se pueden introducir las direcciones de Bitcoin sobre las que se quiere obtener más información. En la interfaz se mostrará la evolución del saldo de una cuenta a lo largo del tiempo así como las etiquetas que la comunidad haya ido poniendo a las distintas cuentas[77].

---

[76] Blockseer, *BlockSeer | About*, servicio web, 2015, https://www.blockseer.com/about.

[77] Samourai Wallet, «Other eXploration Tool», oxt.me, accedido 28 de enero de 2020, https://oxt.me/.

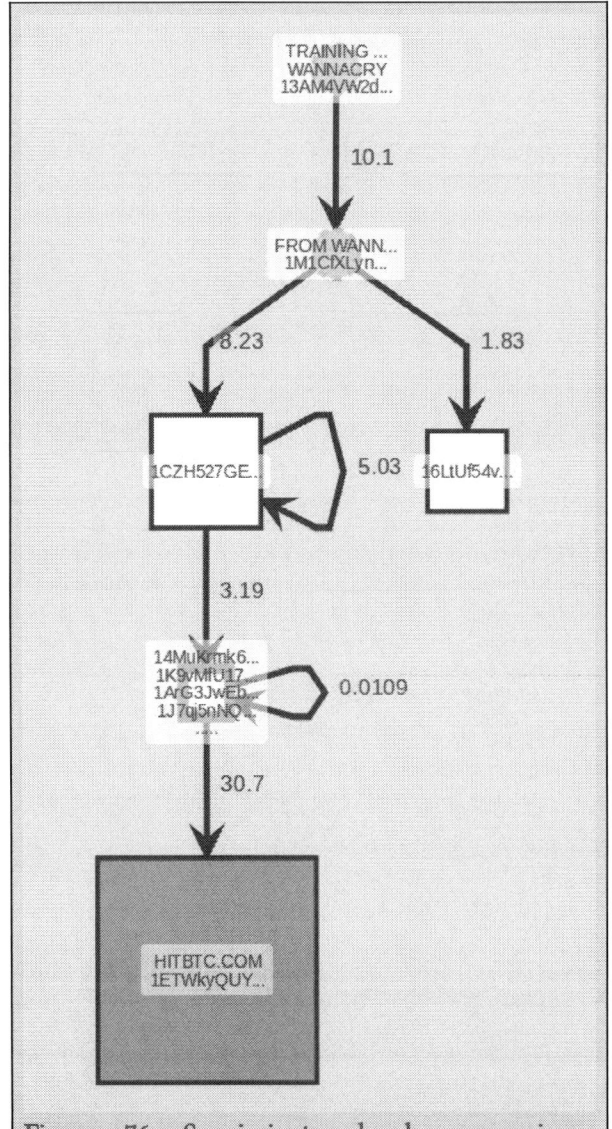

Capítulo 6: Obtención de información sobre activos tecnológicos

Figura 76. Seguimiento de las operaciones realizadas hasta cuentas de Hitbtc.com a partir de la dirección de Bitcoin implicada en Wannacry: 13AM4VW2dhxYgXeQepoHkHSQuy6NgaEb94.

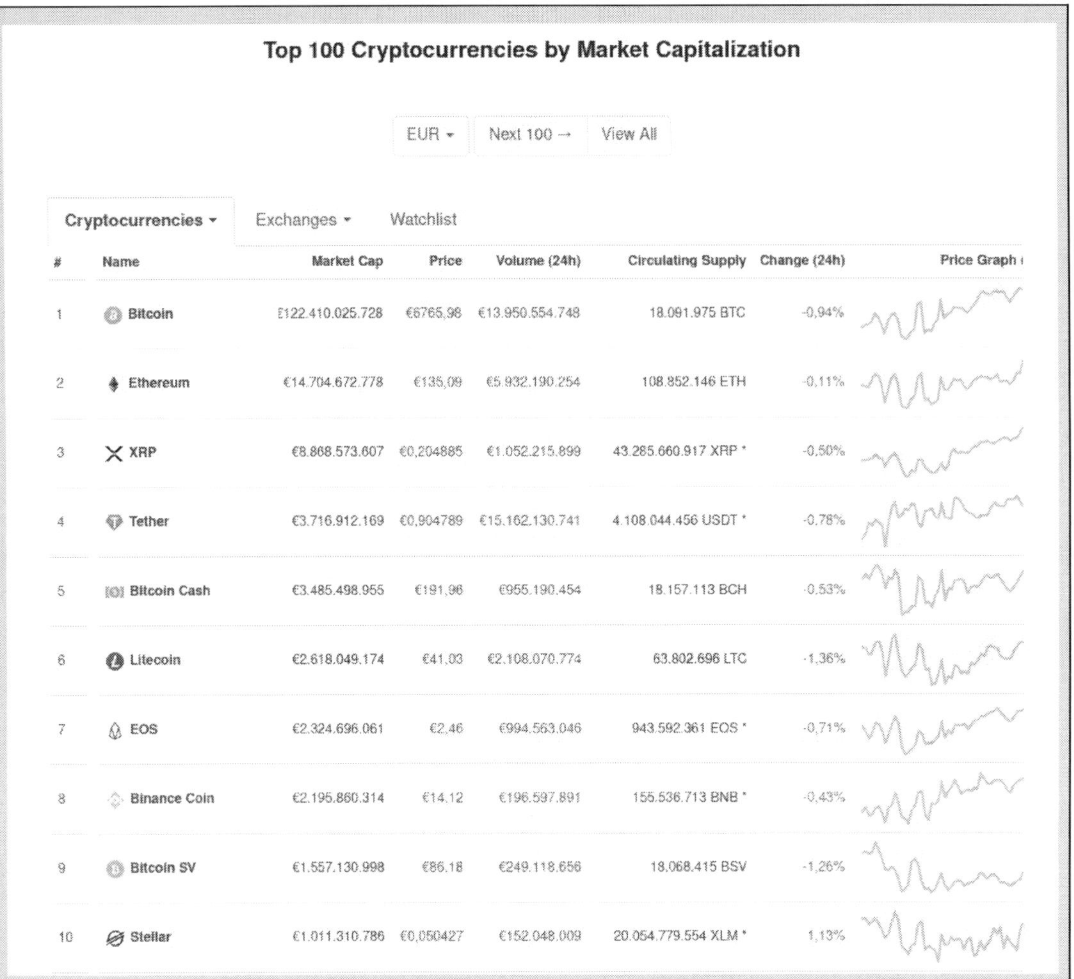

Manual de ciberinvestigación en fuentes abiertas: OSINT para analistas

#	Name	Market Cap	Price	Volume (24h)	Circulating Supply	Change (24h)
1	Bitcoin	€122.410.025.728	€6765,98	€13.950.554.748	18.091.975 BTC	-0,94%
2	Ethereum	€14.704.672.778	€135,09	€5.932.190.254	108.852.146 ETH	-0,11%
3	XRP	€8.868.573.607	€0,204885	€1.052.215.899	43.285.660.917 XRP *	-0,50%
4	Tether	€3.716.912.169	€0,904789	€15.162.130.741	4.108.044.456 USDT *	-0,78%
5	Bitcoin Cash	€3.485.498.955	€191,96	€955.190.454	18.157.113 BCH	-0,53%
6	Litecoin	€2.618.049.174	€41,03	€2.108.070.774	63.802.696 LTC	-1,36%
7	EOS	€2.324.696.061	€2,46	€994.563.046	943.592.361 EOS *	-0,71%
8	Binance Coin	€2.195.860.314	€14,12	€196.597.891	155.536.713 BNB *	-0,43%
9	Bitcoin SV	€1.557.130.998	€86,18	€249.118.656	18.068.415 BSV	-1,26%
10	Stellar	€1.011.310.786	€0,050427	€152.048.009	20.054.779.554 XLM *	1,13%

Figura 77. Vista de Coinmarketcap.com de los proyectos de criptomonedas con más capitalización.

6.5.3 El seguimiento de transferencias en otras criptomonedas

Pese a que Bitcoin fue la criptomoneda pionera, existen muchos otros proyectos basados en la idea de ser proyectos descentralizados y globales. En Coinmarketcap.com (ver Figura 77) se enumeran una gran cantidad de proyectos (del orden de miles) que implementan estas tecnologías con diferentes matices. La plataforma, entre otras cuestiones, ordena los resultados en base a distintos factores:

❖ **Precio unitario**. Se corresponde con el precio unitario medio de cotización de cada uno de los proyectos en los diferentes mercados que los listan. Estos precios se pueden configurar para ser presentados en hasta 32 divisas internacionales.

❖ **Capitalización**. Se corresponde con la valoración actual de todas las unidades monetarias en circulación para cada proyecto si todas fueran valoradas al precio actual. Aunque se trata del criterio de ordenación por defecto en muchas plataformas, es cierto que esta métrica es puramente orientativa dado que la puesta a la venta masiva de todas las unidades monetarias de un proyecto al mismo tiempo provocaría un desplome de los precios.

❖ **Volumen**. Se corresponde con el volumen de movimientos en las últimas 24 horas. Es un indicador del nivel de actividad que existe en cada proyecto.

Por su parte, para cada criptomoneda, el usuario puede ampliar los detalles de cara a adquirir una visión más detallada del proyecto. Entre la información presentada se encuentra la página web oficial y gráficas que recogen la evolución de los precios temporalmente, los mercados que permiten al compraventa de la criptomoneda o la plataforma donde se encuentra el código fuente del proyecto.

A nivel de investigación, es particularmente interesante el hecho de que lista algunos de los exploradores de la cadena de bloques activos para cada proyecto que permitan al usuario realizar un seguimiento de las transacciones, del saldo de las carteras o del número de bloques añadidos. Con esta funcionalidad, Coinmarketcap nos sirve también para centralizar en un único sitio la información preliminar, facilitándonos también la identificación de servicios que nos permitan realizar un seguimiento sobre carteras asociadas a criptomonedas menos populares. En el caso de Litecoin, se identifican hasta 5 exploradores: Blockchair.com, Cryptoid.info, Litecoin.net, Tokenview.com o ViaBTC.com.

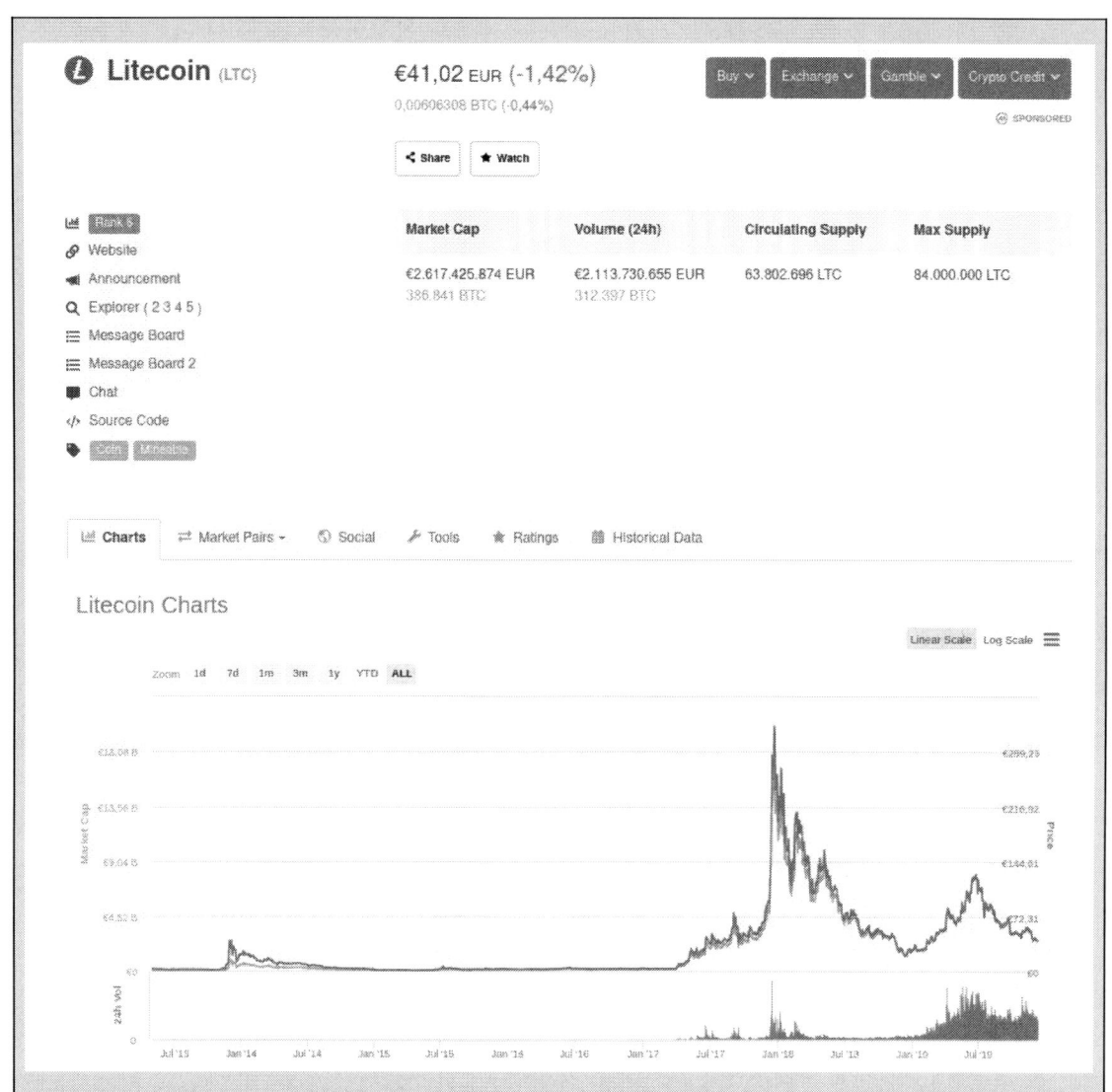

Figura 78. Vista ampliada de la información existente sobre el proyecto de Litecoin en Coinmarketcap. La vista central muestra la evolución de la cotización desde que Coinmarketcap tiene registros pero cuenta también con diferentes pestañas para explorar los datos históricos o la cotización en diferentes mercados.

Top 100 Richest Bitcoin Addresses

	Address	Balance △1w/△1m	% of coins	First In	Last In	Number Of Ins	First Out	Last Out	Number Of Outs
1	35hK24tcLEWcgNA4JxpvbkNkoAcDGqQPsP 3-of-7 wallet: Huobi-coldwallet	255,502 BTC ($1,938,128,737 USD)	1.41%	2019-01-25 10:43:53	2019-12-07 06:15:29	313	2019-01-25 10:58:54	2019-10-24 09:16:53	9
2	3CgKHXR17eh2xCj2RGnHJHTDjPpqaNDgyT 2-of-3	111,858 BTC ($848,508,274 USD)	0.6183%	2019-09-17 14:22:36	2019-12-04 13:33:24	8	2019-09-18 19:28:23	2019-09-18 19:28:23	1
3	37XuVSEpWW4trkfmvWzegTHQt7BdktSKUs	94.506 BTC ($716.879.888 USD)	0.5224%	2019-09-06 05:30:05	2019-11-26 21:04:01	45			
4	3M6UcBNGZAW1HRjiFDMRcY5aXFrO4F9E1y wallet: Binance-coldwallet	89.684 BTC ($680.306.355 USD)	0.4957%	2019-11-05 11:25:02	2019-11-23 08:18:56	6	2019-12-03 16:46:22	2019-12-03 16:46:22	5
5	3JZq4atUahhuA9rLhXLMhhTo133J9rF97j wallet: Bitfinex-coldwallet	88,143 BTC ($668,611,905 USD)	0.4872%	2018-11-02 21:14:44	2019-12-09 11:17:58	643	2018-11-04 17:08:55	2019-09-25 00:24:49	359
6	183hmJGRuTEi2YDCWy5iozY8rZtFwVgahM	85,947 BTC ($651,959,417 USD)	0.4751%	2018-07-01 15:29:21	2019-12-04 03:33:25	63			
7	1FeexV6bAHb8ybZjqQMjJrcCrHGW9sb6uF	79,957 BTC ($606,520,746 USD)	0.4419%	2011-03-01 11:26:19	2019-12-06 15:27:53	311			
8	3D2oetdNuZUqQHPJmcMDDHYoqkyNVsFk9r 3-of-6 wallet: Bitfinex-coldwallet	76.893 BTC ($583.277.815 USD)	0.4250%	2017-01-05 13:34:15	2019-12-02 10:21:57	5647	2017-01-06 11:29:06	2019-05-07 17:19:19	4863
9	34xp4vRoCGJym3xR7yCVPFHoCNxv4Twseo wallet: Binance-coldwallet	72,071 BTC ($546,699,160 USD)	0.3984%	2018-10-18 14:59:18	2019-12-07 17:30:55	319	2018-10-18 15:19:26	2019-12-03 16:46:22	228
10	1HQ3Go3ggs8pFnXuHVHRytPCq5fGG8Hbhx	69,370 BTC ($526,211,811 USD)	0.3834%	2013-04-09 23:03:36	2019-09-11 20:36:15	181	2015-04-23 16:10:25	2015-04-23 16:10:25	1

Figura 79. Listado de las direcciones con más unidades monetarias en Bitcoin a finales de 2019. Fuente: Bitinfocharts.com.

6.5.4 Criptomonedas con el foco en el anonimato

Uno de los problemas que presentan muchas de las criptomonedas es precisamente su trazabilidad. Como se ha visto anteriormente, la posibilidad teórica de seguir las operaciones que implican criptomonedas es viable. De esta manera, es posible hacer un listado de las direcciones que más unidades monetarias aglutinan como se muestra en la Figura 79[78].

Además, esta característica de muchas criptomonedas tiene mucho que ver con su fungibilidad: es decir, con la característica que hace que podamos intercambiar un bitcoin concreto por otro bitcoin cualquiera porque se admita legalmente como equivalente otro de igual importe. Sin embargo, no siempre tiene por qué materializarse. Podría ocurrir que algunas plataformas o clientes, a instancias de sus gobiernos, no aceptaran aquellas unidades monetarias que se sabe que están vinculadas con actividades ilícitas como el tráfico de drogas, el blanqueo de capitales o prácticas de *ransomware*.

78 bitinfocharts.com, «Top 100 Richest Bitcoin Addresses and Bitcoin Distribution», BitInfoCharts, accedido 10 de enero de 2020, https://bitinfocharts.com/.

Esta posibilidad, que en un primer momento se presenta como aparentemente benigna, podría también ampliarse a otro tipo de actividades: por ejemplo, si conocemos las direcciones en las que una determinada fundación o partido político recibe sus donaciones, un tercero podría apelar a motivos ideológicos o éticos para rechazar dinero «manchado» por dichas actividades. En la práctica, se deja margen para la creación de un mercado alternativo de criptomonedas «marcadas» como inaceptables para muchos.

Para afrontar estas problemáticas, algunos proyectos han apostado por promover la privacidad de las transacciones con las diferentes criptomonedas en cuanto a qué actores se ven implicados y qué cantidades se ven involucradas. Para resolver los retos criptográficos que esta problemática entraña han existido diversas aproximaciones. A continuación se presentan algunos de los proyectos más relevantes:

- **Monero**. Monero (XMR) es una criptomoneda cuyo origen tiene más de cinco años, posterior a Bitcoin (2014), y que se centra en garantizar la fungibilidad de sus monedas, la privacidad y descentralización del sistema monetario. Para ello, utiliza una capa de ocultación obligatoria utilizando diferentes herramientas criptográficas como las firmas en anillo y un tipo especial de pruebas de conocimiento cero (*bulletproofs*) para enmascarar el origen, destinatario e importe de cada operación de modo que ningún observador puede obtener información de las transacciones entre cuentas hechas públicas en la cadena.

    Su principal característica es que la privacidad viene definida por defecto a diferencia de otros proyectos. Además, para fomentar una mayor descentralización, utiliza como mecanismo de consenso un algoritmo de Prueba de Trabajo que desincentiva el uso de *hardware* especializado para la minería y que promueve el uso de equipos domésticos.

- **Dash**. Dash, originalmente Xcoin y más tarde Darkcoin, fue lanzada en enero de 2014 como una bifurcación del proyecto de Bitcoin. Sus decisiones se toman de forma descentralizada en torno a la figura de los *masternodes*. Estas figuras aglutinan una cantidad de unidades monetarias como señal y ofrecen una capa adicional de servicios para, por ejemplo, emitir opcionalmente transacciones privadas (PrivateSend) o para conseguir que las transacciones sean efectivas de forma instantánea sin tener que esperar a que se añadan en un bloque (InstantSend).

    Para conseguir un *masternode* y tener derecho a votar las propuestas, se debe contar con 1000 DASH (alrededor de 47000 € a finales de 2019). Los beneficios de minar cada bloque se reparten en un 45% para los mineros, un 45% para los *masternodes* y un 10% para financiar el proyecto (nuevos desarrolladores o acciones de comerciales).

- **Zcash**. Zcash surge en 2016 como evolución de Zerocoin y Zerocash. Los pagos son difundidos en una cadena de bloques pública pero los usuarios pueden optar por activar una característica de privacidad opcional para enmascarar el origen, el destinatario y la cantidad transferida que se tramita. Al igual que Bitcoin, Zcash tiene un suministro total fijo de 21 millones de unidades, pero sus transacciones pueden ser transparentes, utilizando t-addr, o pueden ser transacciones blindadas (en inglés, *shielded transactions*) utilizando las z-addr con las que se despliega un tipo de prueba de conocimiento cero conocida como zk-SNARKs. Esta tecnología de blindaje no es soportada por muchos mercados de intercambio que prefieren operar con t-addr por motivos legales.

- **Grin**. Es una implementación del protocolo Mimblewimble concebida para mantener la privacidad de todas las transacciones y su fungibilidad por defecto. También apuesta por mejorar la escalabilidad de la cadena eliminando todas aquellas salidas que ya hayan formado parte de otra transacción y reduciendo considerablemente el tamaño de la cadena. Además, implementa Dandelion[79], que aporta una capa de protección adicional a los nodos que operan con Grin enmascarando las direcciones IP implicadas en una transacción.

Salvo en Grin, la propagación de transacciones desde nodos conectados puede comprometer la privacidad del emisor. Un observador con capacidad para trazar los flujos de comunicación entre nodos de la red podría, con información de contexto adicional, llegar a identificar a una dirección IP como la emisora de una transacción. En Monero por ejemplo se lleva trabajando un tiempo en dotar a los nodos de una capa de protección adicional a nivel de red a través de proyectos como Tor, i2P o Kovri, pero su uso todavía no está implementado por defecto.

Por desgracia, estas funcionalidades también pueden ser utilizadas por los cibercriminales. Por este motivo, criptomonedas como Monero por ejemplo son mucho más seguras a la hora de proteger la identidad de sus propietarios, dado que aportan una capa adicional de privacidad. No es descartable que este tipo de soluciones adquieran una adopción todavía mayor en el ámbito de la cibercriminalidad mientras no se utilicen en proyectos más extendidos.

---

79 Lehnberg, Quentin Le Sceller, y Roman Zeyde, «Dandelion++ in Grin: Privacy-Preserving Transaction Aggregation and Propagation», 8 de julio de 2019, https://github.com/mimblewimble/grin.

Capítulo 7: La pila ELK

La cantidad de información que se puede encontrar hoy en día en Internet es enorme. Para lidiar con la *infoxicación*, el analista de hoy en día necesita lidiar con las labores de ingestión, procesamiento y visualización de información con cierta soltura. Afortunadamente, son muchas las herramientas que existen que pueden ayudarnos a manejar grandes cantidades de datos sin necesidad de saber demasiado.

Es aquí donde surge la conocida como pila ELK. Se trata de un poderoso proyecto de software libre concebido para facilitarnos muchas tareas de procesamiento tediosas de programar y de planificar. ELK son las iniciales de tres herramientas desarrolladas en el marco del proyecto de ElasticSearch que intentan afrontar estos problemas. En esta unidad vamos a tratar de introducir el uso de estas herramientas con el objetivo de poner en práctica el esquema de funcionamiento de todo el conjunto. Los tres componentes de ELK son las siguientes:

- Logstash. Logstash es definido por sus principales desarrolladores como un "canal abierto de procesamiento de datos de lado del servidor que ingiere datos de una multitud de fuentes simultáneamente, las transforma y luego las envía" a otra tecnología. Se centra principalmente en la ingestión y el procesamiento de datos.

- ElasticSearch. La tecnología central de la pila de Elastic es ElasticSearch. Es un motor de búsqueda y análisis con el que se puede interaccionar vía API, capaz de indexar información fácilmente. Está concebido para almacenar los datos de forma escalable, lo que permite a los usuarios finales implementar sus datos localmente o escalar a una infraestructura más grande. Está concebido para ser fácil de usar para programadores y codificadores por medio de su API.

- Kibana. Kibana es un potente motor de visualización que se construye sobre una instancia de Elasticsearch y que permite al usuario navegar por la información recopilada y almacenada por Elastic. Se ha creado pensando en la extensibilidad, lo que ha permitido a otros desarrolladores crear nuevos *plugins* de visualización para este entorno.

7.1 Requerimientos

Para seguir los pasos que se detallan a continuación recomendamos al lector que hagan uso de software de virtualización como Oracle VM VirtualBox. Se trata de una aplicación de virtualización que es software libre y en la cual podemos ejecutar un sistema operativo diferente al que usamos como de costumbre (generalmente llamado SO host). El software se puede descargar directamente de su sitio web[80] y en los anexos de este documento se incluye más información sobre cómo acondicionar esta máquina.

Aunque los pasos que se van a detallar en esta guía deberían funcionar en cualquier sistema GNU/Linux, la recomendación es utilizar una nueva instalación de Ubuntu 18.04. Se podría desplegar también en sistemas como Kali Linux, pero algunos procesos no se recomienda que sean lanzados con usuarios privilegiados. Teniendo en cuenta que Kali Linux viene por defecto con un usuario root por defecto, para que el seguimiento de las tareas descritas en la unidad sea más sencillo recomendamos utilizar una instancia de Ubuntu 18.04 tal y como se describe en los anexos.

En cualquier caso, una vez iniciada sesión en el sistema, el usuario deberá verificar si Java ya está instalado y en una versión compatible, dado que ElasticSearch se apoya en Java para funcionar.

```
$ java -version
```

En Ubuntu 16.04, instalar el JDK predeterminado sería suficiente para solucionar esta dependencia. Esto se puede solucionar instalándolo globalmente con el siguiente comando de APT. Ten en cuenta que como es una tarea administrativa, se solicitará la contraseña del usuario administrador.

```
$ sudo apt-get install default-jdk
```

Algunos de los ejemplos que se muestran en esta guía necesitarán usar el software de control de versiones Git. Git es una herramienta ampliamente utilizada para el mantenimiento de proyectos en los que intervienen muchos desarrolladores y facilita el seguimiento de los cambios introducidos por cada uno. Los sitios como Github.com o Gitlab.com proporcionan espacio de alojamiento en línea para proyectos de software libre de forma gratuita y se han convertido en uno de los lugares favoritos para que los programadores compartan sus propias herramientas.

---

80 Innotek GmbH, *Oracle VM VirtualBox*, versión 6.1, Multiplataforma, C++, C, Lenguaje ensamblador x86 (Oracle, 2019), https://www.virtualbox.org/.

Si has seguido las guías facilitadas en los anexos para la preparación del entorno de laboratorio ya lo tendrás instalado. En cualquier caso, Instalarlo en Ubuntu es también una tarea bastante sencilla si usamos los repositorios oficiales:

```
$ sudo apt-get install git
```

7.2 Fundamentos de Logstash

Como se dijo antes, Logstash es una herramienta de procesamiento de información que se ocupa de forma transparente de varias tareas pesadas relacionadas con el proceso de registro y prueba. Uno de sus puntos más fuertes es su arquitectura modular que permite a los desarrolladores construir y producir nuevos complementos que se pueden instalar junto con los componentes principales. Estos complementos pueden caer básicamente en tres categorías diferentes, como se muestra en la figura a continuación:

- *Input plugins*. Estos *plugins* se utilizan principalmente para recopilar información de una fuente de manera que se puede pasar a otros *plugins* de Logstash. Algunos complementos típicos son el file{}, rss{}, twitter{}, kafka {} o sqlite{} dependiendo de la fuente.

- *Filter plugins*. Los *plugins* de filtro se pensaron principalmente para transformar y realizar diferentes operaciones, ya sea sobre los datos recopilados por un *plugin* de entrada o transformados por otro filtro. Las operaciones típicas incluyen la adición de nuevos campos, la extracción de información, el análisis sintáctico o la extracción de otra información utilizando expresiones regulares.

- *Output plugins*. Estos complementos se centran principalmente en enviar la información procesada por otros complementos a una fuente diferente. Existen complementos para varias tecnologías lo que le da al operador mucha flexibilidad para enviar la información a las instancias de ElasticSearch, MongoDB, SMTP, Kafka o MySQL.

```
ubuntu@virtualubuntu:~/Descargas/logstash-5.0.1/bin$ ./logstash -e 'input { stdin { } } output { stdout {} }'
hola
Sending Logstash's logs to /home/ubuntu/Descargas/logstash-5.0.1/logs which is now configured via log4j2.properties
The stdin plugin is now waiting for input:
[2016-11-18T12:43:05,213][INFO ][logstash.pipeline        ] Starting pipeline {"id"=>"main", "pipeline.workers"=>1, "pipeline
.batch.size"=>125, "pipeline.batch.delay"=>5, "pipeline.max_inflight"=>125}
[2016-11-18T12:43:05,256][INFO ][logstash.pipeline        ] Pipeline main started
[2016-11-18T12:43:05,394][INFO ][logstash.agent           ] Successfully started Logstash API endpoint {:port=>9600}
2016-11-18T11:43:05.269Z virtualubuntu hola
adios
2016-11-18T11:43:23.021Z virtualubuntu adios
```

Figura 80. Ejemplo de salida del primer test de Logstash en el que se hace un eco de los mensajes escritos en la terminal. El ejemplo se ha lanzado directamente como comando.

7.2.1 Guía rápida de instalación de Logstash

Lo primero que debemos saber es cómo preparar nuestro sistema para ejecutar Logstash[81]. Por lo general, podemos obtener la versión más reciente de Logstash directamente desde la sección de Productos. Podemos descargar y descomprimir el archivo tar.gz directamente desde la terminal:

```
$ wget https://artifacts.elastic.co/downloads/logstash/logstash-7.5.0.tar.gz
$ tar -xvf logstash-7.5.0.tar.gz
```

Una vez descomprimido, deberíamos navegar a la carpeta bin en la que podremos encontrar los diferentes archivos ejecutables.

```
$ cd logstash.7.5.0
$ cd bin
$ ls
logstash          logstash.lib.sh      logstash-plugin.bat    system-install
logstash.bat      logstash-plugin      setup.bat
```

Podríamos verificar ahora si la instalación se ha configurado correctamente. La forma más rápida es configurar Logstash directamente a través de la línea de comando.

```
$ ./logstash -e 'input { stdin { } } output { stdout {} }'
```

Este comando representa la configuración más fácil que podemos proporcionar a Logstash: una aplicación que hace eco de lo que introduce el usuario. Simplemente obtendrá el texto recibido de la entrada estándar (el teclado) y lo enviará automáticamente a la salida estándar en el terminal. El único procesamiento que hará automáticamente es agregar la marca de tiempo de la recepción de los mensajes, así como también el *host* que lo envió (nuestra máquina en este caso).

---

81 Elastic, *Logstash*, versión 7.5, Multiplataforma, Java, accedido 9 de enero de 2020, https://www.elastic.co/es/products/logstash.

Aunque Logstash se puede instalar como un servicio en una máquina, en la implementación que hemos elegido para este tutorial, matar el proceso o detener el terminal con el atajo Ctrl + C será suficiente para detener Logstash. El tutorial oficial de Logstash proporciona mucha información sobre este tema.

> **Un aviso para usuarios de Windows**
>
> Si eres usuario de Windows, tienes que tener en cuenta que el comando tar y otros que se encuentran en este manual simplemente no funcionarán como lo hacen en Linux. Sin embargo, descargar los archivos .zip y descomprimirlos de la misma manera conducirá a un escenario similar a partir de la ejecución los mismos comandos con la salvedad de que hay que modificar ./logstash por logstash.bat.
>
> Si ves algún error que dice que se debe establecer la variable de entorno JAVA_HOME, recuerda instalar primero Java o verifica si la instalación de Java está configurada correctamente escribiendo «java -versión» en la terminal. Recuerda cerrar la terminal actual y abrir una nueva una vez instalado el paquete de *software*.

7.2.2 Uso básico de Logstash

A pesar de que acabamos de probar nuestra instalación de Logstash en los pasos realizados anteriormente, la forma más habitual de trabajar con Logstash es mediante el uso de archivos de configuración generalmente nombrados después de la extensión .conf. Estos archivos son solo archivos de texto que podemos codificar con cualquier editor de texto. El editor de texto predeterminado de Ubuntu es Gedit, pero puede usar el que prefiera. Vamos a escribir nuestro primer archivo de configuración usando el código que proporcionamos a través de la línea de comandos de una manera más elegante en este nuevo archivo.

ejer1.conf

```
input {
    stdin {    }
}
output {
    stdout {
    }
}
```

Manual de ciberinvestigación en fuentes abiertas: OSINT para analistas

```
ubuntu@virtualubuntu:~/Descargas/logstash-5.0.1/bin$ ./logstash -f ejer1.conf
hola
Sending Logstash's logs to /home/ubuntu/Descargas/logstash-5.0.1/logs which is now configured via log4j2.properties
The stdin plugin is now waiting for input:
[2016-11-18T12:51:00,740][INFO ][logstash.pipeline        ] Starting pipeline {"id"=>"main", "pipeline.workers"=>1, "pipeline.batch.size"=>125, "pipeline.batch.delay"=>5, "pipeline.max_inflight"=>125}
[2016-11-18T12:51:00,793][INFO ][logstash.pipeline        ] Pipeline main started
[2016-11-18T12:51:00,935][INFO ][logstash.agent           ] Successfully started Logstash API endpoint {:port=>9600}
2016-11-18T11:51:00.863Z virtualubuntu hola
adios
2016-11-18T11:51:07.193Z virtualubuntu adios
```

Figura 81. Ejecución de Logstash que simplemente hace eco del texto escrito por el usuario en la terminal.

Una vez que hayamos codificado el archivo de configuración, podemos iniciarlo con Logstash al decirle a la aplicación que lea este archivo:

```
$ ./logstash -f ejer1.conf
```

Para comprender mejor que incluso con una sola entrada podemos generar diferentes resultados, vamos a mostrar el contenido proporcionado dos veces en este ejemplo. Basado en el código del primer ejercicio, podemos escribir un nuevo archivo de texto que define dos resultados diferentes como se indica a continuación:

ejer2.conf
```
input {
    stdin {
    }
}
output {
    stdout {
    }
    # Add a new output plugin
    stdout {
    }
}
```

Tenga en cuenta que hemos agregado una nueva línea que comienza con el carácter '#' que representa un comentario: parte del archivo de configuración que será ignorado por Logstash, pero que es interesante para los futuros programadores. Sin dudas, esta es una buena práctica. De todos modos, una vez que hemos codificado el archivo de configuración, podemos iniciarlo de nuevo con Logstash al decirle a la aplicación que lea este nuevo archivo en su lugar:

```
$ ./logstash -f ejer2.conf
```

Capítulo 7: La pila ELK

```
ubuntu@virtualubuntu:~/Descargas/logstash-5.0.1/bin$ ./logstash -f ejer2.conf
hola
Sending Logstash's logs to /home/ubuntu/Descargas/logstash-5.0.1/logs which is now configured via log4j2.properties
The stdin plugin is now waiting for input:
[2016-11-18T12:53:17,650][INFO ][logstash.pipeline        ] Starting pipeline {"id"=>"main", "pipeline.workers"=>1, "pipeline.batch.size"=>125, "pipeline.batch.delay"=>5, "pipeline.max_inflight"=>125}
[2016-11-18T12:53:17,697][INFO ][logstash.pipeline        ] Pipeline main started
[2016-11-18T12:53:17,884][INFO ][logstash.agent           ] Successfully started Logstash API endpoint {:port=>9600}
2016-11-18T11:53:17.678Z virtualubuntu hola
2016-11-18T11:53:17.678Z virtualubuntu hola
adios
2016-11-18T11:53:22.606Z virtualubuntu adios
2016-11-18T11:53:22.606Z virtualubuntu adios
```

Figura 82. Ejemplo de la ejecución de Logstash que hace un doble eco de la entrada facilitada por consola.

Una vez que se carga Logstash, se mostrará el mensaje dos veces a medida que se muestra la ejecución iniciada en la figura siguiente.

Como esto implica que la información procesada solo se muestra en la pantalla, también podemos almacenar la información en un archivo. Para lograr este objetivo, vamos a modificar el ejercicio anterior de la siguiente manera para incluir un nuevo *plugin* de salida.

ejer3.conf
```
input {
    stdin {
    }
}
output {
    # This plugin will store the messages into a file named ejemplo.txt
    file {
        path => "./ejemplo.txt"
    }
    # Convenient for logging purposes
    stdout {
    }
}
```

Ahora podemos reiniciar Logstash con este nuevo archivo de configuración con este último archivo.

```
$ ./logstash -f ejer3.conf
```

Ahora, la información recopilada de la entrada estándar no solo se muestra como salida, sino que se almacena en el archivo dado. En este punto, es interesante verificar el contenido del archivo para verificar que la información almacenada incluya más detalles que los que se muestran en el complemento stdout{}. Aunque podemos verificar la ejecución completa de este ejemplo en la figura

163

```
ubuntu@virtualubuntu:~/Descargas/logstash-5.0.1/bin$ ls
ejemplo.txt   ejer2.conf   logstash        logstash.lib.sh   logstash-plugin.bat   system-install
ejer1.conf    ejer3.conf   logstash.bat    logstash-plugin   setup.bat
ubuntu@virtualubuntu:~/Descargas/logstash-5.0.1/bin$ cat ejemplo.txt
{"@timestamp":"2016-11-18T11:59:14.081Z","@version":"1","host":"virtualubuntu","message":"hola","tags":[]}
ubuntu@virtualubuntu:~/Descargas/logstash-5.0.1/bin$
```

Figura 83. Reproduciendo la ejecución de Logstash en la que se define una aplicación que escribe en un nuevo fichero.

a continuación, lo importante aquí es echar un vistazo a la información almacenada en el archivo utilizando el comando cat en el archivo ejemplo.txt.

```
$ cat ejemplo.txt
{"@timestamp":"2016-11-
18T11:59:14.081Z","@version":"1","host":"virtualubuntu","message":"hola","tags":[]}
```

7.2.3 Usando otros *plugins*: el *input plugin* de RSS

Ahora vamos a hacer algo más interesante al monitorizar los archivos RSS. RSS significa Really Simple Syndication y es un formato concebido para sindicar y compartir contenidos que se actualizan periódicamente en la Web. Esta información puede ser monitorizada usando una fuente RSS que no tiene que estar vinculada a nuestra experiencia de navegación.

Los archivos RSS son archivos XML. Por lo tanto, están etiquetados con etiquetas de apertura y cierre que hacen que estos archivos sean fáciles de leer tanto para las máquinas como para los humanos. El siguiente es un archivo RSS de ejemplo que incluye un canal con sus diferentes atributos almacenados, incluido el título del canal, la descripción y los diferentes elementos (en este caso, las publicaciones). Si bien existe una gran cantidad de complementos que se pueden encontrar en los documentos, como hemos dicho antes, Logstash fue concebido teniendo en cuenta la modularidad y es fácilmente extensible.

7.2.3.1 Instalación de un nuevo *plugin*

Para recopilar las publicaciones más recientes en un sitio web determinado, usaremos el complemento de entrada rss{}[82]. De todos modos, los pasos de instalación son bastante sencillos si estás en la carpeta logstash-7.5.0/bin.

```
$ ./logstash-plugin install logstash-input-rss
```

[82] Elastic, *Rss input plugin*, versión 3.0.5, Multiplataforma, Ruby, 2018, https://www.elastic.co/guide/en/logstash/current/plugins-inputs-rss.html.

sample-rss.xml

```xml
<?xml version="1.0" encoding="UTF-8" ?>
<rss version="2.0">
    <channel>
        <title>RSS Title</title>
        <description>This is an example of an RSS feed</description>
        <link>http://www.example.com/main.html</link>
        <lastBuildDate>Mon, 06 Sep 2010 00:01:00 +0000 </lastBuildDate>
        <pubDate>Sun, 06 Sep 2009 16:20:00 +0000</pubDate>
        <ttl>1800</ttl>

        <item>
            <title>Example entry</title>
            <description>Here is some text containing an interesting description.</description>
            <link>http://www.example.com/blog/post/1</link>
            <guid isPermaLink="true">7bd204c6-1655-4c27-aeee-53f933c5395f</guid>
            <pubDate>Sun, 06 Sep 2009 16:20:00 +0000</pubDate>
        </item>

    </channel>
</rss>
```

7.2.3.2 Configuración de Logstash para conseguir información desde un feed de RSS

Una vez que se haya instalado el complemento, podremos usarlo como un nuevo complemento de entrada. El ejercicio 4 de la página siguiente es un ejemplo. Como de costumbre, necesitaremos iniciar nuevamente la aplicación usando el indicador -f del archivo binario Logstash correspondiente. El resultado que obtendremos en el terminal incluirá la información extraída del archivo RSS con la marca de tiempo y el nombre del *host* como se esperaba.

```
$ ./logstash -f ejer4.conf
```

Sin embargo, podemos confirmar que falta mucha información, como el título, la descripción y el resto de los metadatos. A continuación, se muestra una salida de muestra del archivo que contiene la información recuperada por el complemento. En este archivo, podemos ver cómo cada parte del archivo XML se ha mapeado en un JSON, por lo que es fácil de leer y fácil de usar.

```
                                                              ejer4.conf
input {
    rss {
        # The URL address of the XML file, in this case, a Spanish newspaper
        url => "http://estaticos.elmundo.es/elmundo/rss/portada.xml"
        # This reflects the amount of seconds to wait till the next iteration
        interval => 10
    }
}

output {
    # File will store the information in the given rss.txt file
    file {
        path => "/home/ubuntu/Descargas/logstash-5.0.1/bin/rss.txt"
    }
    # Convenient for logging purposes
    stdout {
    }
}
```

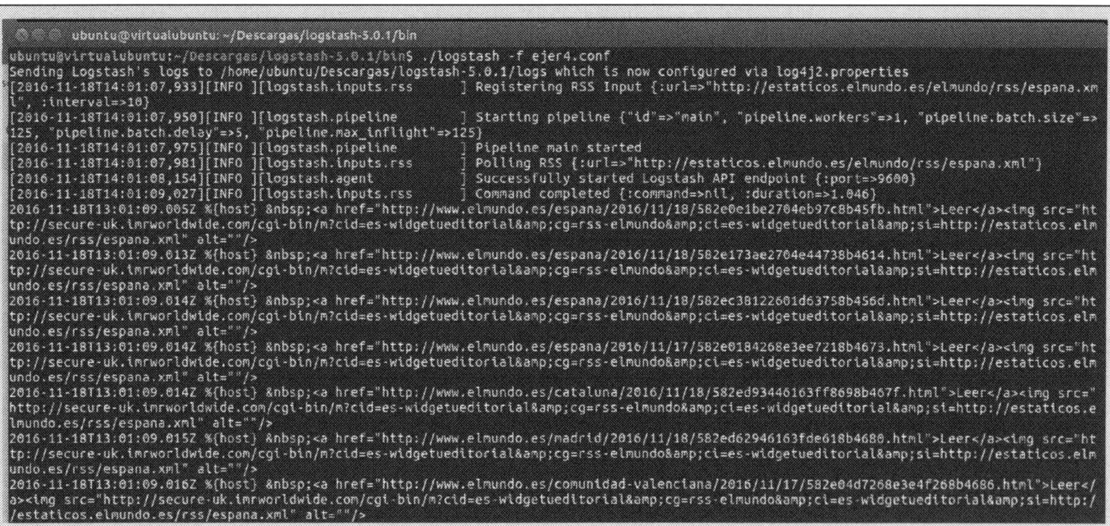

Figura 84. Mensajes logueados en la terminal tras la recolección realizada de una fuente RSS.

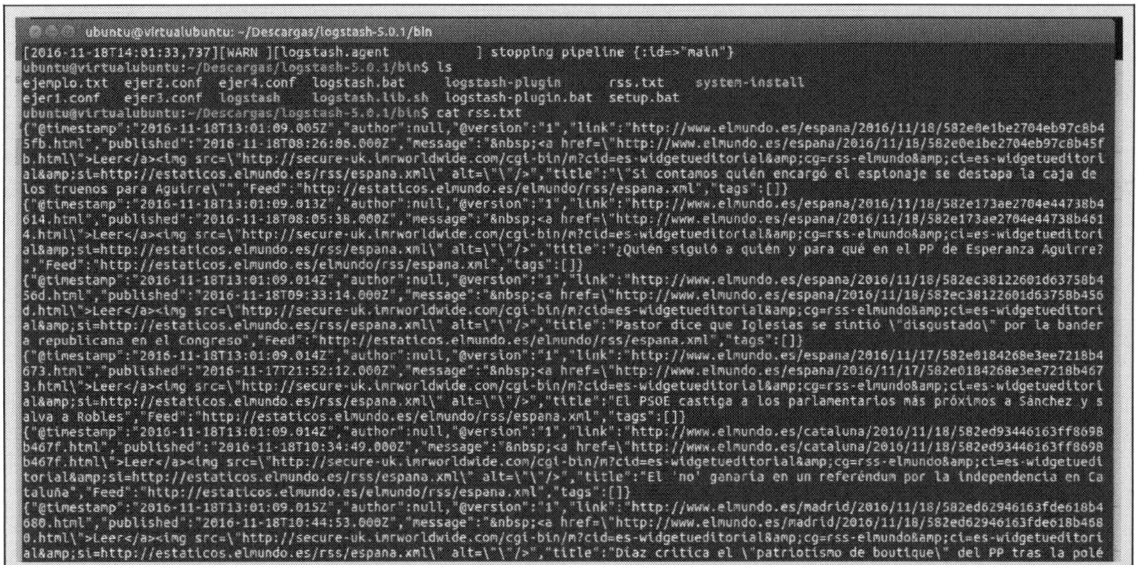

Figura 85. Visualización de la salida obtenida tras el proceso de recolección de archivos RSS de EL MUNDO. Se puede comprobar que la estructura de los ficheros de salida es un JSON.

Como puede observar, este enfoque todavía tiene algunos problemas: el complemento RSS está consultando la dirección URL determinada una vez cada 10 segundos. Este problema surge porque la solicitud no es una solicitud inteligente capaz de disfrazar qué eventos ya se han tomado y cuáles no. En este caso, sería nuestra tarea resolver este problema.

7.2.4 Manejo de archivos

Logstash presenta la ventaja de que si por cualquier circunstancia fallara, es capaz de recordar en qué punto del proceso se encontraba antes del incidente. Sin embargo, si queremos volver a indexar todos los archivos desde el principio, tendremos que agregar un nuevo parámetro al *plugin* file{}: el parámetro start_position => "beginning", con el que indicaremos que queremos que empiece desde el principio. Al indicarlo de esta manera, la aplicación comenzará desde el comienzo de cada uno de los archivos monitorizados en lugar de simplemente buscar nuevos cambios.

Al mismo tiempo, es posible que necesitemos eliminar los archivos temporales creados por Logstash para recordar la posición a la que llegó antes de bloquearse o cerrarse. Estos archivos de punto de control generalmente se crean de forma predeterminada en una de las carpetas de datos de Logstash (anteriormente, esta información se almacenaba directamente en la /home del usuario, por ejemplo en /home/ubuntu en instalaciones estándar de Ubuntu). Podemos encontrar estos archivos de la siguiente manera (recuerde que los archivos que comienzan con un «.» son archivos ocultos).

```
$ cd logstash-7.5.0
$ cd data
$ ls
plugins
$ cd plugins
$ ls
input
$ cd input
$ ls
file
$ cd file
$ ll
-rw-rw-r-- 1 ubuntu ubuntu   791 nov 28 08:36 .sincedb_b157e06978e7946edb3...79
```

Eliminarlos no sería complicado si utilizamos el comando rm de la terminal.

```
$ cd logstash-5.0.1/data/plugins/file
$ ll
-rw-rw-r-- 1 ubuntu ubuntu   791 nov 28 08:36 .sincedb_b157e06978e7946edb3...79
$ rm .sincedb_*
```

Para lanzamientos futuros, podemos agregar algunos parámetros adicionales al complemento file{} para indicarle que realice un seguimiento de los archivos almacenados en esa carpeta (incluso para los más antiguos): ignore_older => false. Si no se proporciona explícitamente esta opción, los archivos que serán procesados serán aquellos que solamente han sido recientemente modificados.

7.2.5 Recolección de información en tiempo real: el caso de uso con Twitter

Twitter es una de las redes sociales más relevantes. Su concepción como una forma de medir la popularidad de un evento o persona se ha vuelto tan notable que muchos casi lo consideran un indicador de facto de lo popular que es alguien o algo. La principal diferencia entre Twitter y otras redes sociales como Facebook es el hecho de que proporciona muchas maneras de facilitar la vida del programador cuando hablamos de monitorización mediante diferentes API (Application Programming Interface). Estas API son formas diferentes de exponer un recurso de una manera que es fácilmente recopilada por una aplicación. En otras palabras, es una forma de exponer datos o servicios de una forma que permite a otros desarrollar aplicaciones en nuestra información de forma escalable.

En este punto, tenemos que trazar la línea entre los dos tipos diferentes de API que existen: API REST, por un lado, y API Streaming, por otro lado. Los primeros son API que se centran en solicitar información (mediante su extracción) directamente del servicio. El programador solicita algo, y el servicio responde de una manera estándar bien definida, generalmente utilizando un formato JSON o XML. Restful API se define por los siguientes elementos:

- Una URL base donde se encuentra el servicio donde existen todas las llamadas de programación. Esto podría ser en la forma: http://api.example.com/api/v1/
- Un tipo de medio que define la manera en que se van a transmitir los diferentes elementos (por ejemplo, JSON, XML, CSV, etc.) para que el cliente sepa cómo procesar cada respuesta.
- Uno o varios métodos HTTP estándar como GET (se usa principalmente si el objetivo es recuperar información) pero se puede ampliar a PUT, POST, DELETE o OPTIONS dependiendo del caso de uso.

Sin embargo, el último enfoque, las API de *Streaming*, son una forma diferente de consumir la información. El desarrollador de la aplicación de terceros no es el que solicita la información, sino el servicio en sí mismo, el que envía la información a las aplicaciones de terceros que pueden estar escuchando. En consecuencia, este enfoque no se enfoca en exponer datos previos. Su valor proviene del hecho de que transmite la información tan pronto como la conoce. Desde el punto de vista de un desarrollador, esto es interesante cuando un servicio quiere brindarles a otros la posibilidad de saber lo que acaba de publicar en su sitio web como lo hace Twitter, por ejemplo, a través de su API de transmisión. Tenga en cuenta que, como la cantidad de información administrada por Twitter es demasiado, las empresas tienden a establecer límites a esto.

7.2.5.1 Obteniendo las API Keys de Twitter

Para que estas claves de desarrollo funcionen, deberá solicitarlas en la plataforma. Para lograrlo, deberá vincular su cuenta de Twitter con un número de teléfono, ya que Twitter requiere que sea así. Por lo tanto, si ya hemos vinculado nuestra cuenta a un número de teléfono móvil (siempre podemos verificar esto en la sección Configuración> Móvil de nuestro propio perfil), ahora podemos dirigirnos a la interfaz de aplicaciones en Twitter para configurar nuestra primera aplicación[83]. Es posible que tenga que destinar tiempo a explicar qué propósitos va a tener tu aplicación.

---

83 Twitter, Inc., «Twitter Developers», accedido 9 de enero de 2020, https://developer.twitter.com/en/apps.

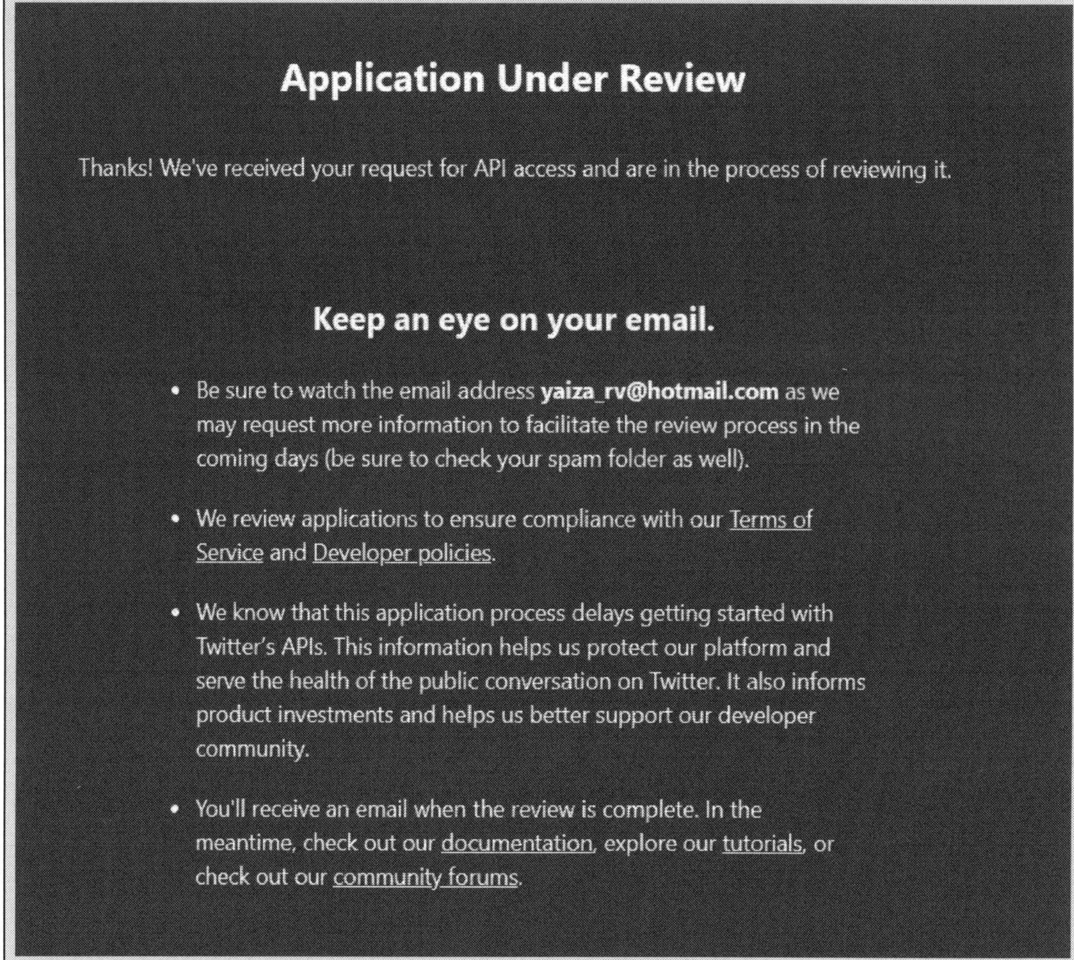

Manual de ciberinvestigación en fuentes abiertas: OSINT para analistas

> ### Application Under Review
>
> Thanks! We've received your request for API access and are in the process of reviewing it.
>
> ### Keep an eye on your email.
>
> - Be sure to watch the email address **yaiza_rv@hotmail.com** as we may request more information to facilitate the review process in the coming days (be sure to check your spam folder as well).
>
> - We review applications to ensure compliance with our Terms of Service and Developer policies.
>
> - We know that this application process delays getting started with Twitter's APIs. This information helps us protect our platform and serve the health of the public conversation on Twitter. It also informs product investments and helps us better support our developer community.
>
> - You'll receive an email when the review is complete. In the meantime, check out our documentation, explore our tutorials, or check out our community forums.

Figura 86. Después de haber confirmado el correo que te habrá llegado después de haber dado de alta tu aplicación, será necesario esperar a que sea autorizada por Twitter.

7.2.5.2 Preparando Logstash para recuperar información de Twitter

Ahora que acabamos de obtener nuestras claves API, tenemos que crear un nuevo archivo de API provistas de Twitter. Las claves de API son sus variables correspondientes y las palabras clave para monitorizar en un *array*. Podemos lanzar nuevamente la aplicación como hemos hecho hasta ahora.

```
$ ./logstash -f ejer5.conf
```

Después de iniciar la aplicación, podremos ver en el resultado estándar los mensajes que nuestra instancia de Logstash está recibiendo de Twitter. Incluyen los contenidos de los *tweets* enviados. Sin embargo, recibimos en segundo plano muchos más campos que el mensaje en sí, tal como lo define la documentación de la API de Twitter[84]. Como hemos mantenido el resultado del archivo, podremos ver en él toda la información recibida por el *plugin* de entrada.

ejer5.conf

```
input {
   twitter {
        consumer_key => "TODO"
        consumer_secret => "TODO"
        oauth_token => "TODO"
        oauth_token_secret => "TODO"
        keywords => ["Daesh", "Islamic State", "ISIS", "ISIL"]
    }
}
output {
    # File will store the information in the given tweets.txt file
    file {
        path => "/home/ubuntu/Descargas/logstash-5.0.1/bin/tweets.txt"
    }
    # Convenient for logging purposes
    stdout {
    }
}
```

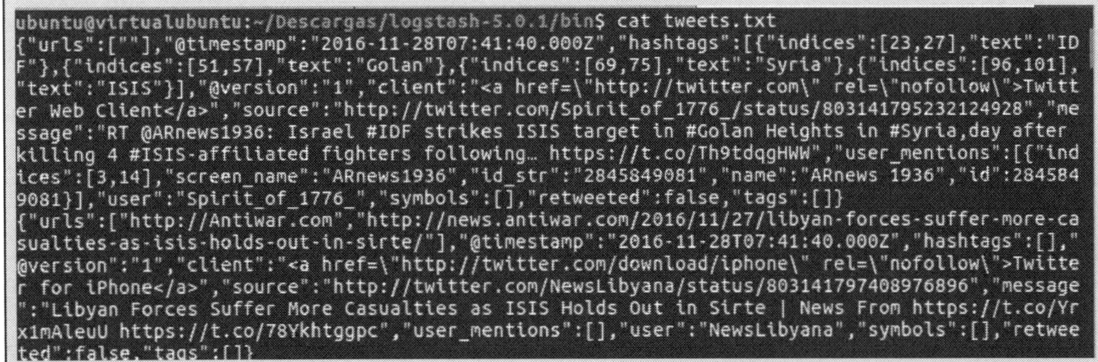

```
ubuntu@virtualubuntu:~/Descargas/logstash-5.0.1/bin$ cat tweets.txt
{"urls":[""],"@timestamp":"2016-11-28T07:41:40.000Z","hashtags":[{"indices":[23,27],"text":"IDF"},{"indices":[51,57],"text":"Golan"},{"indices":[69,75],"text":"Syria"},{"indices":[96,101],"text":"ISIS"}],"@version":"1","client":"<a href=\"http://twitter.com\" rel=\"nofollow\">Twitter Web Client</a>","source":"http://twitter.com/Spirit_of_1776_/status/803141795232124928","message":"RT @ARnews1936: Israel #IDF strikes ISIS target in #Golan Heights in #Syria,day after killing 4 #ISIS-affiliated fighters following… https://t.co/Th9tdqgHWW","user_mentions":[{"indices":[3,14],"screen_name":"ARnews1936","id_str":"2845849081","name":"ARnews 1936","id":2845849081}],"user":"Spirit_of_1776_","symbols":[],"retweeted":false,"tags":[]}
{"urls":["http://Antiwar.com","http://news.antiwar.com/2016/11/27/libyan-forces-suffer-more-casualties-as-isis-holds-out-in-sirte/"],"@timestamp":"2016-11-28T07:41:40.000Z","hashtags":[],"@version":"1","client":"<a href=\"http://twitter.com/download/iphone\" rel=\"nofollow\">Twitter for iPhone</a>","source":"http://twitter.com/NewsLibyana/status/803141797408976896","message":"Libyan Forces Suffer More Casualties as ISIS Holds Out in Sirte | News From https://t.co/Yrx1mAleuU https://t.co/78Ykhtggpc","user_mentions":[],"user":"NewsLibyana","symbols":[],"retweeted":false,"tags":[]}
```

Figura 87. Ejemplo de fichero de datos (tweets.txt) con información recuperada de Twitter.

84 Twitter, Inc., «Twitter Developer Labs», accedido 9 de enero de 2020, https://developer.twitter.com/en/labs.

Aunque hemos demostrado que podemos recopilar información de Twitter en tiempo real con poco esfuerzo, esto no es suficiente ya que no hemos hecho nada con eso, sino que mostramos la información. Un caso de uso más avanzado implicaría enviar la información a un archivo con el *plugin* output{}, pero la información no sería explorable y las métricas requerirían toneladas de esfuerzo adicional. Es por eso que ElasticSearch y Kibana existen.

7.3 Explorando las capacidades de ElasticSearch y Kibana

En el ejemplo anterior, acabamos de recopilar la información de Twitter y la imprimimos en la terminal. Para almacenar la información, podemos usar una instancia de ElasticSearch. Para lograr esto, tendremos que descargar e instalar ElasticSearch y Kibana.

7.3.1 Despliegue de ElasticSearch

Aunque hay varias maneras de instalar ElasticSearch[85] que van desde utilizar contenedores de Docker hasta los repositorios oficiales, en este manual optamos por la forma más sencilla de hacerlo al descomprimir el archivo .tar.gz. Esto nos permitirá entender bien las dependencias existentes entre estas tecnologías y conectarlas manualmente.

```
$ wget https://artifacts.elastic.co/downloads/elasticsearch/elasticsearch-7.5.0-linux-x86_64.tar.gz
$ tar -xvf elasticsearch-7.5.0.tar.gz
```

Una vez que la aplicación ha sido descomprimida, tendremos que navegar a la carpeta bin correspondiente. Como vemos, la estructura de todos los proyectos es muy similar, algo que hace que nuestras vidas sean un poco más fáciles.

```
$ cd elasticsearch-7.5.0/bin
$ ls
elasticsearch              elasticsearch-service-mgr.exe
elasticsearch.bat          elasticsearch-service-x64.exe
elasticsearch.in.bat       elasticsearch-service-x86.exe
elasticsearch.in.sh        elasticsearch-systemd-pre-exec
elasticsearch-plugin       elasticsearch-translog
elasticsearch-plugin.bat   elasticsearch-translog.bat
elasticsearch-service.bat
```

Ahora podemos ejecutar *./elasticsearch* para iniciar la instancia de ElasticSearch en el puerto predeterminado (en este caso, 9200).

---

85 Elastic, *Elasticsearch*, versión 7.5.1, Java, accedido 9 de enero de 2020, https://www.elastic.co/es/products/elasticsearch.

Otro aviso para los usuarios de Windows

Si eres usuario de Windows, debes tener en cuenta que ElasticSearch también necesita JRE. Un mensaje de error típico que muestra esto es el siguiente:

```
## JVM configuration

###################################################################
## IMPORTANT: JVM heap size
###################################################################
##
## You should always set the min and max JVM heap
## size to the same value. For example, to set
## the heap to 4 GB, set:
##
## -Xms4g
## -Xmx4g
##
## See https://www.elastic.co/guide/en/elasticsearch/reference/current/heap-size.html
## for more information
##
###################################################################

# Xms represents the initial size of total heap space
# Xmx represents the maximum size of total heap space

-Xms2g
-Xmx2g
```

Para solucionarlo, has de instalar primero Java como se hizo anteriormente y comprobar si esta está configurada correctamente escribiendo java -version en la terminal. Sin embargo, instalar JDK 1.8 puede no ser suficiente. Es posible que deba editar algunas variables Java Virtual Machine como Xms y Xmx en el archivo elasticsearch-7.x.x / config / jvm.options (recomendamos que abrirlo con Notepad++ o Wordpad). En máquinas convencionales Windows nos ha sido normalmente suficiente con cambiar los parámetros encontrados en las líneas 22 y 23 de -Xms2g a -Xms500m y -Xmx2g a -Xmx500m g. Ahora ya puedes guardar el archivo y reiniciar ElasticSearch relanzando elasticsearch.bat.

Para confirmar si este proceso se ha llevado a cabo adecuadamente, podemos visitar la URL del proyecto ElasticSearch en http://localhost:9200 utilizando nuestro navegador preferido. También podemos usar curl desde la línea de comando para obtener una respuesta JSON similar a la siguiente:

```
$ curl http://localhost:9200
{
  "name" : "DA2Vqdf",
  "cluster_name" : "elasticsearch",
  "cluster_uuid" : "Z0f6V2SWRfqZ1vLWa_ZRJQ",
  "version" : {
    "number" : "5.0.1",
    "build_hash" : "080bb47",
    "build_date" : "2016-11-11T22:08:49.812Z",
    "build_snapshot" : false,
    "lucene_version" : "6.2.1"
  },
  "tagline" : "You Know, for Search"
}
```

7.3.2 Despliegue de Kibana

Una vez desplegado ElasticSearch, necesitamos una herramienta más usable que la expuesta en formato JSON. Afortunadamente, Kibana[86] es una herramienta que se basa en estas respuestas para proporcionar a los usuarios finales una herramienta fácil de implementar para crear cuadros de mando y análisis.

Dejando ElasticSearch funcionando en una terminal, estamos abriendo una nueva pestaña de terminal para descargar y descomprimir archivos Kibana. Para hacerlo, podemos usar un par de comandos:

```
$ wget https://artifacts.elastic.co/downloads/kibana/kibana-7.5.0-linux-x86_64.tar.gz
$ tar -xvf kibana-7.5.0-linux-x86_64.tar.gz
```

Una vez descomprimida, tenemos que navegar a la carpeta correspondiente donde se almacenan los binarios:

```
$ cd kibana-7.5.0-linux-x86_64.tar.gz
$ cd bin
$ ls
kibana    kibana-plugin
```

A partir de ahí, podemos lanzar el servicio Kibana de forma manual como ya lo hemos hecho con otros proyectos. Después de unos segundos, podremos acceder al servidor de Kibana recientemente creado en el puerto 5601 de forma predeterminada.

```
$ ./kibana
```

Para acceder a él, ahora podemos apuntar nuestro navegador a http://localhost:5601. Estamos a un par de clics de tener acceso a la información recopilada de una nueva manera.

---

86 Elastic, *Kibana*, versión 7.5.1, Java, accedido 9 de enero de 2020, https://www.elastic.co/es/products/kibana.

7.3.3 Indexación de *tweets* con ElasticSearch

Una vez que hayamos desplegado las máquinas, podemos actualizar nuestro archivo de configuración Logstash para enviar los datos a ElasticSearch. De hecho, el proceso es realmente fácil, ya que el complemento elasticsearch{} hará la mayor parte del trabajo para nosotros si no hemos tocado la configuración predeterminada de ambas máquinas. La ubicación predeterminada es localhost y el puerto predeterminado es 9200[87].

```
                                                                    ejer6.conf
input {
   twitter {
        consumer_key => "TODO"
        consumer_secret => "TODO"
        oauth_token => "TODO"
        oauth_token_secret => "TODO"
        keywords => ["Daesh", "Islamic State", "ISIS", "ISIL"]
   }
}
output {
    # Send the information to
    elasticsearch {
    }
    # Convenient for logging purposes
    stdout {
    }
}
```

Una vez que nuestro nuevo archivo de configuración de Logstash esté listo, ahora podemos iniciarlo como de costumbre.

```
$ ./logstash -f ejer6.conf
```

Una vez que Logstash se está ejecutando, la información se muestra en el terminal pero, al mismo tiempo, se está enviando un ElasticSearch y, por lo tanto, también se puede acceder a ella desde Kibana.

7.3.4 Explorando la información recolectada con Kibana

Por lo tanto, acabamos de recopilar la información con Logstash desde Twitter, la hemos mostrado en el resultado estándar y la hemos enviado a ElasticSearch. ¿Cómo podemos buscar información en los datos recopilados? Kibana nos va a ayudar ahora.

---

[87] *Elasticsearch output plugin*, versión 10.2.3, Ruby, 2019, https://www.elastic.co/guide/en/logstash/current/plugins-outputs-elasticsearch.html.

7.3.4.1 Configuración de los patrones de indexación

En primer lugar, debemos tener en cuenta que acabamos de enviar la información a ElasticSearch sin utilizar parámetros en el archivo de configuración. Si consideramos que hoy es el 25 de diciembre de 2016, la información enviada se indexa en un índice llamado logstash-2016.12.25. Una vez que hayamos saltado al 26, Logstash establecerá automáticamente el nombre del índice en logstash-2016.12.26. Este comportamiento se define de forma predeterminada, pero podríamos haber definido otro nombre de índice estableciendo este atributo en Logstash. Por ejemplo, escribiendo index => "socialnetworks-v1-twitter" en el complemento de salida elasticsearch{}.

Lo que es importante es que esto es útil si queremos controlar la cantidad de datos que queremos buscar. Si queremos buscar información que coincida con los índices nombrados después de logstash-* simplemente tendremos que agregar esa expresión como patrón de índice. Eso coincidiría con cualquier índice nombrado como se mencionó anteriormente, pero también con cualquier otro índice del estilo logstash-whatever y así sucesivamente.

En nuestro ejemplo, solo tendremos un índice por lo que la salida se verá como se recoge en la figura que sigue a estas líneas, enumerando todos los campos identificados en los índices que cumplen ese patrón.

7.3.4.2 Pestaña de descubrimiento

Después de configurar Kibana para identificar nuestros índices, ahora podemos comenzar el proceso de descubrir nueva información por nuestra cuenta. Para hacerlo, vamos a echar un vistazo a la pestaña Descubrir a la izquierda. Allí podremos seleccionar qué patrón de índice queremos explorar (en nuestro caso, logstash-*, es decir, cualquier índice que respete esa estructura, pero podríamos tener bastantes índices adicionales). En la barra de búsqueda podremos realizar varias búsquedas en los diferentes campos de los datos almacenados.

La fuerza de Kibana es que aprovecha las capacidades de ElasticSearch para realizar búsquedas de texto completo en los campos indexados. Entre los diferentes tipos de búsquedas que podemos realizar, podemos encontrar lo siguiente.

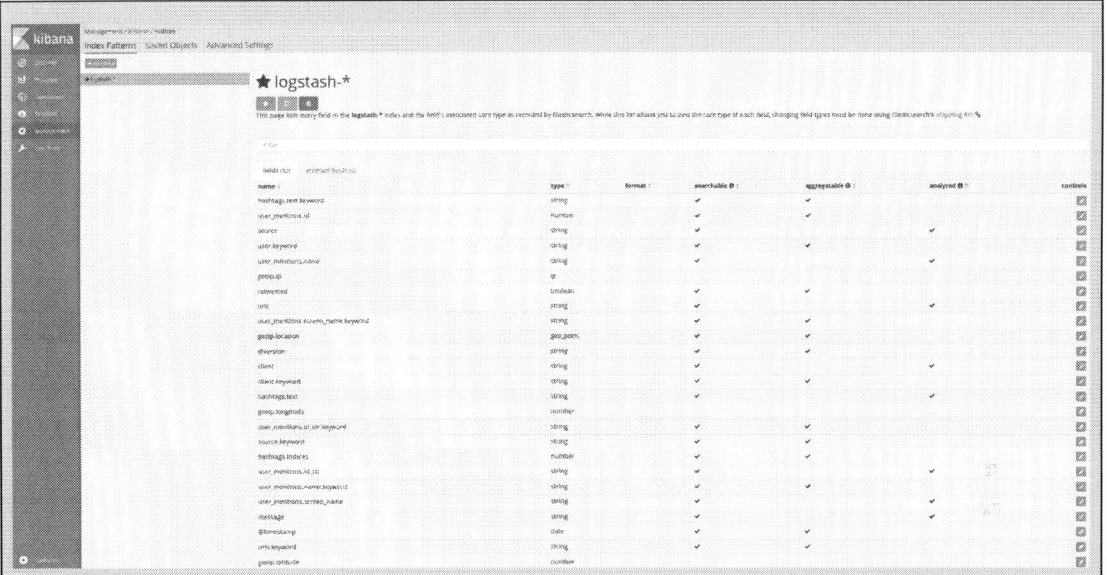

Figura 88. Lista de campos identificados por Kibana a partir del patrón logstash-*. En nuestro ejemplo, estos campos son solo los recopilados de la API de Twitter, ya que esta es la única fuente utilizada.

- Para encontrar el texto literal Stella en cualquiera de los campos indexados por ElasticSearch, podemos hacerlo directamente tecleando la palabra:

```
Stella
```

- Para encontrar el texto Columbia Place, podemos escribirlo literalmente:

```
Columbia Place
```

- Sin embargo, los resultados incluirán cualquier contenido en el que aparezcan estas palabras, lo que puede introducir algunos resultados positivos falsos si las palabras proporcionadas son palabras comunes. Este ejemplo, es el típico en el que deberíamos optar por la búsqueda literal citando con "":

```
"Columbia Place"
```

- Para obtener resultados que coincidan con ciertas expresiones e incluir otros resultados que contengan el texto, podemos aprovechar el uso de comodines. En los ejemplos a continuación, el ? coincidirá con cualquier carácter que conduzca a resultados que

Manual de ciberinvestigación en fuentes abiertas: OSINT para analistas

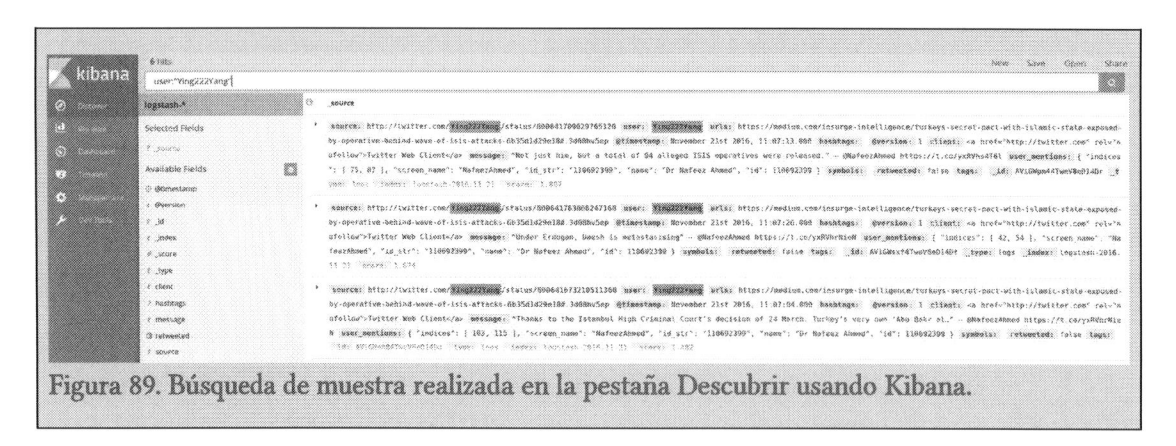

Figura 89. Búsqueda de muestra realizada en la pestaña Descubrir usando Kibana.

contengan los términos HACK, pero también HOOK, HECK, etc. El uso de * es más flexible y coincidirá con cualquier expresión que conduzca a resultados como HACK, HACKER, HACKERS, HACKTIVISM, HACKING, HACKED, etc.

```
H??K
HACK*
```

❖ Para anidar algunas consultas y restringirlas más, también podemos hacer uso de operadores booleanos y paréntesis. Los típicos son OR y AND.

```
("Columbia Place" OR "Friel Place")
("Columbia Place" AND HACK*)
```

❖ Una de las cosas más interesantes de Kibana es lo fácil que es limitar la búsqueda a filtros específicos. Con una sintaxis similar a la que conocemos como Google Dorks, podemos limitar las búsquedas a campos específicos en lugar de dejar que la aplicación busque en todo el campo. Por ejemplo, tal vez deseemos buscar información que mencione al Sr. Johnson, pero queremos forzar que el término aparezca en el apellido.

```
lastname:Johnson
```

También podemos limitar la búsqueda según los valores de diferentes campos para obtener solo los resultados de las personas que hablan un idioma determinado en un lugar concreto.

```
lang:en
```

Capítulo 7: La pila ELK

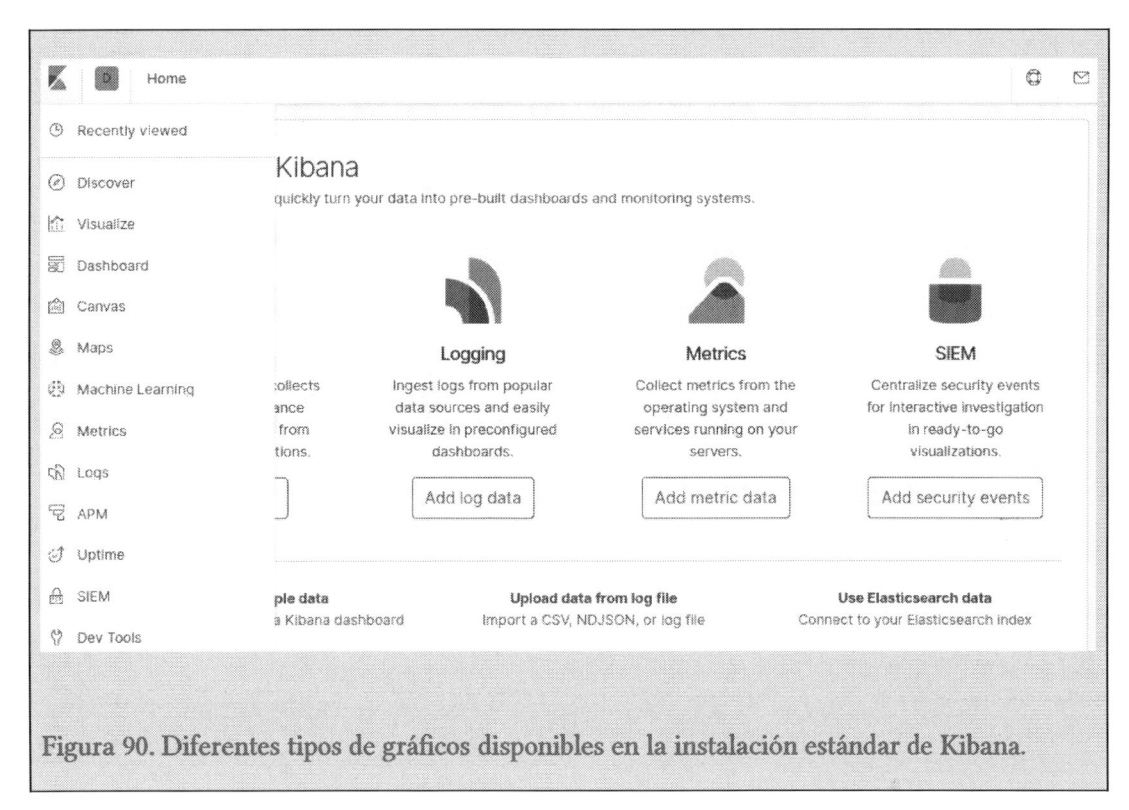

Figura 90. Diferentes tipos de gráficos disponibles en la instalación estándar de Kibana.

7.3.4.3 Visualización

Las capacidades de exploración de Kibana son agradables. Sin embargo, a veces lo que el analista necesita es una herramienta para mostrar lo que es importante sobre los datos recopilados. Para lograr este objetivo, podemos contar con visualizaciones de Kibana para construir varios diagramas, como gráficos circulares, gráficos de barras, histogramas, líneas de tiempo, mapas o contadores, entre otros, como podemos ver en la figura a continuación.

Después de hacer clic en el gráfico circular, se nos pedirá un cuadro de diálogo en el que el sistema nos preguntará si queremos presentar datos centrados en una nueva búsqueda o en búsquedas anteriores. Como no hemos creado a nadie, elegiremos el primero. Después de seleccionar el primer índice, aparecerá un gráfico circular simple, que nos permitirá configurar los parámetros y las agregaciones en el panel izquierdo.

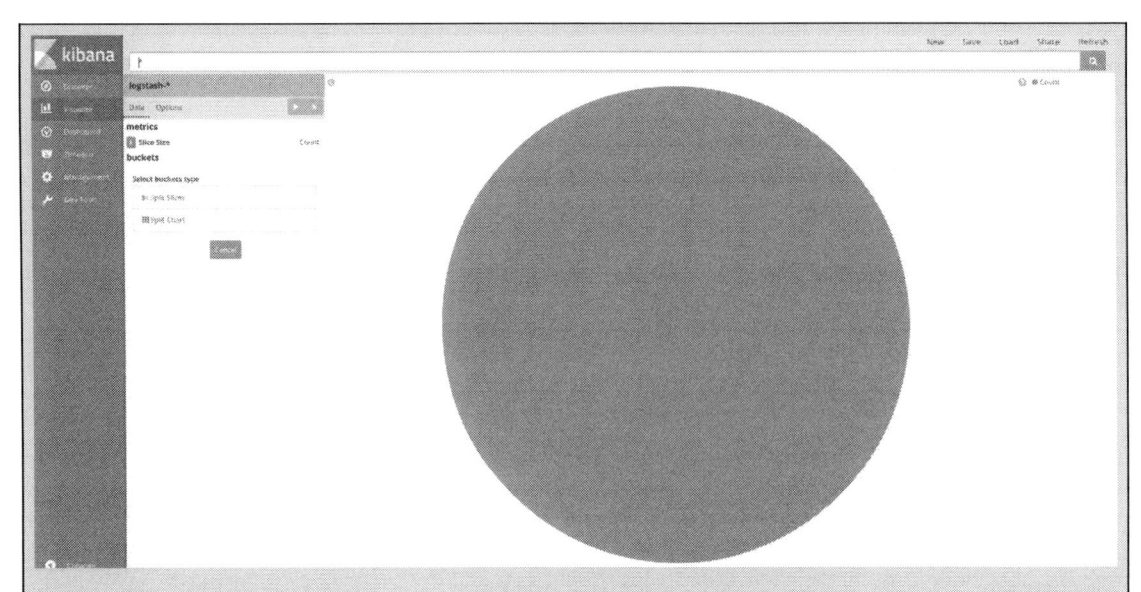

Manual de ciberinvestigación en fuentes abiertas: OSINT para analistas

Figura 91. Captura de pantalla de un diagrama de gráfico circular recientemente creado antes de dividirlo en varias secciones.

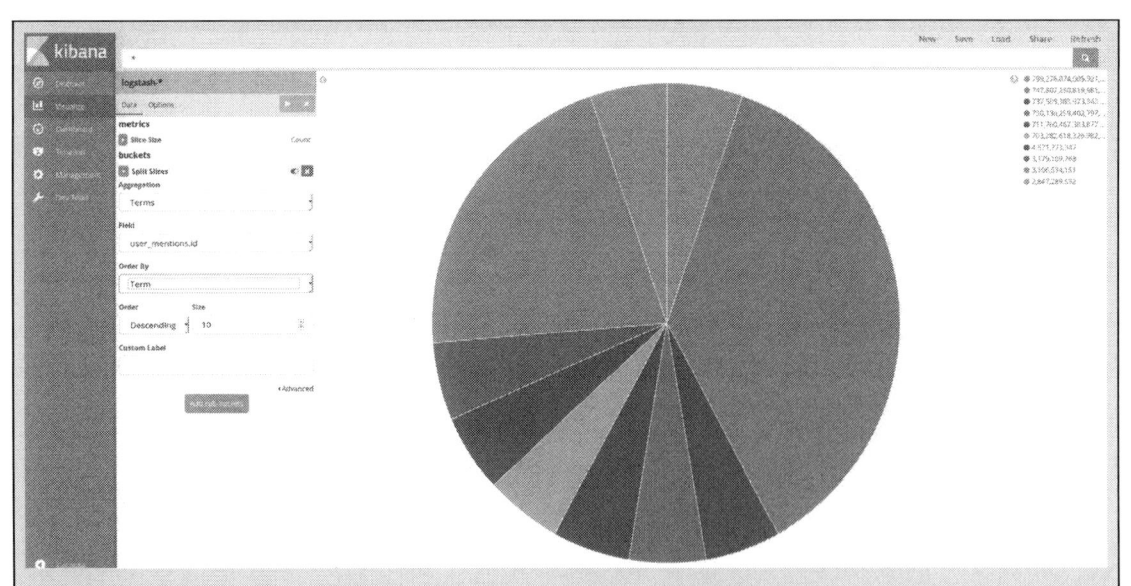

Figura 92. Ejemplo de un gráfico circular que muestra los 10 usuarios de Twitter más activos agrupados por id.

Sin embargo, la vista predeterminada de la Figura 91 no es demasiado útil. Para explorarlo, tendremos que dividirnos en varios sectores dependiendo de los datos. Un primer ejemplo puede ser uno en el que dividimos el pastel en diferentes sectores dependiendo del volumen de *tweets* realizados por los usuarios más activos. Para hacerlo, haremos clic en Split Slices, seleccionaremos el tipo de agregación como Términos (para agrupar los valores en un campo dado) y seleccionaremos user_mentions.id como el campo que se usará. En el espacio para el número de sectores, el valor será 10 si queremos mostrar solo los 10 usuarios más activos. Al hacerlo, veremos algo parecido a la Figura 92.

Estos gráficos son buenos por sí solos, pero son aún más potentes si se combinan con otras visualizaciones. Para guardarlo por ahora y reutilizarlo más tarde, necesitaremos presionar el botón Guardar en la parte superior derecha de Kibana. Aunque acabamos de crear un gráfico circular simple, hay otras opciones que también podemos encontrar interesantes y con las que vale la pena jugar:

- Contadores. Útil para contar elementos que coinciden con algunas condiciones dadas. Su representación es solo un número o dos.

- Gráficos de barras verticales. Estos cuadros generalmente se usan para mostrar histogramas y para comparar el número de elementos que satisfacen ciertas condiciones.

- Gráficos de líneas. Estos se utilizan generalmente para mostrar la evolución de algunos valores a lo largo del tiempo.

- Mapas. Estos *widgets* te permiten representar los datos en un mapa. Solo pueden operar con datos que incluyen al menos un atributo de geopunto con latitud y longitud.

- Texto de reducción. Estos *widgets* son *widgets* de reducción que el analista puede usar para guiar al lector en el tablero explicando el propósito de algunas visualizaciones o brindando alguna información contextual.

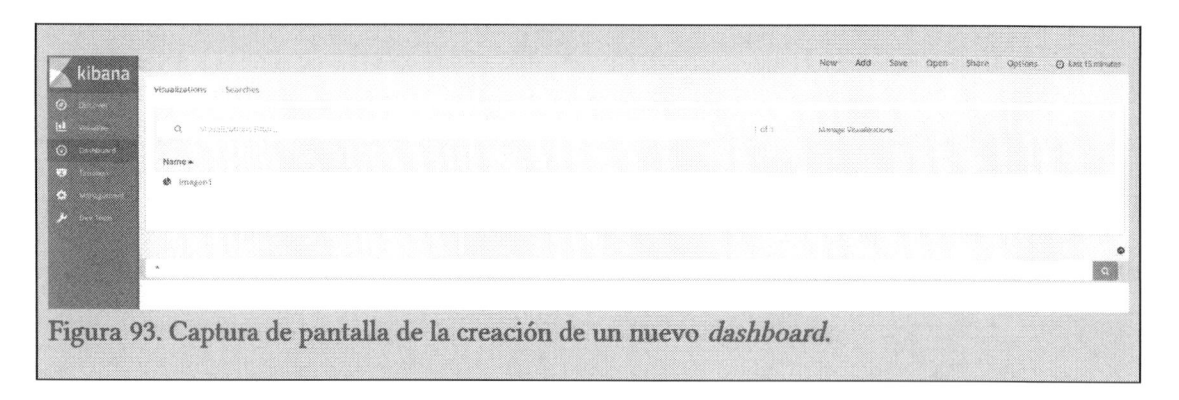

Manual de ciberinvestigación en fuentes abiertas: OSINT para analistas

Figura 93. Captura de pantalla de la creación de un nuevo *dashboard*.

No necesitamos explorarlos todos por el momento, pero es importante que sepamos que existen de forma nativa en Kibana. De todos modos, la comunidad de Kibana está trabajando en nuevos complementos.

7.3.4.4 *Dashboards* de Kibana

Aunque las visualizaciones son solo un buen punto de partida para mostrar lo que está sucediendo, los paneles son mucho más útiles porque nos permitirán combinar varias visualizaciones en una vista individual. Si ya tenemos algunas visualizaciones creadas, podríamos agregarlas a un nuevo tablero. Recuerde guardarlos como se dijo en secciones anteriores.

El objetivo de realizar *dashboards* es dejar en un solo lugar varias visualizaciones. El siguiente panel es un ejemplo de lo que podemos incluir en un panel al incluir un *widget* de marcado para mostrar información para los recién llegados, un par de *widgets* de métricas para mostrar el saldo promedio de las cuentas recopiladas y la edad promedio, dos tartas diferentes gráficos divididos en varias partes para generar datos anidados y un gráfico de barras verticales para mostrar los estados con mayores saldos promedio.

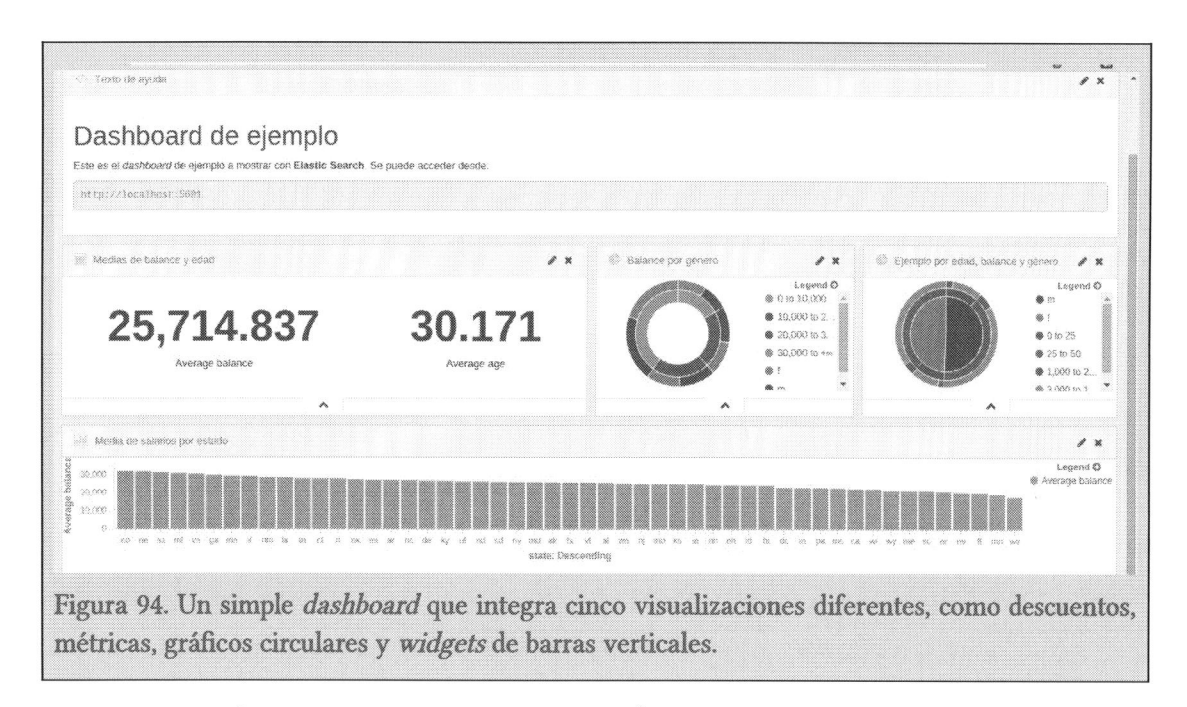

Figura 94. Un simple *dashboard* que integra cinco visualizaciones diferentes, como descuentos, métricas, gráficos circulares y *widgets* de barras verticales.

7.4 Caso de uso: monitorización de grupos y canales de Telegram

Telegram es una aplicación de mensajería vinculada a un número de teléfono que ha sido una de las principales alternativas a otras aplicaciones populares de mensajería como WhatsApp o Hangouts, entre otras. Originalmente se ha posicionado como una alternativa segura a otras aplicaciones de mensajería mediante la promoción de herramientas para implementar cifrado de extremo a extremo, privacidad y otras formas de explorar la comunicación, como grupos, supergrupos, canales, *bots* y, más recientemente, incluso juegos.

Vamos a usar las capacidades de Logstash para monitorizar las conversaciones en Telegram. Para hacer esto, implementaremos un cliente de Windows (Pidgin) y un complemento para administrar una cuenta de Telegram desde el escritorio.

7.4.1 Requerimientos de instalación

Aunque la instalación es bastante sencilla, se necesitarán algunos pasos diferentes según el sistema operativo. Instalación para usuarios de Windows y Linux.

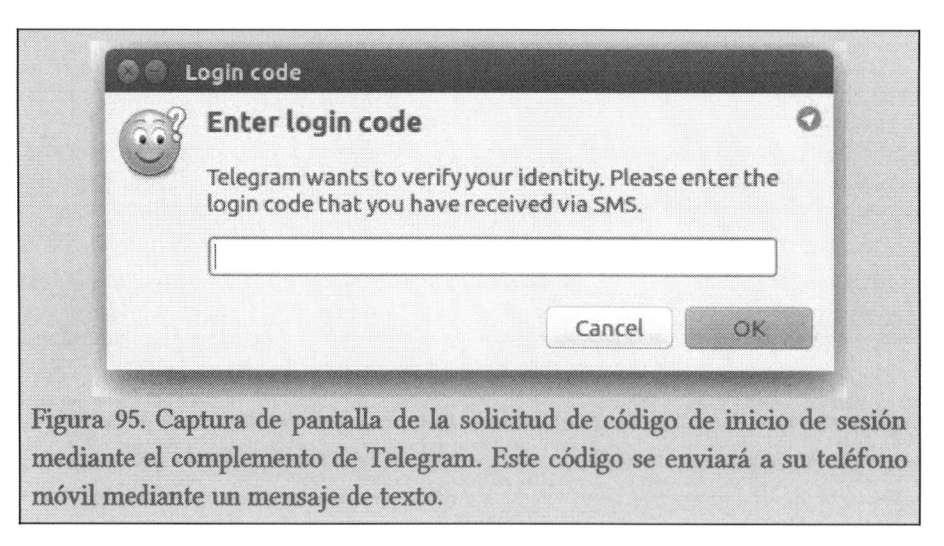

Figura 95. Captura de pantalla de la solicitud de código de inicio de sesión mediante el complemento de Telegram. Este código se enviará a su teléfono móvil mediante un mensaje de texto.

7.4.1.1 Linux

Antes que nada, instalaremos la aplicación de mensajería. En Ubuntu 16.04, podremos instalar la aplicación directamente desde los repositorios oficiales:

```
$ sudo apt-get install pidgin
```

Desafortunadamente, la extensión de Telegram para Pidgin no se puede instalar desde los repositorios oficiales de Ubuntu o Debian. Nos vemos obligados a instalarlo de fuentes como se indica en el proyecto Github.

```
$ git clone --recursive https://github.com/majn/telegram-purple
$ cd telegram-purple
```

Ahora, tenemos que resolver dependencias descargando paquetes que necesitan la aplicación. En Ubuntu, podemos usar apt-get:

```
$ sudo apt-get install libgcrypt20-dev libpurple-dev libwebp-dev gettext
```

Una vez resueltos, vamos a compilar el código fuente de la aplicación. El proceso podría tomar algunos minutos:

```
$ ./configure
$ make
$ sudo make install
```

Después de todo, tendremos la aplicación instalada con el complemento Telegram, lista para las primeras pruebas a continuación.

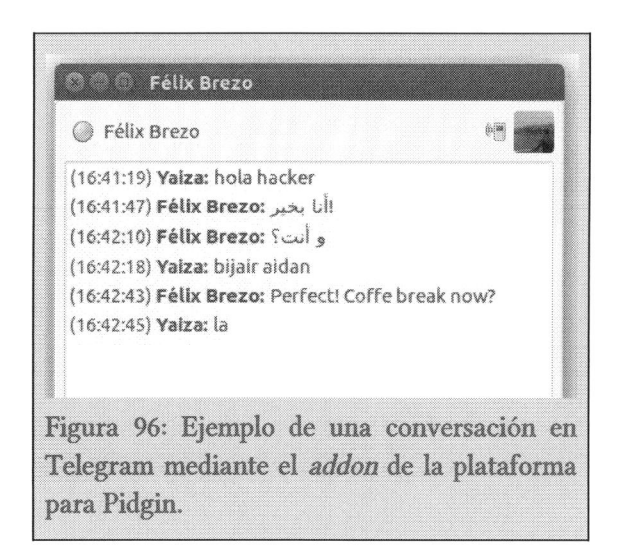

Figura 96: Ejemplo de una conversación en Telegram mediante el *addon* de la plataforma para Pidgin.

7.4.2 Configuración de un perfil de Telegram

Una vez que las aplicaciones se han instalado, podemos ejecutar la aplicación y crear un nuevo perfil en el cliente de Pidgin vinculado a una sesión de Telegram. Tendremos que agregar una nueva cuenta desde la Cuenta -> Gestionar cuentas. Recuerde que deberá proporcionar el número de teléfono móvil con el código de país como nombre de usuario después de seleccionar el protocolo de Telegram. Una vez configurado, recibirá un SMS para vincular el perfil recientemente creado a su sesión de Telegram. Al insertarlo en el cuadro de diálogo correspondiente, vinculará ambas sesiones. En la lista de amigos, podremos ver todos los grupos, canales y conversaciones de la cuenta y al hacer clic en ellos, podremos chatear con los diferentes contactos como si estuviéramos en una aplicación normal de Telegram.

7.4.3 Monitorización de *logs* de Telegram

La diferencia es que al usar una sola aplicación, podremos almacenar registros de diferentes tipos de conversaciones. Los registros de Telegram se almacenan de forma predeterminada en la carpeta de registros como sucede con las conversaciones que se han realizado con otros protocolos como XMPP o IRC:

```
# The path is: ~/.purple/logs/telegram/%2b[<COUNTRY_CODE>][NUMBER]/
$ cd
$ pwd
/home/ubuntu
$ cd .purple/logs/telegram/%2b[<COUNTRY_CODE>][NUMBER]/
```

Si ingresamos en ese directorio, podremos ver las conversaciones en las que nuestra cuenta ha participado en diferentes carpetas. Por un lado, podemos encontrar carpetas que terminan en .chat. Estas son conversaciones pertenecientes a un grupo o un canal. Por otro lado, hay otras carpetas que no terminan en la extensión .chat. Estas carpetas están almacenando conversaciones privadas con otros usuarios. En el interior, podemos encontrar diferentes archivos HTML que almacenan los registros. Estos registros son los que nos interesarán indexar.

```
                                              2016-11-28.132219+0100CET.html
<html><head><meta http-equiv="content-type" content="text/html; charset=UTF-
8"><title>Conversation with Yaiza at lun 28 nov 2016 13:22:19 CET on +34695xxxxxx
(telegram)</title></head><body><h3>Conversation with Yaiza at lun 28 nov 2016
13:22:19 CET on +34695xxxxxx (telegram)</h3>
<font color="#A82F2F"><font size="2">(21/11/16 16:41:20)</font>
<b>Yaiza:</b></font> hola hacker<br/>
<font color="#16569E"><font size="2">(21/11/16 16:41:47)</font> <b>Félix
Brezo:</b></font> أنا بخير!<br/>
<font color="#16569E"><font size="2">(21/11/16 16:42:10)</font> <b>Félix
Brezo:</b></font> وأنت؟<br/>
<font color="#A82F2F"><font size="2">(21/11/16 16:42:19)</font>
<b>Yaiza:</b></font> bijair aidan<br/>
<font color="#16569E"><font size="2">(21/11/16 16:42:43)</font> <b>Félix
Brezo:</b></font> Perfect! Coffee break now?<br/>
<font color="#A82F2F"><font size="2">(21/11/16 16:42:46)</font>
<b>Yaiza:</b></font> la<br/>
```

Al mismo tiempo, también podremos ver las imágenes enviadas de esa conversación en esa carpeta. Sin embargo, otros archivos transferidos se pueden encontrar en otra carpeta llamada:

```
# The path is: ~/.purple/telegram-purple/+[COUNTRY_CODE][NUMBER]/downloads
$ cd
$ pwd
/home/ubuntu
$ cd .purple/telegram-purple/+[COUNTRY_CODE][NUMBER]/downloads
```

7.4.4 Procesamiento de *logs* y almacenamiento

Como hemos visto, los archivos almacenados son archivos de texto sin formato. Para supervisar la información que generará el complemento, podemos utilizar algunos complementos que ya hemos utilizado en el pasado: el complemento de entrada de file{} y el complemento de salida elasticsearch{}. La idea es obtener todos los archivos nuevos generados por Pidgin y su *plugin* de Telegram (todos ellos, que terminan en .html) y enviarlos a nuestra propia infraestructura. Para hacerlo, necesitamos conocer algunos aspectos para configurar apropiadamente nuestra instancia.

7.4.4.1 Usando el *input plugin* file{}

El *plugin* file{}[88] se encargará de recopilar todos los archivos especificados en el atributo *path*. Este complemento es muy poderoso porque puede indicarle que indexe de manera recursiva todos los archivos que coincidan con una expresión determinada, y que haga un seguimiento de cualquier cambio que pueda tener lugar en ellos.

Por ejemplo, si queremos monitorizar todos los archivos en /home/ubuntu/.purple/logs/telegram, podemos hacerlo estableciendo la ruta en /home/ubuntu/.purple/logs/telegram/**. Como solo queremos supervisar los archivos .html, agregaremos /*.html al final de la expresión.

```
                                            telegram-monitor-test1.conf
input {
    file {
        path => "/home/ubuntu/.purple/logs/telegram/**/*.html"
    }
}
output {
    # Convenient for logging purposes
    stdout {}
    file {
        path => "/home/ubuntu/Descargas/logstash-5.0.1/bin/all-logs.txt"
    }
}
```

Este archivo de configuración sencillo será suficiente para mostrar en el terminal cualquier cambio que tenga lugar en los archivos que se están monitorizando, enviándose a un solo archivo de salida toda la nueva información identificada (de manera predeterminada, NO comenzará desde el principio del archivo). Es una buena práctica comprobar cómo el complemento de entrada file{} está analizando cada línea, por lo que visualizaremos el archivo de salida que acabamos de generar para confirmar cómo se está procesando la información.

```
$ cd
$ cat all-logs.txt
{"path":"/home/ubuntu/.purple/logs/telegram/%2b34695440558/Hackers.chat/2016-11-
28.143641+0100CET.html","@timestamp":"2016-11-
28T13:45:54.940Z","@version":"1","host":"virtualubuntu","message":"<font
color=\"#A82F2F\"><font size=\"2\">(14:45:53)</font> <b>Yaiza:</b></font> Hello
hackers<br/>","tags":[]}
{"path":"/home/ubuntu/.purple/logs/telegram/%2b34695440558/Hackers.chat/2016-11-
28.143641+0100CET.html","@timestamp":"2016-11-
```

---

[88] Elastic, *File input plugin*, versión 4.1.11, Ruby, 2019, https://www.elastic.co/guide/en/logstash/current/plugins-inputs-file.html.

```
28T13:46:54.285Z","@version":"1","host":"virtualubuntu","message":"<font
color=\"#A82F2F\"><font size=\"2\">(14:46:53)</font> <b>Yaiza:</b></font> Bye
bye<br/>","tags":[]}
```

Este *output* es el que se está recopilando y contiene mucha información útil dividida en varios campos, como podemos ver a continuación embellecido:

- path. Contiene el nombre del archivo .html donde se encontró esta línea.

- @timestamp y @version. Estos campos son valores que ha insertado Logstash. Por ejemplo, el primero se refiere a la fecha en que se notificó a Logstash.

- host. Este valor se refiere al nombre del *host* de la máquina donde Logstash estaba recopilando la información.

- message. Este valor es la línea exacta que se encontró.

- tags. Los programadores avanzados de Logstash utilizan este campo para agregar etiquetas y marcar mensajes, por ejemplo, cuando se ha encontrado algo inconsistente.

```
{
    "path": "/home/ubuntu/.purple/logs/telegram/%2b34695440558/Hackers.chat/2016-11-
28.143641+0100CET.html",
    "@timestamp": "2016-11-28T13:45:54.940Z",
    "@version": "1",
    "host": "virtualubuntu",
    "message": "<font color=\"#A82F2F\"><font size=\"2\">(14:45:53)</font>
<b>Yaiza:</b></font> Hello hackers<br/>",
    "tags": []
}
{
    "path": "/home/ubuntu/.purple/logs/telegram/%2b34695440558/Hackers.chat/2016-11-
28.143641+0100CET.html",
    "@timestamp": "2016-11-28T13:46:54.285Z",
    "@version": "1",
    "host": "virtualubuntu",
    "message": "<font color=\"#A82F2F\"><font size=\"2\">(14:46:53)</font>
<b>Yaiza:</b></font> Bye bye<br/>",
    "tags": []
}
```

7.4.4.2 Procesamiento inicial utilizando el filtro grok{}

El siguiente paso está relacionado con la extracción de información adicional de los diferentes campos. Como puede ver, el campo de mensaje contiene exactamente el literal recopilado de una línea. Sin embargo, ¿no sería interesante extraer otros valores como el autor o el contenido del archivo solo sin todos esos textos HTML?

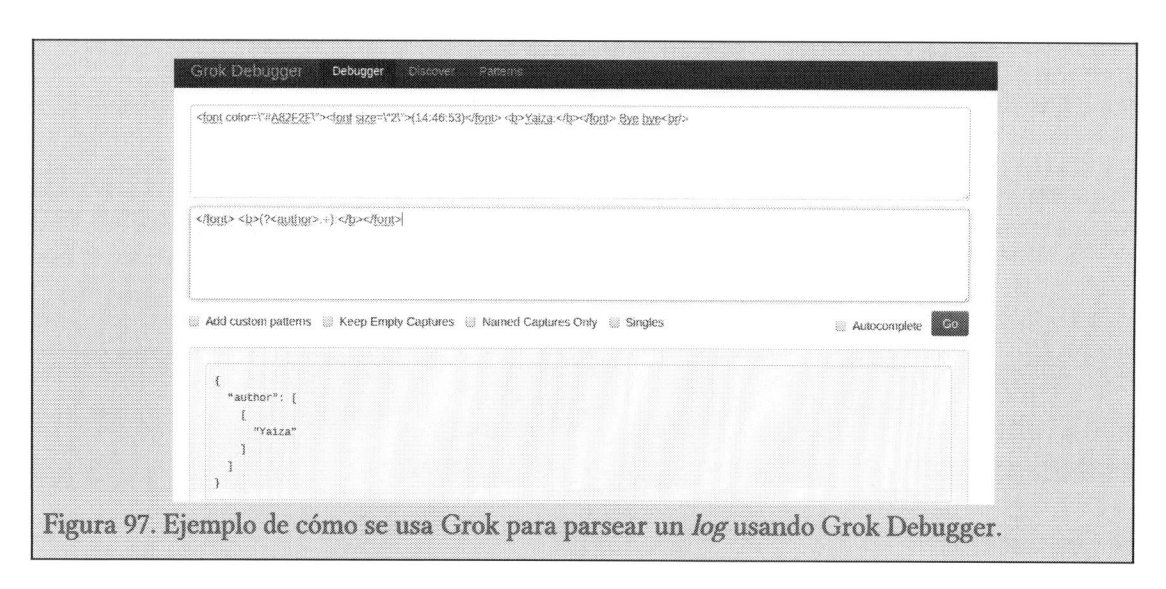

Figura 97. Ejemplo de cómo se usa Grok para parsear un *log* usando Grok Debugger.

Vamos a presentar ahora un tipo de complemento del que hemos hablado pero que aún no hemos utilizado: filtros de complementos. Los complementos de filtro se utilizan para operar con los datos recopilados para realizar diferentes tipos de transformaciones. Uno de los más potentes es el filtro grok{}, que es capaz de realizar diferentes tipos de operaciones para analizar los registros. Se puede extraer mucha información en la página de documentación oficial[89].

El uso básico de un filtro grok{} en un campo dado (en nuestro ejemplo, el campo del cual queremos extraer nuevas entidades es el mensaje de campo) se muestra en el ejercicio de la página siguiente titulado Grok Filter Example.

Si en algún momento queremos probar si una expresión determinada está funcionando o no, recomendamos utilizar la herramienta en línea Grok Debugger[90]. En esta herramienta podríamos probar el comportamiento de un filtro de coincidencias como se especificaría en grok {} con una línea de muestra de los registros que se procesarán. La siguiente figura muestra un ejemplo de cómo probar la expresión anterior con el texto de muestra utilizado anteriormente. Afortunadamente, podemos usar grok{} para extraer varios patrones a la vez de un solo campo. Por ejemplo, podríamos mejorar el ejercicio anterior de la siguiente manera.

---

89 Elastic, *Grok filter plugin*, versión 4.2.0, Ruby, 2019, https://www.elastic.co/guide/en/logstash/current/plugins-filters-grok.html.

90 Robert A. Heinlein, *Grok Debugger*, servicio web, accedido 9 de enero de 2020, https://grokdebug.herokuapp.com/.

Grok Filter Example

```
input  { … }
filter {
    grok {
        # Remember the structure of a "message":
        #      "... </font> <b>Yaiza:</b></font> ...",
        match => {
            # In this example, we are creating a variable author.
            # This variable will contain the contents between these literals:
            #     </font> <b>
            #     :</b></font>
            "message" => "</font> <b>(?<author>.+):</b></font>"
        }
    }
}
output { … }
```

telegram-monitor-test1.conf

```
input {
    file {
        path => "/home/ubuntu/.purple/logs/telegram/**/*.html"
    }
}
output {
    # Convenient for logging purposes
    stdout {}
    file {
        path => "/home/ubuntu/Descargas/logstash-5.0.1/bin/all-logs.txt"
    }
}
```

Este simple archivo de configuración será suficiente para mostrar en la terminal cualquier cambio que tenga lugar en los archivos que se monitorizan y enviará a un solo archivo toda la nueva información identificada (de manera predeterminada, NO comenzará desde el principio del archivo). Es una buena práctica comprobar cómo el complemento de entrada de file{} está analizando cada línea. Visualicemos el archivo de salida que acabamos de generar.

```
$ cat all-logs.txt
{"path":"/home/ubuntu/.purple/logs/telegram/%2b34695440558/Hackers.chat/2016-11-
28.143641+0100CET.html","@timestamp":"2016-11-
28T13:45:54.940Z","@version":"1","host":"virtualubuntu","message":"<font
color=\"#A82F2F\"><font size=\"2\">(14:45:53)</font> <b>Yaiza:</b></font> Hello
hackers<br>","tags":[]}
{"path":"/home/ubuntu/.purple/logs/telegram/%2b34695440558/Hackers.chat/2016-11-
28.143641+0100CET.html","@timestamp":"2016-11-
```

```
28T13:46:54.285Z","@version":"1","host":"virtualubuntu","message":"<font
color=\"#A82F2F\"><font size=\"2\">(14:46:53)</font> <b>Yaiza:</b></font> Bye
bye<br/>","tags":[]}
```

Esta salida es la que se está recopilando y contiene mucha información útil dividida en varios campos, como podemos ver a continuación embellecido:

- path. Contiene el nombre del archivo .html donde se encontró esta línea.

- @timestamp y @version. Estos campos son valores que ha insertado Logstash. Por ejemplo, el primero se refiere a la fecha en que se notificó a Logstash.

- host. Este valor se refiere al nombre del host de la máquina donde Logstash estaba recopilando la información.

- message. Este valor es la línea exacta que se encontró.

- tags. Los programadores avanzados de Logstash utilizan este campo para agregar etiquetas y marcar mensajes, por ejemplo, cuando se ha encontrado algo inconsistente.

```
{
        "path": "/home/ubuntu/.purple/logs/telegram/%2b34695440558/Hackers.chat/2016-11-
28.143641+0100CET.html",
        "@timestamp": "2016-11-28T13:45:54.940Z",
        "@version": "1",
        "host": "virtualubuntu",
        "message": "<font color=\"#A82F2F\"><font size=\"2\">(14:45:53)</font>
<b>Yaiza:</b></font> Hello hackers<br/>",
        "tags": []
}
{
        "path": "/home/ubuntu/.purple/logs/telegram/%2b34695440558/Hackers.chat/2016-11-
28.143641+0100CET.html",
        "@timestamp": "2016-11-28T13:46:54.285Z",
        "@version": "1",
        "host": "virtualubuntu",
        "message": "<font color=\"#A82F2F\"><font size=\"2\">(14:46:53)</font>
<b>Yaiza:</b></font> Bye bye<br/>",
        "tags": []
}
```

Por lo tanto, es hora de poner todos estos cambios en un nuevo ejemplo para verificar cómo vemos por fin los ítems recolectados.

```
                                                    telegram-monitor-test-2.conf
input {
   file {
        path => "/home/ubuntu/.purple/logs/telegram/**/*.html"
    }
}
filter {
    grok {
        match => {
            # In this example, we are creating two new variables from "message"
            "message" => "font> <b>(?<author>.+):</b></font> (?<content>.+)<br/>"
            # Analyzing the "path" field to extract the title of the conversation
            "path" => "logs/telegram/%2b[0-9]+/(?<chat>[^/]+)/[^/]+.html"
        }
    }
}
output {
    # Convenient for logging purposes
    stdout {
    }
    file {
        path => "/home/ubuntu/Descargas/logstash-5.0.1/bin/all-logs-2.txt"
    }
}
```

La nueva salida se verá así (versión embellecida), con los tres nuevos campos que acabamos de agregar con grok{}:

```
$ cat all-logs-2.txt
{"path":"/home/ubuntu/.purple/logs/telegram/%2b34695440558/Hackers.chat/2016-11-
28.143641+0100CET.html","@timestamp":"2016-11-
28T13:45:54.940Z","@version":"1","host":"virtualubuntu","message":"<font
color=\"#A82F2F\"><font size=\"2\">(14:45:53)</font> <b>Yaiza:</b></font> Hello
hackers<br/>","tags":[],"author":"Yaiza","content":"Hello
hackers","chat":"Hackers.chat"}
```

7.4.4.3 Enviando información a ElasticSearch

En los ejemplos anteriores, acabamos de recopilar todos los registros y creamos un nuevo archivo con algunos campos adicionales. Aunque es interesante, también podemos enviar la información a ElasticSearch para indexarla y operar con ella. Los únicos cambios que necesitaremos son agregar un nuevo complemento de salida que vincule a ElasticSearch en lugar de escribir la información en un archivo. A pesar de llamarlo directamente, hemos definido el nuevo índice al que queremos enviar la información utilizando el índice de atributo del complemento de salida elasticsearch{}. Tenga en cuenta que con este archivo de configuración de Logstash, debe recordar tener su ElasticSearch en funcionamiento en el puerto predeterminado.

```
                                                    telegram-monitor-test3.conf
input {
   file {
       path => "/home/ubuntu/.purple/logs/telegram/**/*.html"
   }
}
filter {
    grok {
        match => {
            # In this example, we are creating two new variables from "message"
            "message" => "font> <b>(?<author>.+):</b></font> (?<content>.+)<br/>"
            # Analyzing the "path" field to extract the title of the conversation
            "path" => "logs/telegram/%2b[0-9]+/(?<chat>[^/]+)/[^/]+.html"
        }
    }
}
output {
    # Plugin to store the information in ElasticSearch
    elasticsearch {
        index => "telegram-monitor-test2"
    }
}
```

7.4.4.4 Ejercicio de creación de *dashboards*

Con la información ya almacenada en ElasticSearch y Kibana es posible realizar la exploración de la información obtenida del registro de *logs* generados por Telegram. Sin embargo, si queremos facilitar que nuestro equipo de analistas pueda trabajar con ella, lo mejor es intentar crear un *dashboard* que incluya la siguiente información:

- ¿Puedes mostrar cuál es el canal más activo? ¿Y cual es el usuario más activo?

- ¿Puedes mostrar la cantidad total de mensajes?

- ¿Puedes mostrar cuál es la evolución de la cantidad de mensajes enviados/recibidos en las últimas horas usando gráficos de área?

- Como puede ser que no seas tú el lector de esa información en el futuro, también puedes agregar información de contexto adicional usando el *widget* Markdown. De esta manera agilizarás la interpretación de la información y lo harás más autoexplicativo ayudando al lector a navegar por la interfaz.

Capítulo 8: Herramientas de información cartográfica

En muchas ocasiones, los analistas tienen a su disposición bases de datos, tablas y documentos ofimáticos con localizaciones de incidentes de todo tipo que no pueden ser aprovechadas por desconocimiento de las herramientas que están disponibles de forma abierta para los analistas. En el caso de la información relacionada con la ciberseguridad, es habitual que contemos con direcciones IP o incidentes localizados. Integrar esta información de una forma más elaborada en mapas de calor con respecto a equipos infectados (o atacantes por ejemplo) nos va a permitir presentar nuestros resultados de una forma mucho más visual en nuestras conclusiones.

De forma similar a como utilizamos un procesador de textos para escribir documentos y trabajar con documentos de texto, podemos utilizar una aplicación GIS para trabajar con información cartográfica en un ordenador. GIS son las siglas inglesas de «Sistema de Información Geográfica». Con una aplicación de este tipo podremos trabajar con mapas digitales,, crear nueva información espacial o modificar la ya existente y realizar análisis espaciales.

A lo largo de las páginas que siguen se analizará la información disponible en fuentes abiertas de carácter geoespacial a través de herramientas de *software* libre y de bases de datos abiertas y se propondrán utilidades y técnicas que ofrecerán a los analistas metodologías para procesar e interpretar mucha de la información geoespacial que puedan tener en sus propias bases de datos.

En este sentido, los diferentes apartados están estructurados como sigue. En la sección 1 se desglosa el uso básico de una herramienta SIG (Sistema de Información Geográfica) libre como QGIS. En la sección 2 se describen algunas herramientas para trabajar con objetos geoespaciales. En la tercera se muestran diferentes herramientas que nos ayudarán en el análisis de la información geoespacial. Por último, la sección 4 presenta la integración de datos geoespaciales procedentes de Openstreetmap.

Figura 98. Binarios de instalación de QGIS.

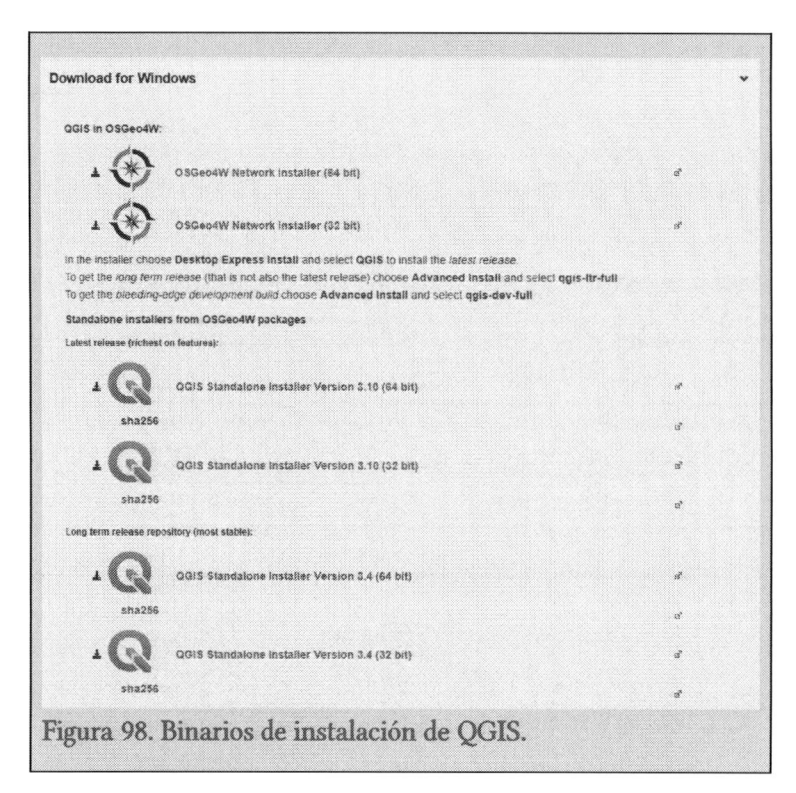

8.1 Uso básico de QGIS

En este manual trabajaremos con QGIS, una de las herramientas de información geográfica de referencia, especialmente por ser *software* libre.

8.1.1 Descarga e instalación

Los paquetes binarios (instaladores) están disponibles para diferentes sistemas operativos en la web del proyecto[91]. La versión más reciente a fecha de publicación de este manual es QGIS 3.10.1 'A Coruña' que fue lanzada el 25 de octubre de 2019 mientras que los repositorios a largo plazo actualmente ofrecen QGIS 3.4.14 'Madeira'.

---

91 QGIS Development Team, *QGIS*, versión 3.10.1, Multiplataforma, Python, C++ y Qt, 2019, https://www.qgis.org/es/site/forusers/download.html.

Capítulo 8: Herramientas de información cartográfica

Por otro lado, para trabajar en este manual, trabajaremos con información geoespacial de Natural Earth Data[92]. Esta web cuenta con algunos ejemplos de base de datos geográfica con el objetivo de ver el potencial de este tipo de herramientas. En nuestro caso descargaremos la versión más detallada, nombrada como «Large scale data, 1:10m». Asumiremos para este manual que los contenidos los hemos descargado en el escritorio con lo que las rutas harán referencia a esta carpeta.

8.1.2 Decoradores y herramientas de trabajo

Algunos de los decoradores más habituales incluyen la cuadrícula, la etiqueta de derechos de autor, la flecha del norte, la barra de escala y las extensiones del diseño. Se utilizan para decorar los mapas añadiendo elementos cartográficos.

- **Cuadrícula**. La cuadrícula permite agregar una cuadrícula de coordenadas y anotaciones de coordenadas al lienzo del mapa. Se encuentra en: *Ver → Decoraciones → Cuadrícula*.

- **Etiqueta de Copyright**. La etiqueta de derechos de autor añade una etiqueta de derechos de autor al mapa utilizando un texto. Se encuentra en: *Ver → Decoraciones → Etiqueta de Copyright*.

- **Flecha Norte**. La flecha del norte agrega una flecha hacia el norte en el lienzo del mapa, con opciones de estilo y ubicación. Para añadir una flecha del norte: *Ver → Decoraciones → Flecha Norte*.

- **Barra de escala**. La barra de escala añade una barra de escala simple al mapa. Se puede controlar el estilo y la colocación, así como el etiquetado de la barra. Para añadir una barra de escala: *Ver → Decoraciones → Barra de escala*.

Además, existen diferentes herramientas de navegación que pueden ser interesantes para trabajar con los mapas:

- **Marcadores**. Los marcadores se utilizan para guardar niveles de zum que hayamos hecho sobre una zona con todas sus características por si queremos volver a ella más adelante

---

92 Natural Earth Contributors, *Natural Earth: Large Scale Data*, 1:10m (Mundial), accedido 9 de enero de 2020, https://www.naturalearthdata.com/downloads/.

después de haber estado trabajando con otros elementos. Los marcadores están en *Ver → Nuevo Marcador espacial*. Cuando se le da a «Nuevo marcador» guarda la vista tal cual se esté visualizando en ese momento.

- **Anotaciones**. Sirven para añadir anotaciones en los mapas. Si se hace doble clic en el elemento creado se pueden ver las opciones de los indicadores a utilizar como cambiar icono (color, tamaño), fuente, guardar estilos, etc. Se pueden borrar los cuadros con suprimir y teniendo la herramienta de cajas de texto seleccionada.

- **Medición de distancias**. Existen tres posibilidades: medir línea, medir el área de área o medir el ángulo del ángulo.

  - Líneas. En el caso de medir una línea, mide las distancias reales entre puntos dados. La herramienta permite hacer clic en diferentes puntos del mapa y mostrará la longitud de cada segmento, así como el total.

  - Áreas. En la ventana de medidas, aparece el tamaño del área acumulada. Es necesario hacer clic con botón derecho para detener el dibujo.

  - Ángulos. El cursor se vuelve en forma de cruz y hay que hacer clic para dibujar el primer segmento del ángulo que desea medir, luego mueva el cursor para dibujar el ángulo deseado. La medición se muestra en un cuadro de diálogo emergente.

- **Guardar cambios del proyecto**. Para guardar los cambios realizados en el proyecto se puede usar la herramienta de *Proyecto → Guardar Proyecto*. Para integrarlo en otro documento, también se puede exportar el fichero como imagen, QGIS ofrece la posibilidad de hacerlo a través del menú *Proyecto → Guardar como* eligiendo otros formatos de imagen.

8.1.3 Trabajo con capas

La estructuración de la información espacial procedente del mundo real en capas nos da bastante margen pero requiere que se comprenda desde el primer momento para entender por qué un elemento geoespacial nos aparece y otros no. En primer lugar, la necesidad de abstracción que requieren los computadores implica trabajar con primitivas básicas de dibujo, de tal forma que toda la complejidad de la realidad ha de ser reducida a puntos, líneas o polígonos.

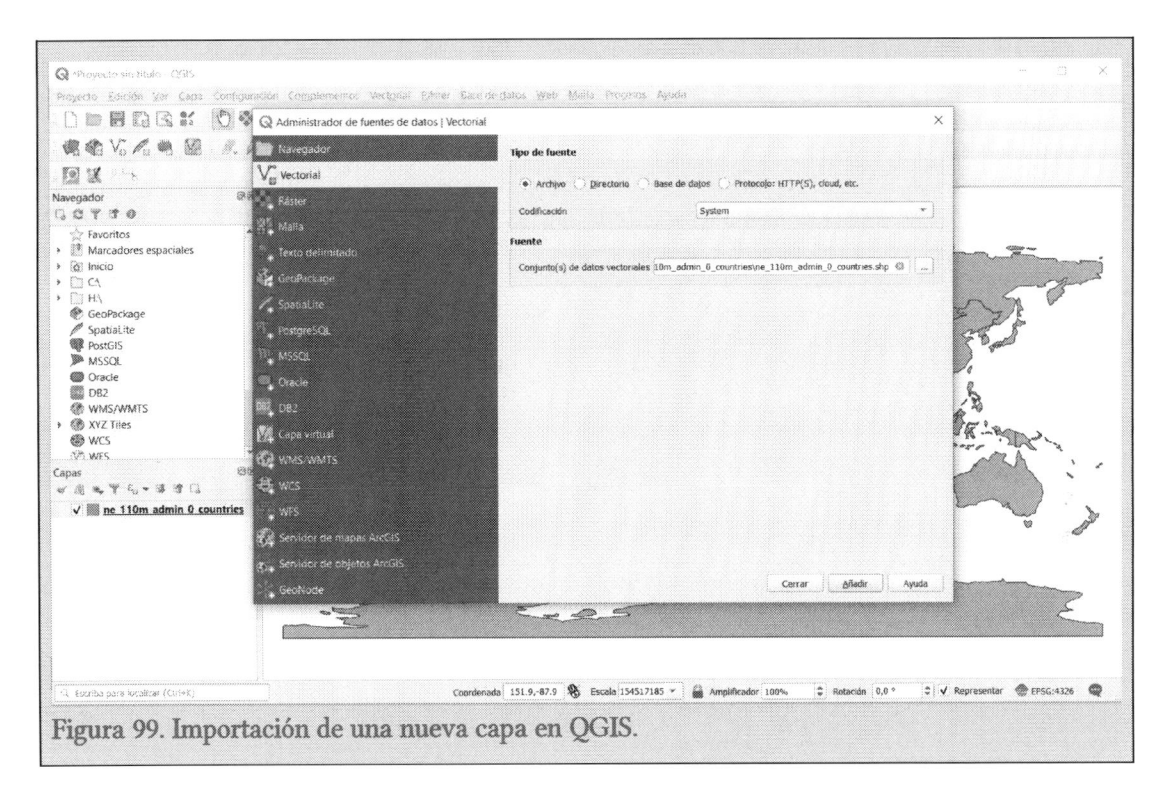

Capítulo 8: Herramientas de información cartográfica

Figura 99. Importación de una nueva capa en QGIS.

8.1.3.1 Importación de capas

En primer lugar vamos a cargar una capa que contenga las superficies de los países. Esta capa es de tipo poligonal y contendrá la superficie de los diferentes países.

```
/<Usuario>/Escritorio/BBDD geoespaciales/10m_cultural/ne_10m_admin_0_countries.shp
```

Para desplazarnos sobre el mapa podremos emplear la herramienta con un icono en forma de mano. La ampliación se puede hacer, bien a través de la herramienta al uso o bien empleando la rueda del ratón.

8.1.3.2 Superposición de capas

Sin duda alguna, la mayor potencia de las herramientas de información geográfica es el uso de la información por capas. Para añadir nuevas capas a la vista actual podemos pinchar: *Capa* →

Manual de ciberinvestigación en fuentes abiertas: OSINT para analistas

Figura 100. Importación de una capa de puntos como la de aeropuertos en QGIS.

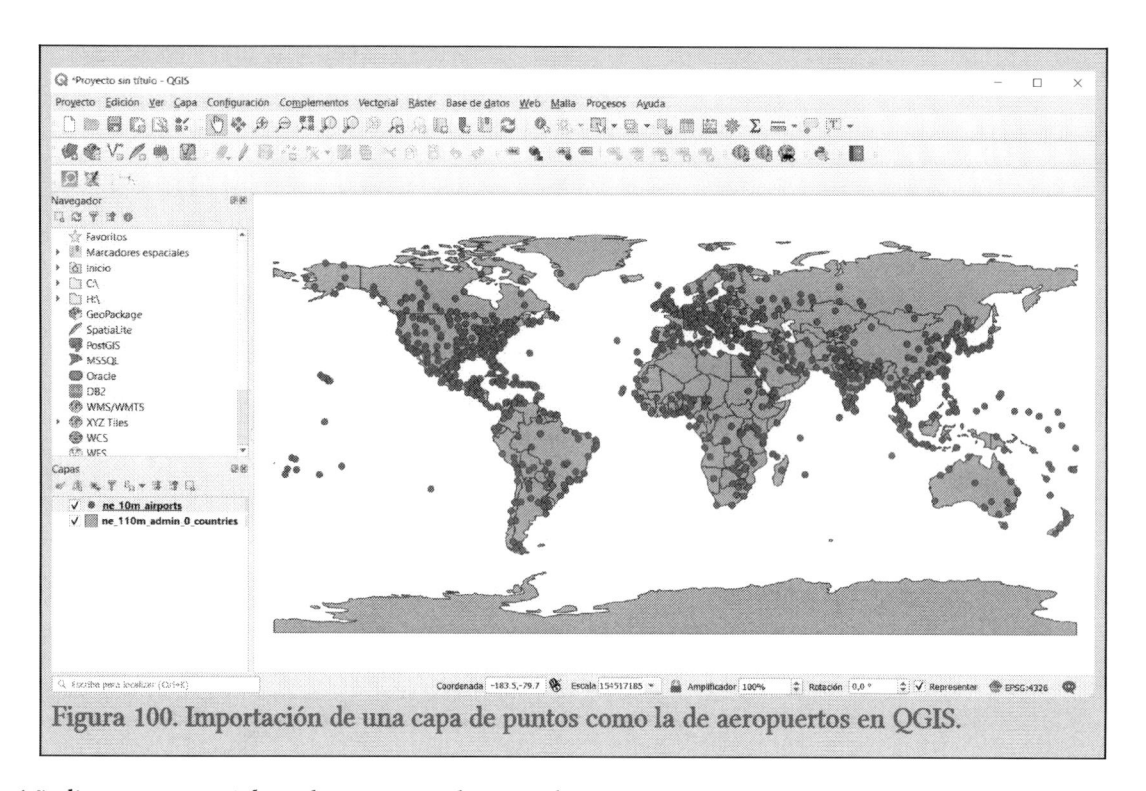

Añadir capa vectorial y seleccionamos la capa de puntos que queramos añadir, por ejemplo, la de aeropuertos.

```
/<Usuario>/Escritorio/BBDD geoespacial/10m_cultural/ne_10m_airports.shp
```

Al cargarse, esta se colocará sobre la anterior. Tenemos que tener en cuenta que el orden de las capas mostrada en el panel correspondiente es también el orden de visualización. De esta manera, las capas que estén más arriba en la lista estarán representadas también por encima en el mapa. Esto puede dar lugar a algunas confusiones al principio dado que si una capa de polígonos se encuentra sobre una capa de puntos, la capa de países cubrirá la mayor parte de los puntos.

8.1.4 Importación de capas desde archivos ofimáticos

En este caso, utilizaremos un fichero CSV que contiene principalmente direcciones IP asociadas a una longitud y latitud. Para importar estos datos a QGIS, es necesario guardarlos como archivo de texto CSV. Para cada objeto geoespacial se necesitarán al menos dos columnas que contengan las coordenadas X e Y, así como el resto de atributos que queramos almacenar sobre cada objeto.

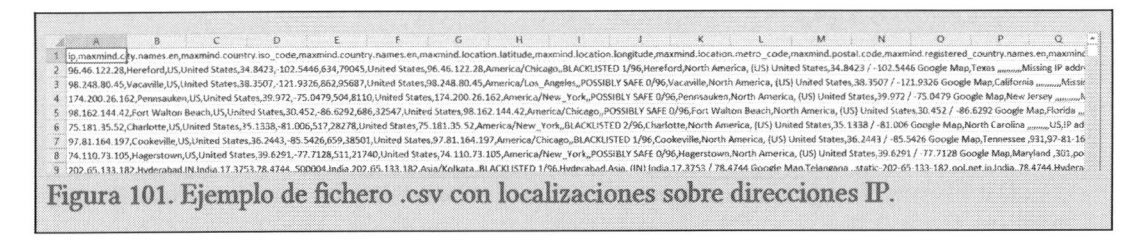

Capítulo 8: Herramientas de información cartográfica

Figura 101. Ejemplo de fichero .csv con localizaciones sobre direcciones IP.

Una vez preparado el fichero, tendremos que ir hasta *Añadir capa* y seleccionaremos *Añadir capa de texto delimitado*. Es importante seleccionar qué campo es el que representa la longitud y la latitud y seleccionar el SRC de la geometría que será el que ajuste el sistema de coordenadas utilizado. Se puede usar la previsualización del diálogo para comprobar que las columnas se trocean adecuadamente con el separador correspondiente. Si lo hemos hecho correctamente, conseguiremos cargar la nueva capa sobre el proyecto actual y trabajar con ella como capa de puntos.

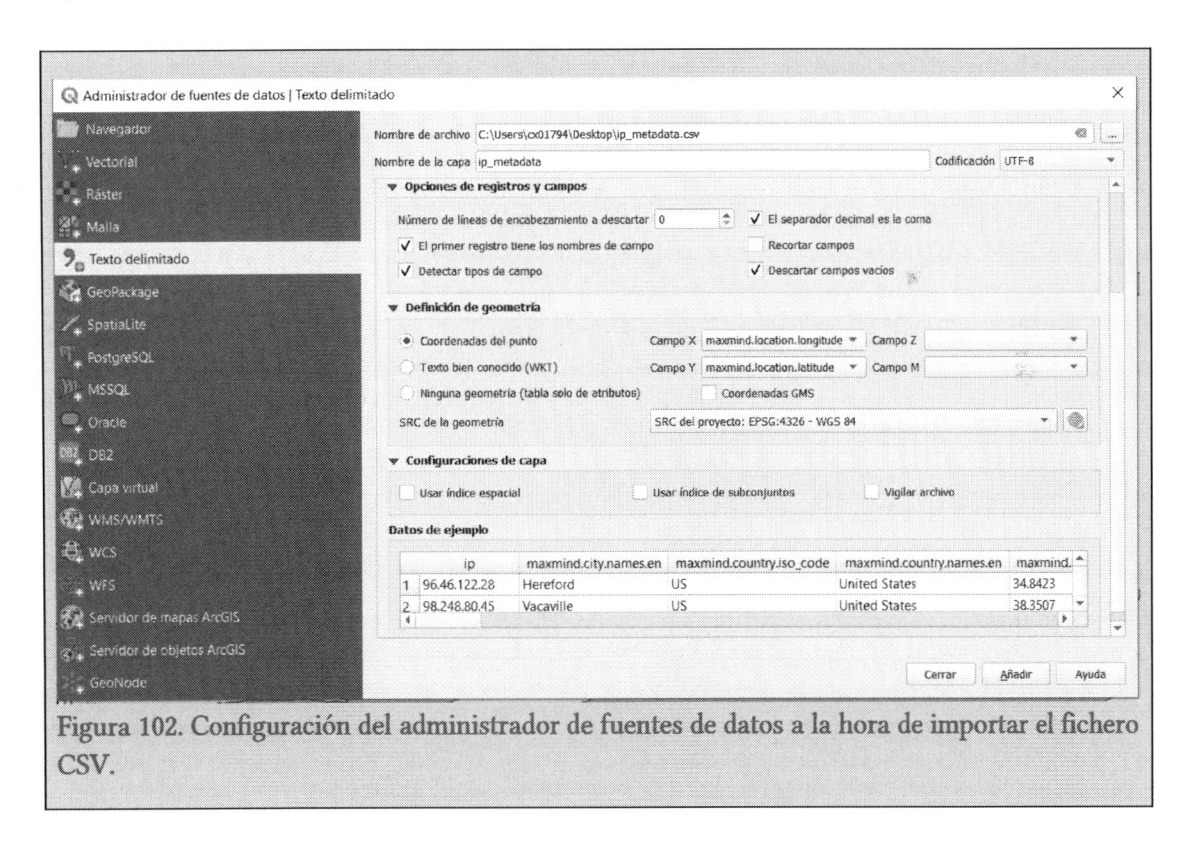

Figura 102. Configuración del administrador de fuentes de datos a la hora de importar el fichero CSV.

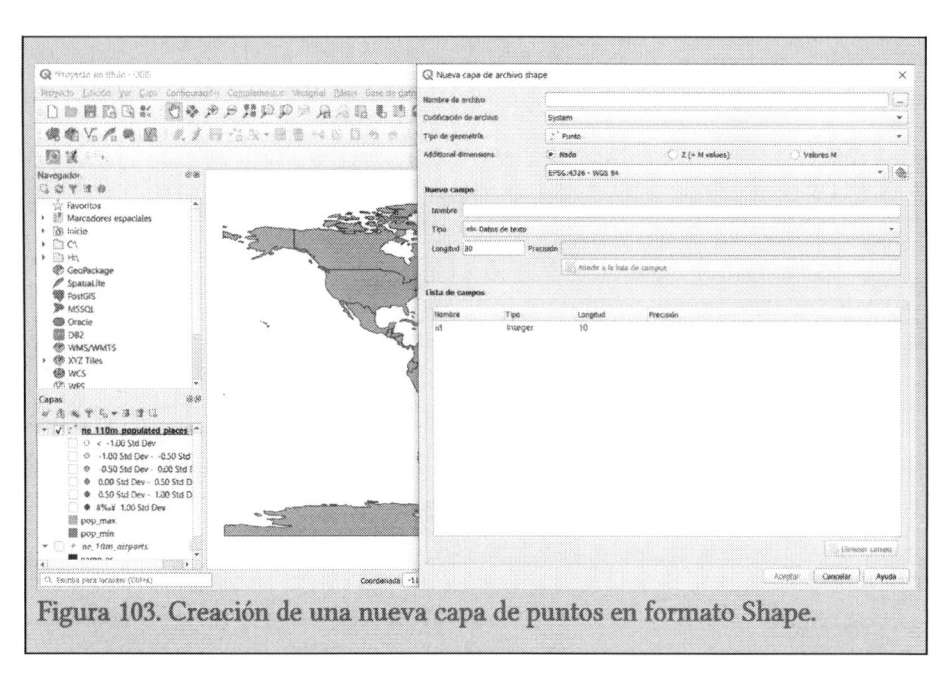

Manual de ciberinvestigación en fuentes abiertas: OSINT para analistas

Figura 103. Creación de una nueva capa de puntos en formato Shape.

8.1.5 Creación de nuevas capas

Hasta ahora hemos trabajado con capas ya generadas. Sin embargo, también es posible crear nuestras propias capas de datos. En QGIS estas pueden ser de tres tipos:

- Capa de puntos (e. g., para incidentes)
- Capa de líneas (e. g., para rutas o caminos)
- Capa de polígonos (e. g., para superficies de tierra)

Para crear una nueva capa de datos vamos a *Capa* → *Nueva...* → *Nueva capa de archivo shape*. A continuación, nos aparece un diálogo en el que tendremos que insertar el número de atributos que tendrán los objetos de esta capa. En la figura se muestra la configuración de una capa de ejemplo de *Pistas de tenis*. En el diálogo que nos aparece, podemos añadir los diferentes campos que queremos que tengan los objetos geoespaciales de dicha capa. Los tipos de datos de los campos pueden ser numéricos (con o sin caracteres decimales), cadenas de texto o de tipo fecha. Cada uno de los campos habrá que añadirlo individualmente a la lista. Una vez configurados todos los campos y

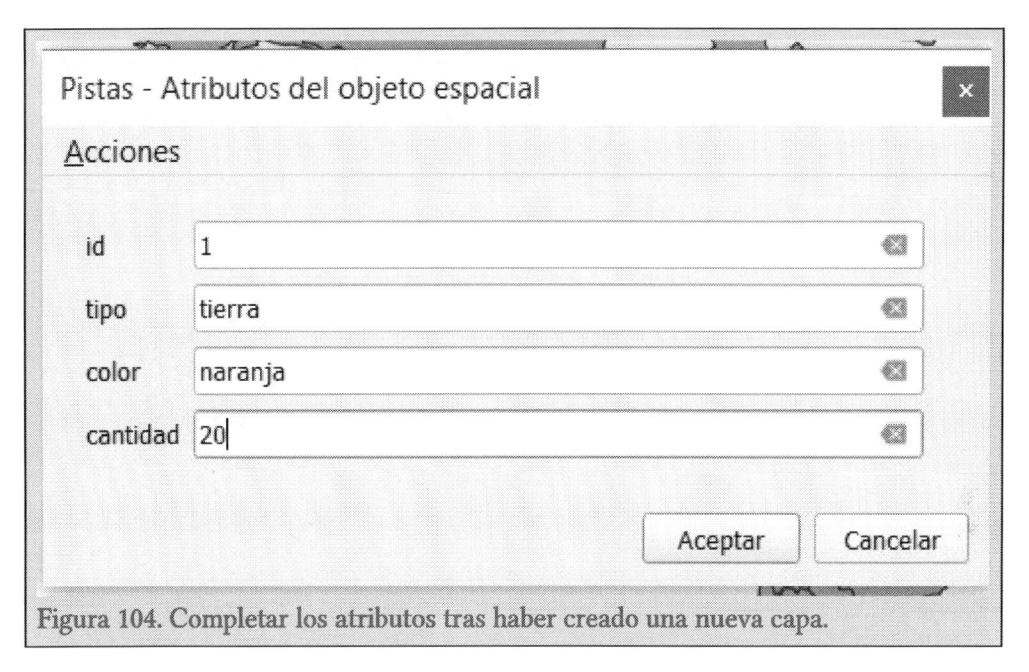

Figura 104. Completar los atributos tras haber creado una nueva capa.

antes de poder trabajar con nuestra capa, será necesario indicar la ruta en la que se almacenará el nuevo fichero .shape.

Cuando volvamos a la vista del mapa ya podremos empezar a trabajar con ella, aunque de primeras estará vacía. Para insertar nuevos objetos espaciales (pistas de tenis en nuestro caso), hay que habilitar primero la edición pinchando en «Conmutar edición» mientras se tiene seleccionada la capa en curso. Después, pinchamos en el botón con tres puntos de «Añadir objeto espacial» para que cuando hagamos clic en una localización del mapa, aparezca una ventana para que rellenemos los atributos del objeto espacial. Por ejemplo:

- ID: identificador (de tipo numérico)

- TIPO: tipo de la pista (de tipo texto)

- COLOR: color de la pista (de tipo texto)

- CANTIDAD: número de pistas (de tipo numérico)

203

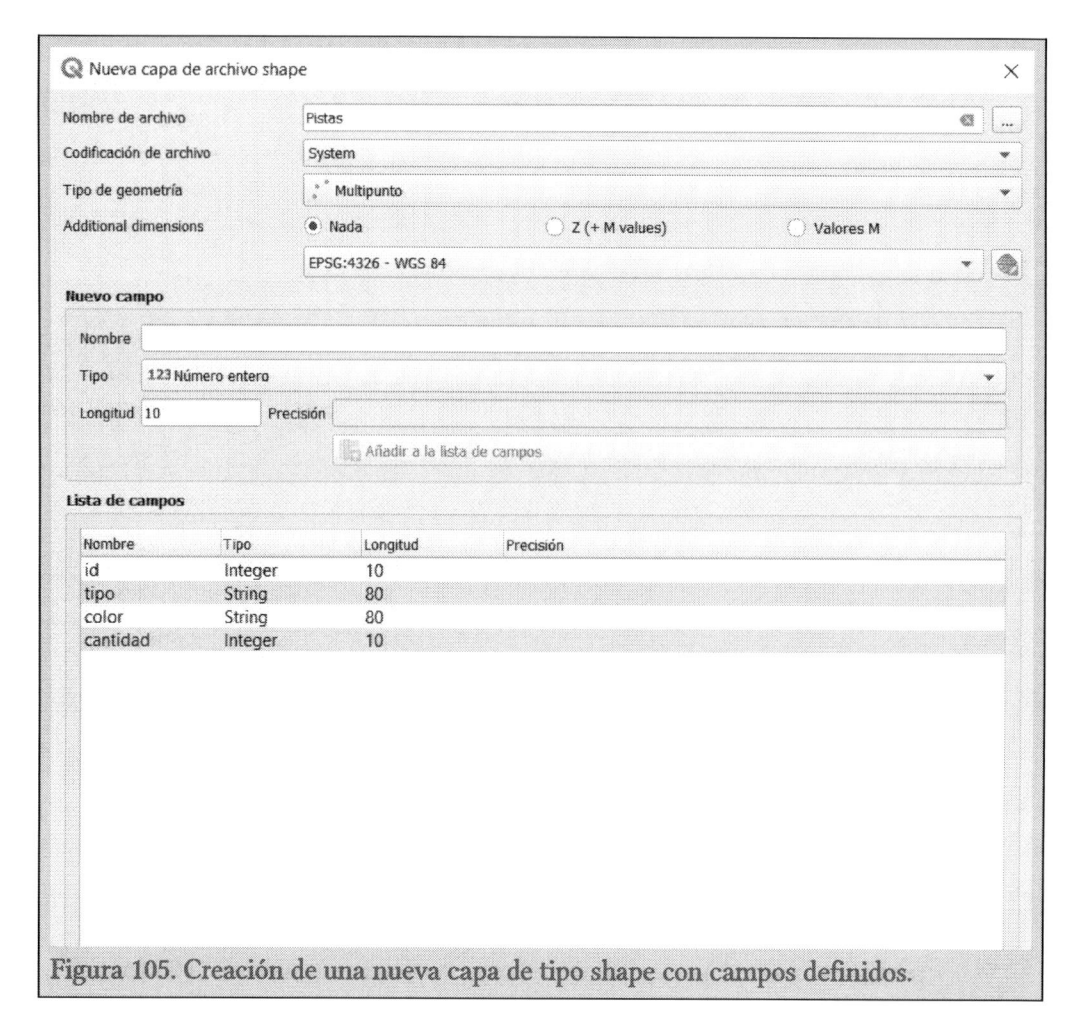

Manual de ciberinvestigación en fuentes abiertas: OSINT para analistas

Figura 105. Creación de una nueva capa de tipo shape con campos definidos.

Una vez añadidos los diferentes objetos, podremos explorar los objetos añadidos pinchando sobre la capa y activando con botón derecho la opción «Abrir tabla de atributos». Esto nos permitirá los valores de los distintos objetos en formato tabular. Aún así, puede ocurrir que después de trabajar con la capa necesitemos campos adicionales que no se previeron antes. Desde la pestaña «Propiedades» de la capa *Pistas de tenis*, accedemos a la pestaña «Campos» y pulsamos sobre la opción de «Nueva columna» e introducimos las características del nuevo atributo como se muestra en la Figura 104.

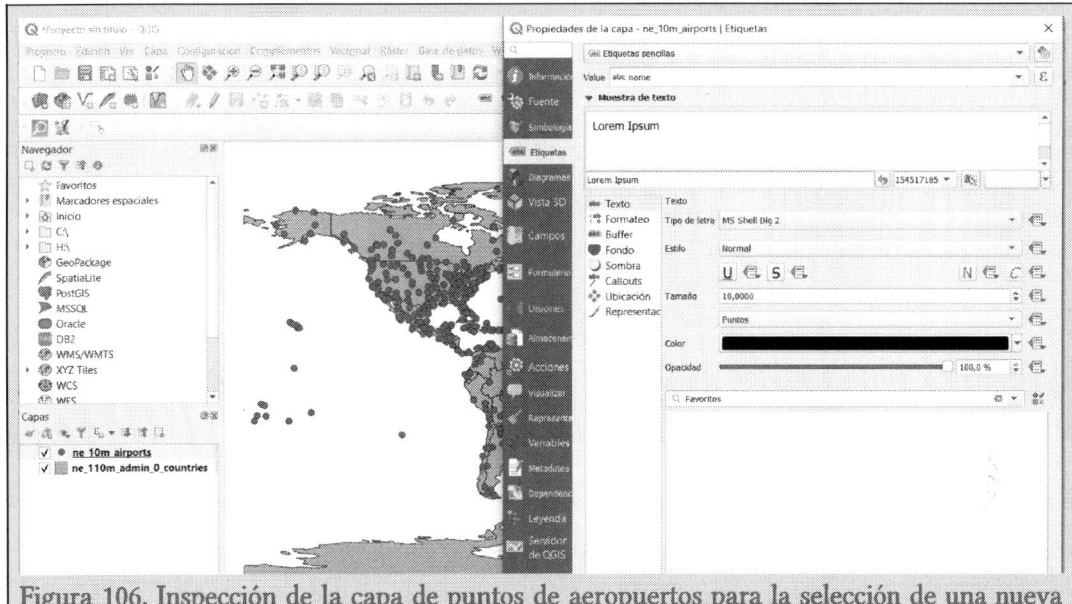

Capítulo 8: Herramientas de información cartográfica

Figura 106. Inspección de la capa de puntos de aeropuertos para la selección de una nueva etiqueta.

8.2 Manipulación de elementos geoespaciales

8.2.1 Etiquetado de objetos

Los objetos geoespaciales mostrados hasta ahora solamente incluían los iconos y el color por defecto. En QGIS también podemos añadir etiquetas a estos objetos. Para ilustrarlo, pincharemos en una capa cualquiera, por ejemplo, la capa de aeropuertos con el botón derecho y en el desplegable le daremos a *Propiedades*. Iremos a la pestaña de etiquetas y activaremos la opción de *Etiquetar esta capa con*. Ahí seleccionaremos en la opción de campo el nombre del aeropuerto: *Name*.

Después de presionar el botón Aplicar, en el mapa podremos ver ahora los nombres de parte de los aeropuertos. Más adelante veremos cómo seleccionar geoespacialmente algunos de ellos.

Manual de ciberinvestigación en fuentes abiertas: OSINT para analistas

Figura 107. Nombres de los aeropuertos sobre el mapa.

El etiquetado de QGIS, no tiene por qué limitarse al valor de una columna: se pueden añadir expresiones más complejas. Por ejemplo, sobre la capa ne_10m_populated_places vamos a determinar una visualización diferente de los datos. Para ello, tendremos que ir a las propiedades de la capa y activar la opción de «Etiquetar esta capa con» y pinchar en la opción de «Editar expresión».

En este caso, queremos mostrar el nombre de la ciudad junto con un valor numérico como la población. Por ejemplo: «Madrid: 3300000». Para asegurarnos de que la expresión es válida, podemos trabajar con la interfaz que se nos presenta y navegar por las diferentes opciones. Todas ellas vienen documentadas, pero la que necesitamos en este caso es la de concatenar los valores de dos columnas utilizando un literal entre ambos valores (concretamente, la cadena de texto «: »). La función que realiza esa tarea es la función «concat» que recibe un número variable de parámetros.

Para conseguir el resultado esperado, concatenamos el valor de la columna «name» (al ser columna, lo ponemos entre comillas dobles), el literal «; » (al ser un literal, entre comillas simples) y el valor de la columna «pop_max» (nuevamente entre comillas dobles al ser el nombre de una columna).

```
concat ("name",': ',"pop_max")
```

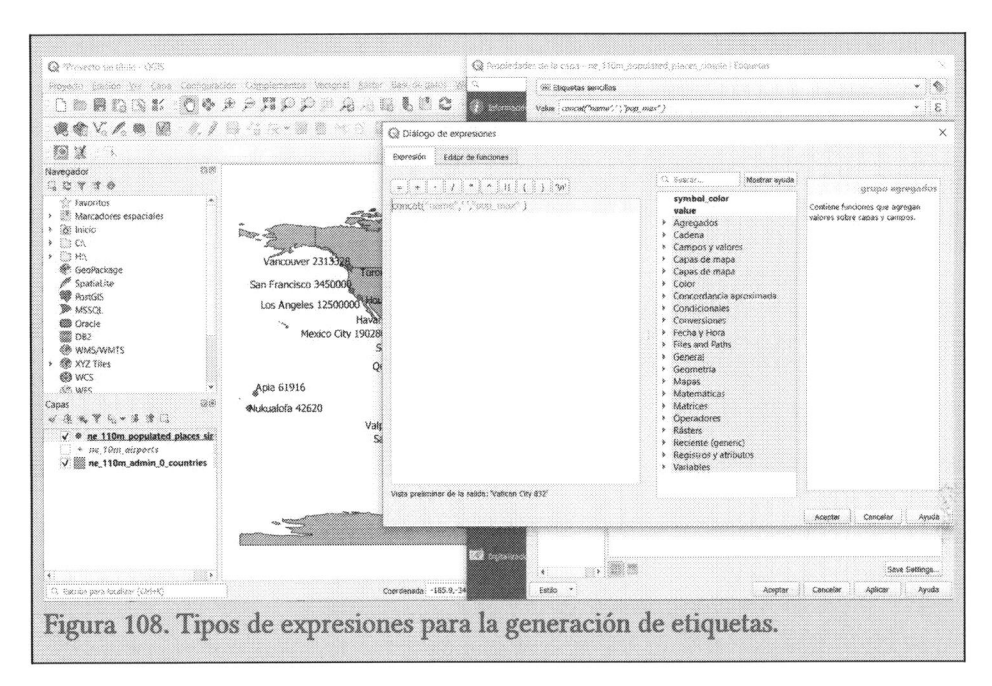

Figura 108. Tipos de expresiones para la generación de etiquetas.

8.2.2 Selección de objetos geoespaciales

En algunos casos, nos interesará visualizar solamente aquellos objetos que cumplan una restricción. Por ejemplo, los países con una población mayor de X habitantes o las regiones de un país concreto. Para ello, podemos seleccionar un subconjunto de datos espaciales dentro de una capa haciendo *clic* en «Propiedades» y en la pestaña general de «Fuente», pinchando en «Constructor de consultas». Este constructor de consultas será la herramienta a utilizar para generar un filtro de objetos geoespaciales.

La consultante a utilizar deberá corresponderse con una expresión válida y podrá generarse empleando la interfaz del propio diálogo. Por ejemplo, si queremos quedarnos solamente con los objetos geoespaciales cuyo campo «adm0name» sea el literal «Albania» emplearíamos:

```
"adm0name" LIKE 'Albania'
```

Podemos utilizar la interfaz para mostrar un listado de ejemplo de los valores posibles para cada campo y probar la consulta antes de aplicarla para ver si obtenemos resultados.

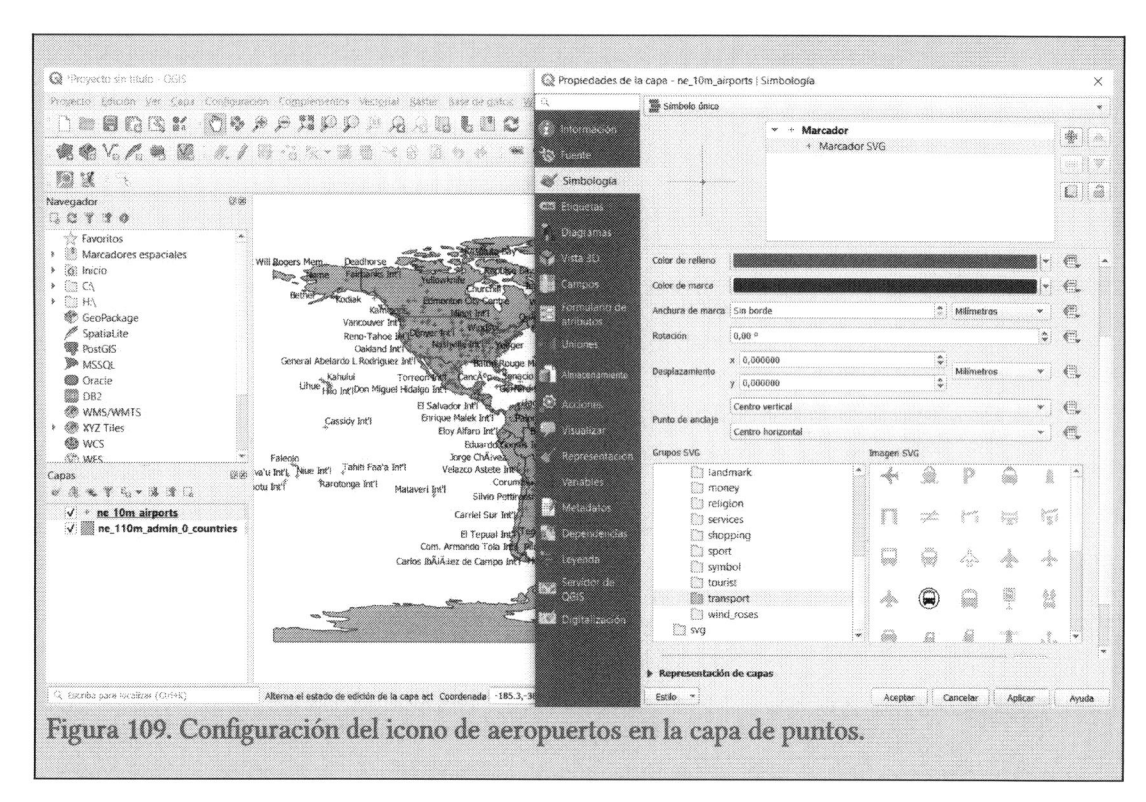

Manual de ciberinvestigación en fuentes abiertas: OSINT para analistas

Figura 109. Configuración del icono de aeropuertos en la capa de puntos.

8.2.3 Visualización de objetos geoespaciales

En función del tipo de capa con el que estemos trabajando, podremos encontrar diferentes formas de representar sus elementos. Por ejemplo, las capas de tipo punto pueden utilizar diferentes iconos para representar aeropuertos u hospitales y las capas de tipo polígono pueden utilizar diferentes colores para representar si son aliados o enemigos por ejemplo. En este apartado veremos cómo trabajar con diferentes herramientas para sacar mayor partido a la visualización.

8.2.3.1 Modificación de iconos en capas de puntos

A continuación, vamos a cambiar los iconos con que se representan los objetos espaciales de la capa: en este caso, los aeropuertos. En la pestaña de «Estilo» de las «Propiedades» de la capa, haremos clic en «Cambiar». En «Tipo de capa de símbolo» seleccionaremos «Marcador SVG» y así podremos elegir entre diferentes iconos gráficos en lugar de formas geométricas tal y como se muestra en Figura 109.

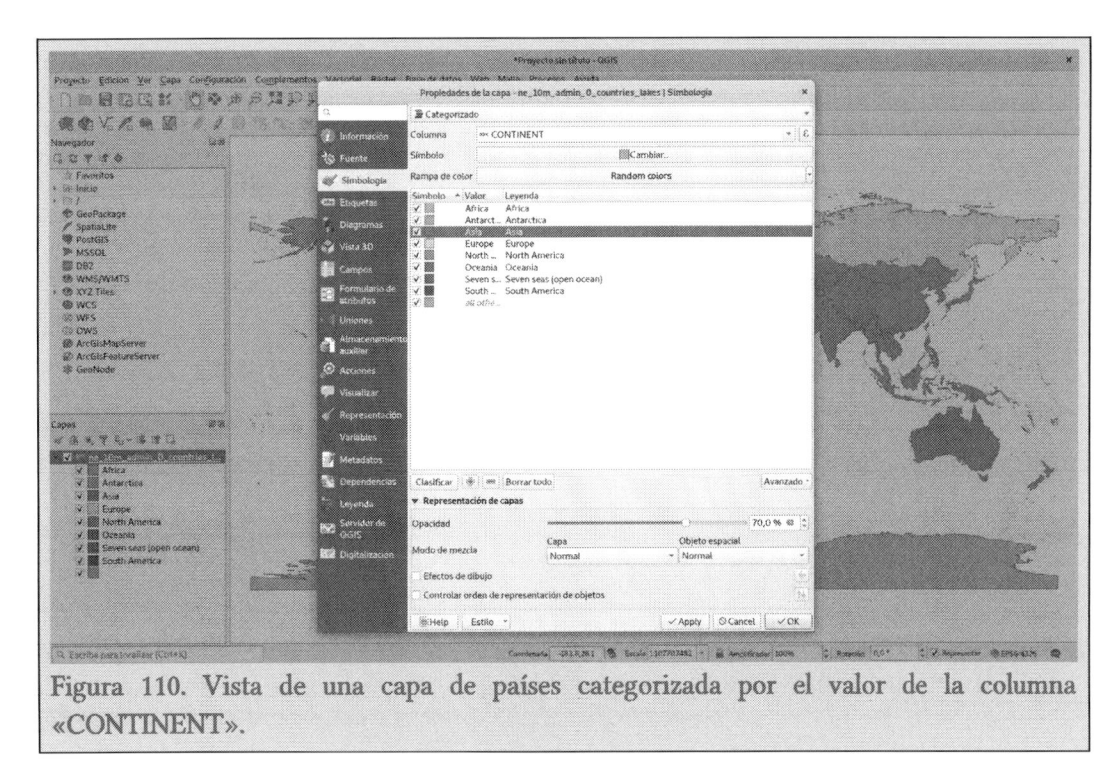

Capítulo 8: Herramientas de información cartográfica

Figura 110. Vista de una capa de países categorizada por el valor de la columna «CONTINENT».

8.2.3.2 Categorización de elementos

En la pestaña de simbología de una capa podremos elegir la opción de «Categorizado» para visualizar con colores diferentes cada objeto geoespacial en función de los valores de una columna. Por ejemplo, sobre la campa de admin_0_countries, podemos pinchar en el desplegable del diálogo la columna «CONTINENT».

Si pinchamos en clasificar obtendremos un listado de los valores que tiene esa columna junto con una serie de colores aleatorios. Desde el acordeón de la parte inferior sobre «Representación de capas» podemos elegir también la opción de disminuir la opacidad para permitir por ejemplo, que se vean capas inferiores como se puede ver en la Figura 110.

8.2.3.3 Aplicación de graduados en función de un valor de la capa

Mientras la categorización se suele aplicar sobre campos de tipo texto, se suele optar por el graduado para representar distintas tonalidades en función de valores numéricos. En la capa sobre

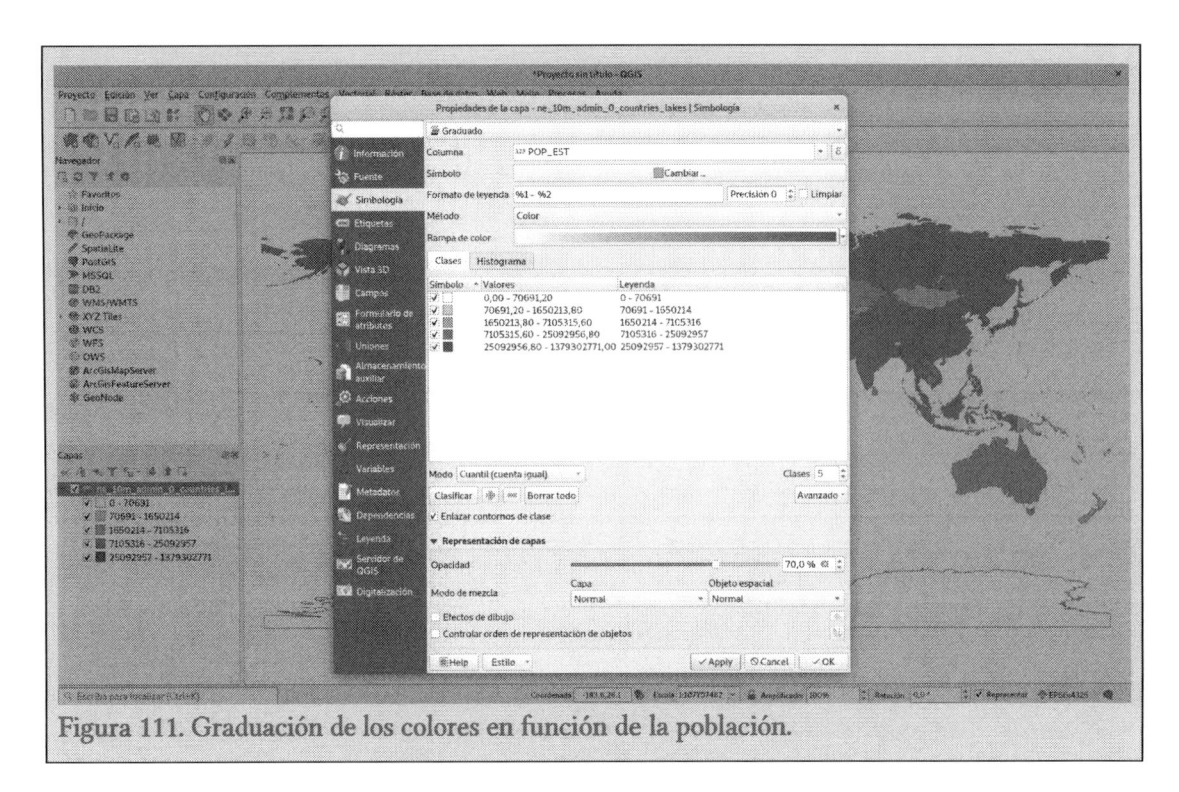

Figura 111. Graduación de los colores en función de la población.

la que queremos aplicar el graduado, seleccionamos «Graduado» en lugar de «Símbolo único». Si hacemos en el desplegable de «Columna» veremos todos los atributos de la capa.

Por ejemplo, si estamos trabajando con la capa de populated_places seleccionaremos «POP_EST». En el campo de «Clases» podremos modificar ahora el número de intervalos en los que se quiere dividir el graduado, teniendo diferentes modos para aplicar los intervalos. En función de los valores que tenga el campo en cuestión podemos optar por opciones como utilizar cuantiles (por ejemplo, si fueran 4 bloques, se dividirían los objetos geoespaciales en cuatro grupos ordenados en función de los valores que tienen) o hacerlo manualmente.

8.2.4 Generación de mapas de calor

Otra opción interesante de visualización de información es el uso de los mapas de calor. Los mapas de calor son útiles para representar la concentración de puntos en una única zona. De esta manera, aquellas regiones que concentren un mayor número de elementos quedarán destacados a simple

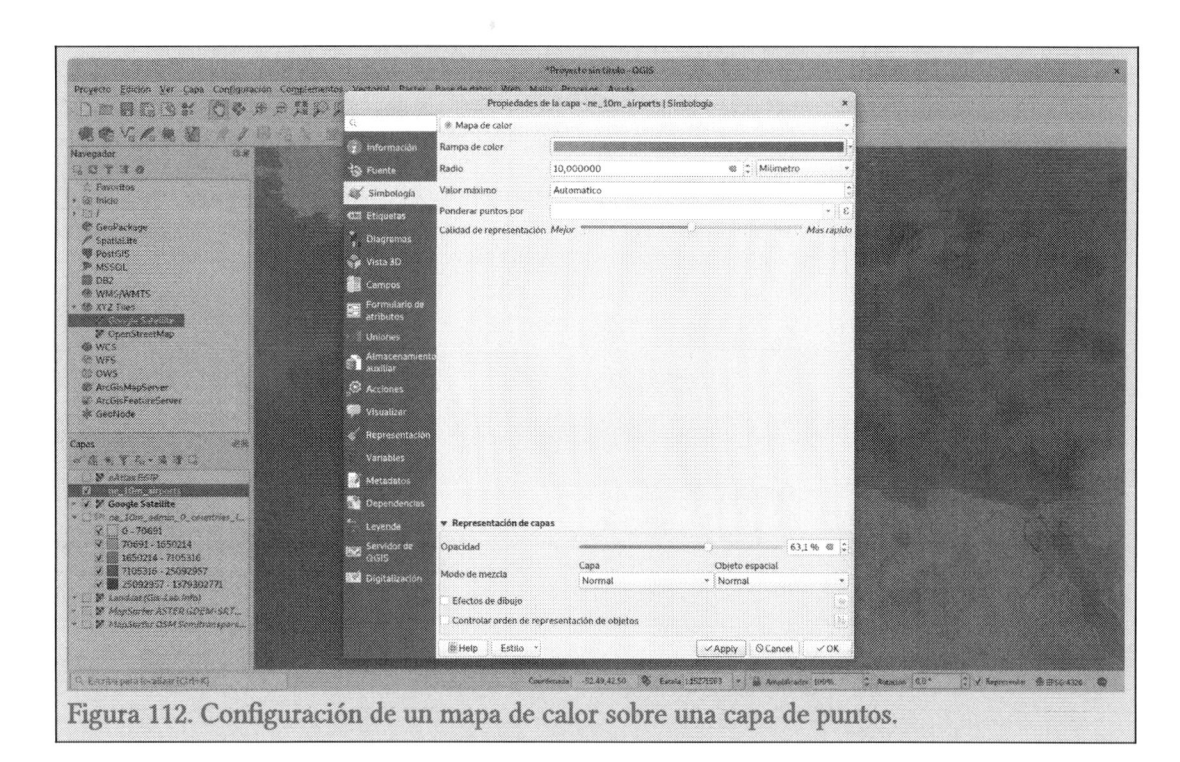

Capítulo 8: Herramientas de información cartográfica

Figura 112. Configuración de un mapa de calor sobre una capa de puntos.

vista. Para configurar la visualización como mapa de calor bastará con seleccionar esa opción en el menú de «Simbología» de la capa de puntos en cuestión.

Una de las opciones a configurar es la rampa de color. Por defecto, es de blanco a negro, pero este tipo de mapas se suelen configurar con colores rojo o verde (ver Figura 112). El ajuste de la opacidad ayudará a contextualizar la información con respecto al resto del mapa que se presente detrás.

8.3 Herramientas de análisis de la información

QGIS integra diferentes utilidades que nos permiten completar el trabajo con capas. En esta sección se analizarán tres que son bastante útiles como el uso de vistas de satélite de fondo, la contabilización de objetos geoespaciales sobre un área concreta o el uso de complementos como muestra de sus capacidades.

Manual de ciberinvestigación en fuentes abiertas: OSINT para analistas

8.3.1 Configuración de fondos de pantalla

A pesar de que en versiones anteriores se podían cargar mapas desde *plugins* como OpenLayers, en QGIS 3.x se puede hacer esto manualmente desde la parte del navegador. En el caso de los mapas de Google, es necesario añadirlos manualmente utilizando la herramienta de XYZ Tiles del panel de navegación que se encuentra sobre el panel de capas. En el caso de haberlo ocultado, este se puede reactivar manualmente. Para conseguirlo hay que configurar las siguientes opciones:

1. Pinchar en «Conexión nueva»

2. Rellenar el campo de «Nombre»

3. Rellenar el campo «URL» con alguno de los siguientes valores:

    3.1. Google Maps:

    https://mt1.google.com/vt/lyrs=r&x={x}&y={y}&z={z}

    3.2. Google Satellite:

    http://www.google.cn/maps/vt?lyrs=s@189&gl=cn&x={x}&y={y}&z={z}

    3.3. Google Satellite Hybrid:

    https://mt1.google.com/vt/lyrs=y&x={x}&y={y}&z={z}

    3.4. Google Terrain:

    https://mt1.google.com/vt/lyrs=t&x={x}&y={y}&z={z}

    3.5. Google Roads:

    https://mt1.google.com/vt/lyrs=h&x={x}&y={y}&z={z}

4. Ajustar el nivel de zoom a 19.

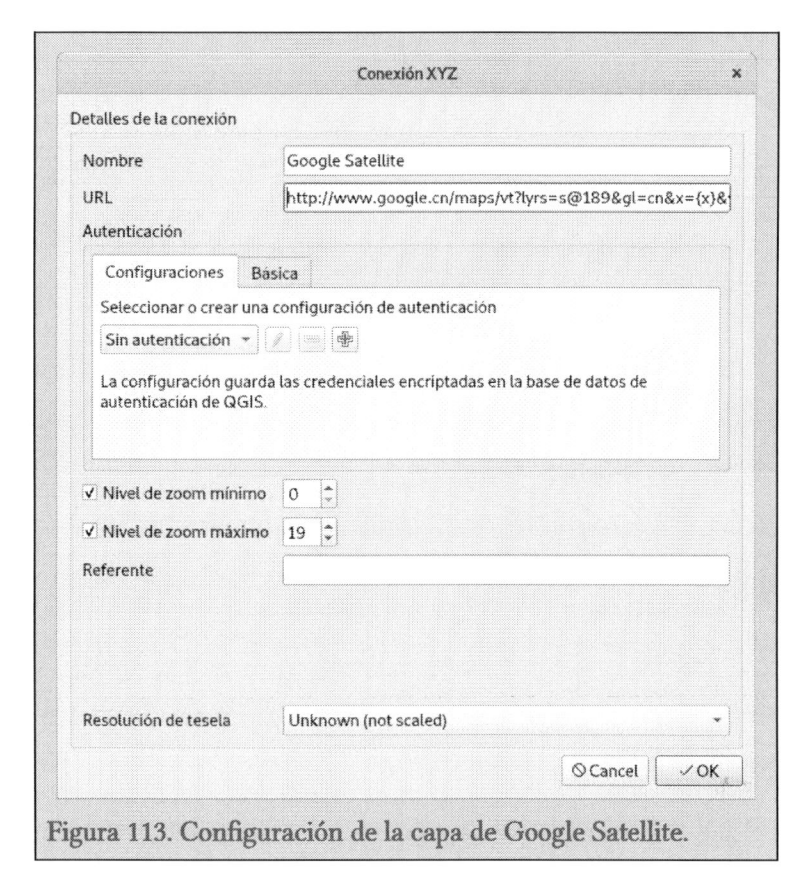

Figura 113. Configuración de la capa de Google Satellite.

Tras esto, contaremos con una nueva conexión en XYZ Tiles complementaria a la de OpenStreetMap que figura por defecto como se muestra en la Figura 113. Esto nos permitirá hacer doble clic sobre la misma y añadir una nueva capa que carga una imagen de las coordenadas que estamos visualizando (se añade como capa en la parte superior, con lo que en un primer momento tapará el resto de capas obligándonos a arrastrarla manualmente hacia abajo). Es importante destacar que esta capa no se corresponde con un objeto geoespacial, sino que es solamente una imagen.

8.3.2 Instalación de *plugins*

QGIS cuenta con una gran cantidad de *plugins* que amplían las funcionalidades de la aplicación. Para ilustrar la instalación de *plugins* y el funcionamiento del administrador de complementos

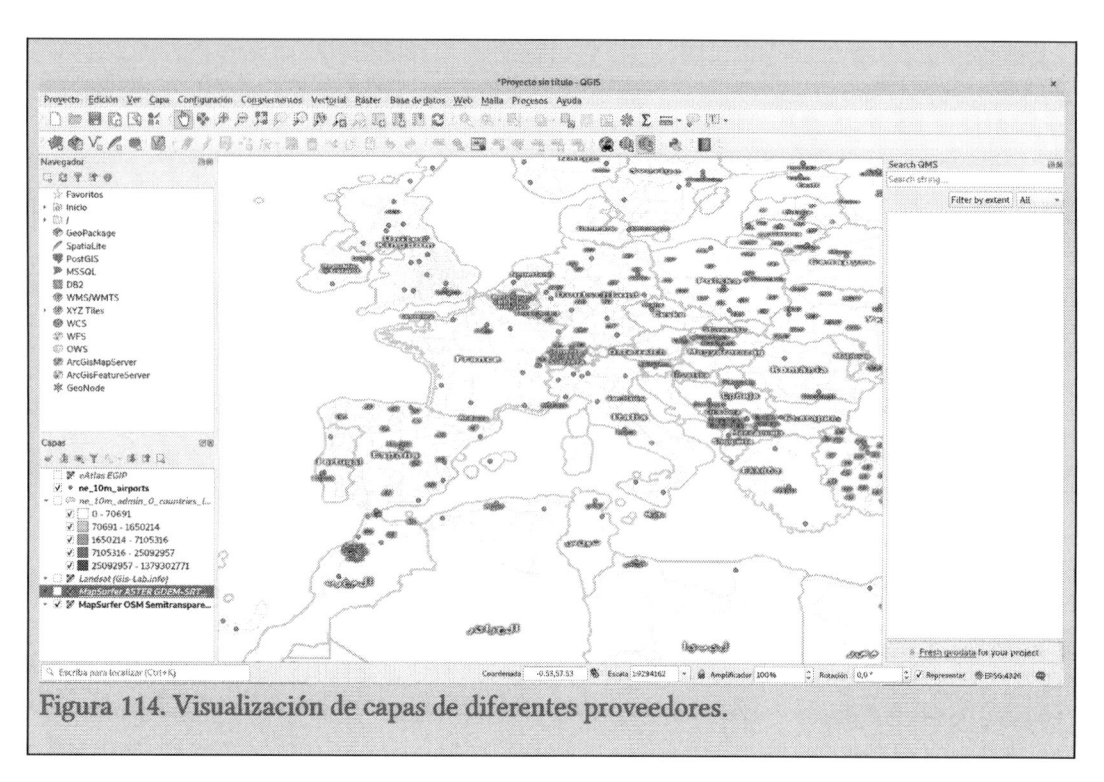

Manual de ciberinvestigación en fuentes abiertas: OSINT para analistas

Figura 114. Visualización de capas de diferentes proveedores.

vamos a instalar QuickMapServices[93] que se utiliza para mostrar de fondo vistas de distintos proveedores.

1. Elegimos en el menú «Complementos → Administrar e instalar complementos».

2. En el buscador de complementos no instalados buscamos «QuickMapServices» y pinchamos en instalar.

3. Al terminar, tendremos en el menú «Web» una nueva entrada para el *plugin* en cuestión. Desde ahí podremos seleccionar diferentes tipos de mapas que adjuntar al proyecto.

---

93 NextGIS, *QuickMapServices*, versión 0.19, Python (2014; repr., NextGIS, 2020), https://github.com/nextgis/quickmapservices.

214

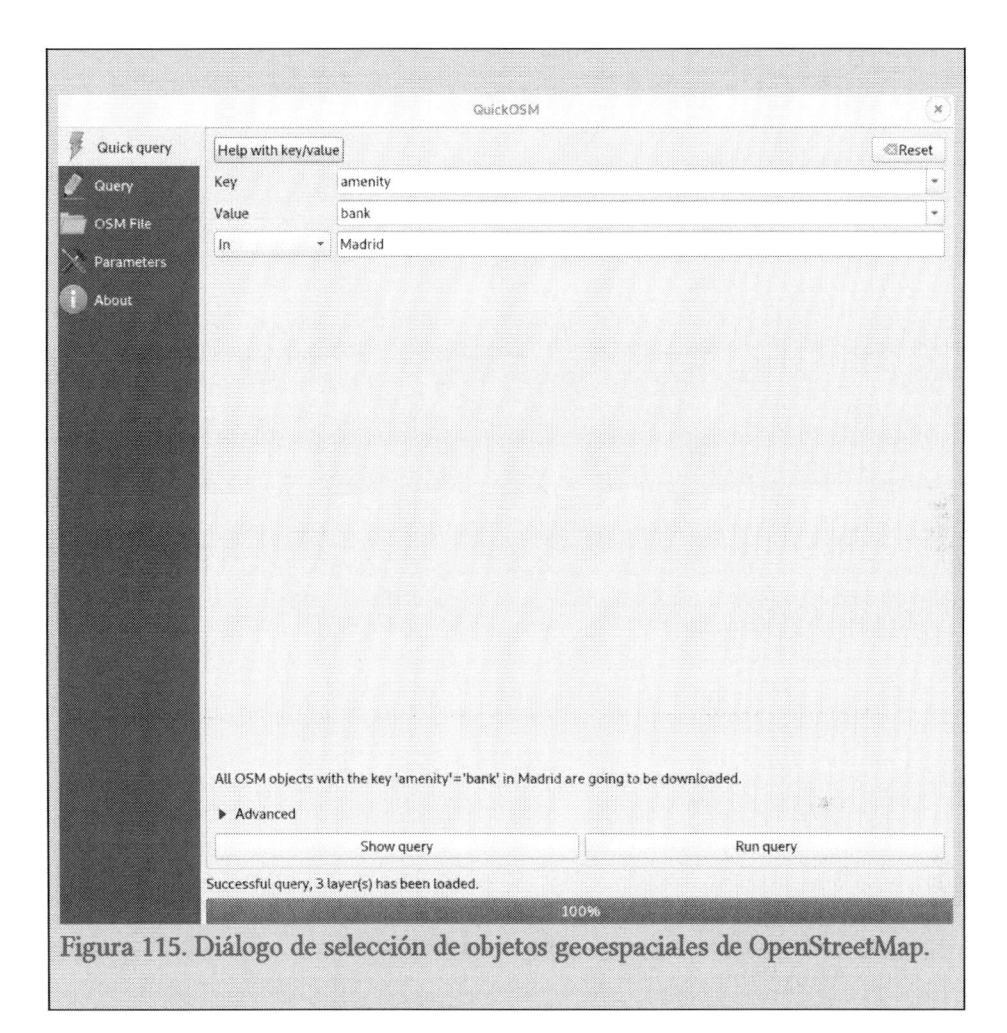

Figura 115. Diálogo de selección de objetos geoespaciales de OpenStreetMap.

8.3.3 Contabilizador de objetos

Una utilidad interesante en QGIS es la de contabilizar los puntos que hay en cada polígono como se muestra . Esta funcionalidad puede utilizarse para, dadas una serie de coordenadas de, direcciones IP por ejemplo, contabilizar cuántas de ellas están en cada país. Para realizar esta operación necesitaremos contar con dos capas: una de polígonos con las áreas que utilizaremos para agrupar cada objeto geoespacial de tipo punto y otra, la de los objetos en sí a contabilizar tal y como se recoge en la Figura 115.

1. Pinchamos en Vectorial → Herramientas de análisis → Contar puntos en polígono, para que se muestre el diálogo de la herramienta.

2. En «Polígonos», seleccionamos la capa de base.

3. En «Puntos», seleccionamos la capa de objetos geoespaciales.

4. En «Nombre de campo de cuenta», seleccionamos el nombre de la nueva columna.

8.4 Integración con OpenStreetMap

OpenStreetMap es un proyecto colaborativo para crear mapas editables y libres. Los mapas se crean utilizando información geográfica capturada con dispositivos GPS móviles, ortofotografías y otras fuentes libres. Los objetos geoespaciales resultantes pueden ser editados o completados por usuarios que colaboran con el proyecto a modo de Wiki. Al utilizar una licencia de base de datos abierta, sus datos se pueden descargar libremente en bruto.

Se puede descargar un volcado de los datos en bruto de todo el planeta que son generados semanalmente. El fichero, a finales de 2019 ocupaba comprimido en bzip2 93,1 GB y 1154,1 GB descomprimidos. La información completa así como las diferentes versiones históricas está disponible *online*[94].

Para descargar información de OpenStreetMap vamos a utilizar el *plugin* de QuickOSM[95] que podemos instalar desde el administrador de complementos. Este *plugin* nos permitirá realizar consultas a OpenStreetMap para descargar información sobre objetos geoespaciales de nuestro interés. En la figura se muestran por ejemplo todos aquellos objetos categorizados como banco ubicados en Madrid.

El resultado de dicha consulta será la inclusión de tres capas (de puntos, de líneas y de áreas) en nuestro proyecto que incluirán los objetos recuperados de la consulta. También podemos cargar desde la opción «OSM File» un fichero .osm que nos hayamos descargado y que incluya más información.

---

94 OpenStreetMap Data Working Group, «Planet OSM», accedido 8 de enero de 2020, https://planet.openstreetmap.org/.

95 3liz, *QuickOSM*, Python (2014; repr., 3liz, 2020), https://github.com/3liz/QuickOSM.

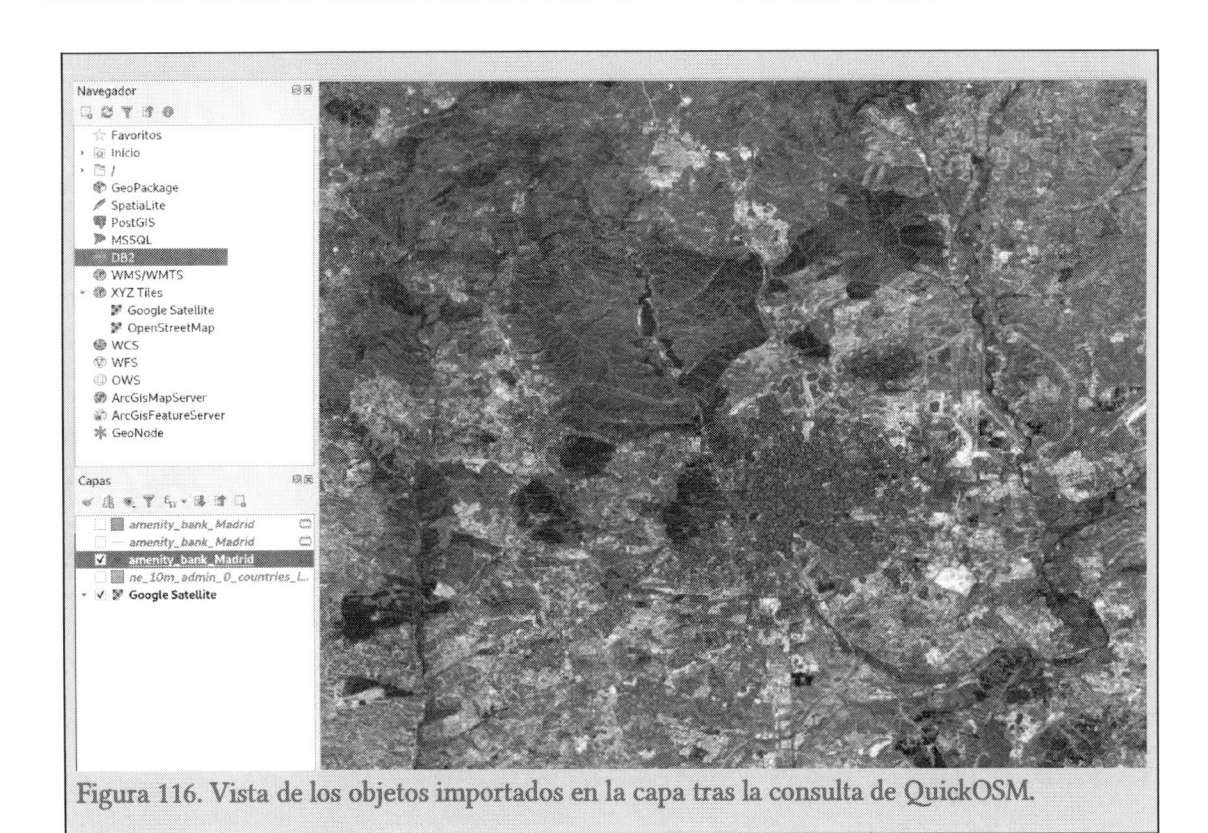

Capítulo 8: Herramientas de información cartográfica

Figura 116. Vista de los objetos importados en la capa tras la consulta de QuickOSM.

Como no podía ser de otra forma, podremos empezar a trabajar con los objetos geoespaciales descargados ya que a partir de este momento quedarán a nuestra disposición cualquiera de las herramientas mostradas anteriormente.

Bibliografía

3liz. *QuickOSM*. Python. 2014. Reprint, 3liz, 2020. https://github.com/3liz/QuickOSM.

Aguilera, Vicente. *Tinfoleak* (versión 2.3). Multiplataforma, Python. Internet Security Auditors. Accedido 9 de enero de 2020. https://www.isecauditors.com/herramientas-tinfoleak.

AlienVault. *Open Threat Exchange*. Servicio web. Accedido 9 de enero de 2020. https://otx.alienvault.com/.

Alonso, Chema. *FOCA* (versión 3). Windows, C#. 2017. Reprint, Madrid (España): ElevenPaths, 2020. https://github.com/ElevenPaths/FOCA.

Alonso, Kurt M., y koe. *Zero to Monero: A Technical Guide to a Private Digital Currency;for Beginners, Amateurs, and Experts*. 1.ª ed., 2018. https://web.getmonero.org/library/Zero-to-Monero-1-0-0.pdf.

archive.today. «Webpage Archive». Accedido 9 de enero de 2020. https://archive.is/.

Arghire, Ionut. «WannaCry Ransomware Creators Make Rookie Mistake». *SecurityWeek.Com* (blog), 17 de mayo de 2017. https://www.securityweek.com/wannacry-ransomware-creators-make-rookie-mistake.

Armin, Sebastian. *Search by Image* (versión 2.1.0). Multiplataforma, Javascript, 2019. https://addons.mozilla.org/es/firefox/addon/search_by_image/.

Bhat, Natesh M. *pyttsx3*. Python, 2020. https://github.com/nateshmbhat/pyttsx3.

Bitcoin Community. «Merchant Howto». Bitcoin Wiki, 3 de julio de 2017. https://en.bitcoin.it/wiki/Merchant_Howto.

bitinfocharts.com. «Top 100 Richest Bitcoin Addresses and Bitcoin Distribution». BitInfoCharts. Accedido 10 de enero de 2020. https://bitinfocharts.com/.

Blockseer. *BlockSeer | About*. Servicio web, 2015. https://www.blockseer.com/about.

Bray, Tim, Jean Paoli, C. M. Sperberg-McQueen, Eve Maler, François Yergeau, y John Cowan. «Extensible Markup Language (XML) 1.1 (Second Edition)». W3C Recommendation, 16 de agosto de 2006. https://www.w3.org/TR/2006/REC-xml11-20060816/.

Brezo Fernández, Félix, y Yaiza Rubio Viñuela. *Blockchain C2C*. Multiplataforma, Python, 2018. https://github.com/i3visio/blockchain_c2c.

Censys. *Censys.io*. Servicio web. Accedido 9 de enero de 2020. https://censys.io/ipv4.

Center for History and New Media. *Zotero* (versión 5.0.80). Javascript. Fairfax County (Virginia, EEUU), 2019. https://www.zotero.org/.

Christen, Michael, y YaCy Community. *Yacy.net* (versión 1.92). Multiplataforma, Java, 2004. https://yacy.net/.

CoinMarketCap. *Top 100 Cryptocurrencies by Market Capitalization*. Servicio web. Accedido 10 de enero de 2020. https://coinmarketcap.com/.

CompleteDNS. *DNS History*. Servicio web. Accedido 9 de enero de 2020. https://completedns.com/dns-history/.

CrowdStrike. *Falcon Sandbox*. Servicio web. Accedido 9 de enero de 2020. https://hybrid-analysis.com/.

DARPA, y University of Southern California. «Internet Protocol». Internet Standard. Request For Comments, septiembre de 1981. https://tools.ietf.org/html/rfc791.

DeHashed. «dehashed.com». DeHashed — #FreeThePassword, 2020. https://dehashed.com/.

DuckDuckGo. «Nuevo!Bang de DuckDuckGo». Accedido 9 de enero de 2020. https://duckduckgo.com/newbang.

———. «Say hello to bangs». DuckDuckGo Bang! Accedido 9 de enero de 2020. https://duckduckgo.com/bang.

EGARANTE S.L. «eGarante», 2013. https://www.egarante.com/.

Elastic. *Elasticsearch* (versión 7.5.1). Java. Accedido 9 de enero de 2020. https://www.elastic.co/es/products/elasticsearch.

———. *File input plugin* (versión 4.1.11). Ruby, 2019. https://www.elastic.co/guide/en/logstash/current/plugins-inputs-file.html.

———. *Grok filter plugin* (versión 4.2.0). Ruby, 2019. https://www.elastic.co/guide/en/logstash/current/plugins-filters-grok.html.

———. *Kibana* (versión 7.5.1). Java. Accedido 9 de enero de 2020. https://www.elastic.co/es/products/kibana.

———. *Logstash* (versión 7.5). Multiplataforma, Java. Accedido 9 de enero de 2020. https://www.elastic.co/es/products/logstash.

———. *Regexp query*. Servicio web. Accedido 9 de enero de 2020. https://www.elastic.co/guide/en/elasticsearch/reference/current/query-dsl-regexp-query.html#regexp-syntax.

———. *Rss input plugin* (versión 3.0.5). Multiplataforma, Ruby, 2018. https://www.elastic.co/guide/en/logstash/current/plugins-inputs-rss.html.

Elasticsearch output plugin (versión 10.2.3). Ruby, 2019. https://www.elastic.co/guide/en/logstash/current/plugins-outputs-elasticsearch.html.

Bibliografía

Elliott, Tom. *Socialbearing.com*. Accedido 9 de enero de 2020. https://socialbearing.com/.

Esteban Navarro, Miguel Ángel. *Glosario de inteligencia*. Ministerio de Defensa, 2007.

ExploitDB. «Google Hacking Database». Offensive Security's Exploit Database Archive. Accedido 9 de enero de 2020. https://www.exploit-db.com/.

Google. «Búsqueda personalizada - Editar motores de búsqueda». Accedido 9 de enero de 2020. https://cse.google.com/cse/all.

———. *Google Images*. Multiplataforma. Accedido 9 de enero de 2020. https://images.google.com/.

Gosse, David, y Jeremy Woertink. *Namechk.com*. Multiplataforma, 2009. https://namechk.com/.

Harvey, Phil. «Image::ExifTool - Read and Write Meta Information - Metacpan.Org». Accedido 9 de enero de 2020. https://metacpan.org/pod/release/EXIFTOOL/Image-ExifTool-10.55/lib/Image/ExifTool.pod.

Heinlein, Robert A. *Grok Debugger*. Servicio web. Accedido 9 de enero de 2020. https://grokdebug.herokuapp.com/.

Hunt, Troy. «Haveibeenpwned.Com». Have I Been Pwned: API key, 18 de julio de 2019. https://haveibeenpwned.com/APIDocs/Key.

Innotek GmbH. *Oracle VM VirtualBox* (versión 6.1). Multiplataforma, C++, C, Lenguaje ensamblador x86. Oracle, 2019. https://www.virtualbox.org/.

JSON Beautifier. «The Best Json Formatter/Json Viewer». Accedido 9 de enero de 2020. https://jsonbeautifier.org.

JSONLint. «The JSON Validator». Accedido 9 de enero de 2020. http://jsonlint.com.

Klensin, J. «Application Techniques for Checking and Transformation of Names». Informational. Request For Comments, febrero de 2004. https://tools.ietf.org/html/rfc3696#page-5.

Knownsec, Inc. *ZoomEye - Cyberspace Search Engine*. Servicio web, 2013. https://www.zoomeye.org/.

lanmaster53. *The Recon-ng Framework* (versión 5.1.0). Python, 2020. https://github.com/lanmaster53/recon-ng.

Lehnberg, Quentin Le Sceller, y Roman Zeyde. «Dandelion++ in Grin: Privacy-Preserving Transaction Aggregation and Propagation», 8 de julio de 2019. https://github.com/mimblewimble/grin.

Loibl, Andreas. «Namecoin», 1 de agosto de 2014. https://www.net.in.tum.de/fileadmin/TUM/NET/NET-2014-08-1/NET-2014-08-1_14.pdf.

Martorella, Christian. *theHarvester*. Python, 2020. https://github.com/laramies/theHarvester.

Matherly, John. *Shodan*. Servicio web, 2013. https://www.shodan.io/.

Multiple authors. «List of File Signatures». En *Wikipedia*, 19 de octubre de 2019. https://en.wikipedia.org/w/index.php?title=List_of_file_signatures&oldid=922017377.

Nakamoto, Satoshi. «Bitcoin: A Peer-to-Peer Electronic Cash System». bitcoin.org, 31 de octubre de 2008. https://bitcoin.org/bitcoin.pdf.

«National Security Agency». En *Wikipedia*, 29 de diciembre de 2019. https://en.wikipedia.org/w/index.php?title=National_Security_Agency&oldid=933068904.

Natural Earth Contributors. «Natural Earth: Large Scale Data». 1:10m. Mundial. Accedido 9 de enero de 2020. https://www.naturalearthdata.com/downloads/.

NextGIS. *QuickMapServices* (versión 0.19). Python. 2014. Reprint, NextGIS, 2020. https://github.com/nextgis/quickmapservices.

NoVirusThanks Company Srl. *IP Blacklist Check*. Servicio web. Accedido 9 de enero de 2020. https://www.ipvoid.com/.

Nurmi, Juha, y Pushkar Pathak. *Ahmia.fi*. Linux Systems, 2016. https://ahmia.fi/about/.

OpenStreetMap Data Working Group. «Planet OSM». Accedido 8 de enero de 2020. https://planet.openstreetmap.org/.

Paterva. *CaseFile*. Multiplataforma, Java. Paterva. Accedido 9 de enero de 2020. https://www.paterva.com/buy/maltego-clients/casefile.php.

———. *Maltego CE*. Multiplataforma, Java. Paterva. Accedido 9 de enero de 2020. https://www.paterva.com/buy/maltego-clients/maltego-ce.php.

———. «Maltego Clients». Accedido 9 de enero de 2020. https://www.paterva.com/buy/maltego-clients.php.

Poon, Joseph, y Thaddeus Dryja. «The Bitcoin Lightning Network: Scalable Off-Chain Instant Payments». lightning.network, 14 de enero de 2016. https://lightning.network/lightning-network-paper.pdf.

Python Software Foundation. «Pypi.Org». PyPI · The Python Package Index. Accedido 8 de enero de 2020. https://pypi.org/.

QGIS Development Team. *QGIS* (versión 3.10.1). Multiplataforma, Python, C++ y Qt, 2019. https://www.qgis.org/es/site/forusers/download.html.

RiskIQ. *RiskIQ Community Edition*. Servicio web. Accedido 9 de enero de 2020. https://community.riskiq.com/.

Rubio Viñuela, Yaiza, y Félix Brezo Fernández. *OSRFramework* (versión 0.20.1). Multiplatform, Python. 2014. Reprint, Madrid (España): i3visio, 2020. https://github.com/i3visio/osrframework.

Samourai Wallet. «Other eXploration Tool». oxt.me. Accedido 28 de enero de 2020. https://oxt.me/.

Schulenburg, Joerg. *GOCR* (versión 0.52). Unix-like, C, 2018. http://www-e.uni-magdeburg.de/jschulen/ocr/.

Shafranovich, Y. «Common Format and MIME Type for Comma-Separated Values (CSV) Files». Informational. Network Working Group. IETF, octubre de 2005. https://tools.ietf.org/html/rfc4180.

Skinner, Grant. «RegExr: Learn, Build, & Test RegEx». RegExr. Accedido 9 de enero de 2020. https://regexr.com/.

Smith, Ray. *Tesseract Open Source OCR Engine* (versión 5.0.0-alpha). C++. 2014. Reprint, tesseract-ocr, 2020. https://github.com/tesseract-ocr/tesseract.

T. Bray, Ed. «The JavaScript Object Notation (JSON) Data Interchange Format». Standards Track. IETF, marzo de 2014. https://tools.ietf.org/html/rfc7159.

Tauber, Adam. *searx.me* (versión 0.15). Multiplataforma, 2014. https://searx.me/.

TinEye. «Tineye.Com». TinEye Reverse Image Search, 2020. https://tineye.com/.

Torch Developers. «Xmh57jrzrnw6insl.Onion». Torch, s. f. http://xmh57jrzrnw6insl.onion/.

Twitter, Inc. «Twitter Developer Labs». Accedido 9 de enero de 2020. https://developer.twitter.com/en/labs.

———. «Twitter Developers». Accedido 9 de enero de 2020. https://developer.twitter.com/en/apps.

Val Neekman. *python-emailahoy3* (versión 0.1.3). POSIX, Python, 2019. https://github.com/febrezo/python-emailahoy-3.

ViewDNS.info. *Reverse IP Lookup*. Servicio web. Accedido 9 de enero de 2020. https://viewdns.info/reverseip/?host=.

———. *Reverse Whois Lookup*. Servicio web. Accedido 9 de enero de 2020. https://viewdns.info/reversewhois/.

———. *ViewDNS.info*. Servicio web. Accedido 9 de enero de 2020. https://viewdns.info/.

Viqueira, Luis Martínez. «El Ciclo de Inteligencia Complejo: una ágil herramienta para operar en red». *IEEE*, Documento de opinión, n.º 50 (20 de mayo de 2016): 15.

Wagner, Jonas. *Forensically, free online photo forensics tools* (versión Beta). Multiplataforma, Javascript y HTML. Accedido 9 de enero de 2020. https://29a.ch/photo-forensics/#help.

———. «Noise Analysis for Image Forensics». *29a.Ch* (blog), 21 de agosto de 2015. http://29a.ch/2015/08/21/noise-analysis-for-image-forensics.

———. «Principal Component Analysis for Photo Forensics». *29a.Ch* (blog), 11 de agosto de 2016. https://29a.ch/2016/08/11/principal-component-analysis-for-photo-forensics.

Weidemann, Chris. *GeoSocial Footprint*, 2013. http://geosocialfootprint.com/.

«Whois Lookup, Domain Availability & IP Search - DomainTools». Accedido 9 de enero de 2020. https://whois.domaintools.com/.

Whoisology. *Whoisology*. Servicio web. Accedido 9 de enero de 2020. https://whoisology.com/.

Whoisrequest.com. *Domain history checker*. Servicio web. Accedido 9 de enero de 2020. https://whoisrequest.com/history/.

Wood, Dr Gavin. «Ethereum: A Secure Decentralised Generalised Transaction Ledger». Ethereum Foundation, 3 de febrero de 2018. http://gavwood.com/Paper.pdf.

Yandex. *Яндекс.Картинки: поиск изображений в интернете, поиск по картинке*. Multiplataforma. Accedido 9 de enero de 2020. https://yandex.ru/images/.

Índice alfabético

A

A4 32
Abiword .... 33 s.
Ahmia .... v, xiii, 80 s., 222
Algoritmos de hashing ....
    MD5 .... xii, 57, 139
Alias_generator .... vi, xiii, 91, 93 ss., 99
API .... viii, xv, 18, 21, 40 s., 71, 96, 100, 103, 114, 122, 157, 168 ss., 177, 221
APT28 68
Archive.is .... iii, 10, 219
Archive.org .... 10 s.
ASCII .... 13 s., 33

B

Baidu .... v, 62, 65 s., 77
Bang .... xii, 66 s., 220
Bibliografía .... x, 219
Binario .... 15 ss., 22, 26, 165, 174, 196
Bitcoin .... vii, xiv s., 29, 108, 139 ss., 153 ss., 219, 222, 253 s.
Bitcoin Cash 145
Blackhat .... i, 147
Blockchain .... i, 66, 141, 146 s., 219, 253 s.
Blockseer 148, 219
BMP 49
Búsqueda inversa .... v, xiv, 57, 71 ss., 77, 79, 96, 131, 134

C

Cabecera..22, 117, 120
Casefile...108, 113, 222
CCN-CERT...4 s.
Censys..vi, xiv, 117 s., 121 ss., 219
Certificate Transparency...47
Ciberinteligencia..xix, 31, 253
Ciclo de Inteligencia...1 ss., 5, xi, 223
Coinmarketcap..xv, 140, 150 ss., 220
Correo electrónico..iv, 11 ss., 28, 87, 96 s., 99, 109, 132
Crawling..9 s., 59, 61, 71
Creative Commons...iv
Criptomoneda...vii, xv, 122, 139, 150 s., 153 ss., 253
CSV..21 s., 92, 102 s., 169, 200 s.
Cursiva..59, 187
Custom Search Engine...v, 68

D

Dandelion...155, 221
Dash...viii s., xvi, 148, 154, 182 s., 193
DEFCON...i, 45, 147
Diálogo..xvii, 179, 185, 198, 201 s., 207, 209, 215 s.
Dns...vii, xiv, 47, 96, 106, 111, 123, 125, 127 ss., 134, 220, 223
Docker..70, 172
Domainfy..vi, 91, 98
Domaintools...vii, xiv, 126 s., 223
Dominio......9, xix, 29, 46, 48, 61 s., 65, 67 s., 79 ss., 96, 98, 103, 105 s., 109, 111 s., 114, 117, 119 ss., 125 ss., 136, 138, 140, 254
Dork...46, 67, 81 s., 84, 178
Dropbox..68
Duckduckgo...v, 62, 66 s., 70, 220

E

Egarante..iii, 11 s., 220
Egrep..iv, 26 s., 34
ELA..xii, 49 s., 52, 55 ss.
Elasticsearch..viii s., xix, 81, 124, 157 ss., 172 ss., 186, 192 s., 220
Espeak..39
EternalBlue..146
Ethereum..29, 140, 144, 148, 224, 253
EuskalHack..146
ExifTool...iv, 42 ss., 48, 55, 221
ExploitDB..63, 221
Expresión regular...26 ss.

F

Facebook..60 s., 98, 123, 168
Ficheros ofimáticos...iv, 15, 32 s., 43
FOCA..iv, xi, 45 ss., 65, 169, 219
Forensically..iv, xii, 48, 51 s., 223
Formato de ficheros...
    Binario..iii, 15 ss., 22, 26, 165, 174, 196
    BMP...49
    CSV..iii, xvi, 21 s., 92, 102 s., 169, 200 s., 223
    Doc..34, 46
    Docx..13, 32 ss., 43, 45 s.
    Jpg...xi s., 35 ss., 42 s., 48 s., 55 ss.
    JSON.......................................iii, xv, 18 s., 21, 71, 133, 165, 167, 169, 173 s., 221, 223
    OSM..216, 222
    PNG..xi, 14, 31 ss., 35, 37 s., 42 s., 49

Manual de ciberinvestigación en fuentes abiertas: OSINT para analistas

TIFF..42

WAV..41 s.

Xml..iii, 15, 20 s., 71, 108, 164 ss., 169, 219

Fotoforensics...iv, xi s., 48, 50 ss., 56 s.

FTP..29

G

Garante..12

GCHQ..3

Gedit..14, 161

Geoespacial...ix, xvii, 54, 195, 197 ss., 202, 205, 207 ss., 213, 215 ss.

Github..................xii, 36, 39, 41, 46, 70, 72 ss., 88, 96, 98, 103, 105, 122, 146, 155, 158, 184, 214, 216, 219, 221 ss.

Glosario..1 s., 221

GOCR...iv, 37 s., 222

Google. .v, 9, xii, 14, xvi, 31, 36, 40 s., 46, 60 ss., 70, 72 ss., 76 s., 81 s., 103, 105 s., 119, 122 s., 125, 132, 178, 212 s., 221

Google Cloud Speech...40

Google Maps..66, 212

Google Satellite..xvi, 212 s.

Google Web Speech..40

GPS..216

Grin...155, 221

Grok..ix, xvi, 188 ss., 192 s., 220 s.

Guardia Civil..i, 54

Guion..25, 27, 125

H

Haveibeenpwned...96, 108, 221

Hexdump..15, 31 s.

Houndify..40

HTTP..xiv, 29, 117, 120, 123 s., 169

HTTPS...29
HUMINT..3
Hybrid Analysis...xiv, 136, 138
Hyperledger Fabric...144

I

Índice..iii, 9, xi, 176, 179, 192
Instagram...19 ss., 96, 98
Ipv4..16, 28, 98, 121 s., 125, 132, 219
IPv6...29
ISBN...iv

J

Java...7, 18, 51, 71, 77, 107, 113, 158, 160 s., 172 ss., 219 s., 222 s.
Jpg...35 ss., 42 s., 48 s., 55 ss.
JSON...18 s., 21, 133, 165, 169, 173 s.

K

Kafka...159
Kali Linux...xix, 35, 101, 103, 107, 113, 158
KDP...255
Kibana...viii, xv, xix, 157, 172, 174 ss., 181 s., 193, 220

L

Libreoffice..9, 14, 21, 44
    Calc...21
    Writer..9, 14 s., 44
Licencia.......................................i, iv, 36 s., 45, 70, 80, 87, 105, 107, 148, 216, 255
Licencias..
    AGPL..70, 87, 91

GPL...37, 45, 70, 87, 91, 105, 255
Linux.......................v, viii, 15, xix, 31, 34 s., 39, 41, 81, 90, 101, 103, 107, 113, 158, 161, 172, 174, 183 s., 222, 255
Lisk..148
Litecoin..xv, 141, 144, 148, 151 s.
Logstash...viii, xv, xix, 157, 159 ss., 170 s., 175 ss., 183, 187 ss., 220

M

MacronLeaks...68
Mailfy..vi, xiii, 91, 96 s., 108
Maltego...vi, xiii, 32, 107 ss., 113, 222
Malware...136, 146
Metadatos...iv, 8 s., xi s., xix, 31, 42 ss., 50, 54 s., 57, 101, 110, 118, 165
Microsoft...9, 14 s., 21, 40, 63, 89
Microsoft Bing Speech...40
Mimblewimble...155, 221
Monero...29, 140, 148, 154 s., 219, 254
MongoDB..159
Multichain...144
MySQL...22, 159

N

Namecoin...140, 221
Navegador...v, 7 ss., xi s., 32, 59, 68, 76 s., 80 s., 92, 173 s., 212
NSA..3, 146, 254

O

OCR..35 ss., 42, 223
Office..14, 21, 44
OpenLayers...212
Openstreetmap..x, xvii, 66, 195, 213, 215 s., 222
OSINT..3 s., 71, 254

OSM..xvii, 66, 216 s., 219, 222
Osrframework..v s., xiii, 87 ss., 95 s., 98 ss., 108, 222
OTX...vii, 136, 138

P

Pasaporte..29
Passive DNS..vii, xiv, 130 s.
Pdf..13, 15, 32 ss., 43 s., 46, 63, 65
Peer-to-Peer...139, 222
Perl...42, 144
PGP...29, 98, 106
Phishing...117, 125
Pidgin..xvi, 183 ss.
Pie de página...15
Pip...88 ss., 105
PNG..14, 31 ss., 35, 37 s., 42 s., 49
Pyttsx..39 s., 219

Q

Qgis..ix, xvi, 195 s., 198 ss., 202, 205 s., 211 ss., 215, 222
Quickmapservices..214, 222
QuickMapServices93..214
QuickOSM...xvii, 216 s., 219

R

RAM..17
Reverse IP..vii, 134, 223
Reverse Whois...vii, xiv, 131 s., 223
Riskiq..xiv, 130 s., 222
Robots.txt..61
Root..i, 33, 36, 158

RSS..viii, xv, 164 ss.

S

Searchfy..vi, 91, 97 s.
Searx.me..70 s., 223
SFTP...29
SHA1..xii, 57, 139
SHA256..xii, 57, 139
Shodan...vi, xiv, 60, 108, 117 ss., 221
SIGINT...3
SMS..185
Solidity..140
SpeechRecognition...40
Spiders..59, 61
SQL..22, 48, 159
Sqli...22, 48, 159
Stdin..160 ss.
Stdout...160 ss., 166, 171, 175, 187, 190, 192

T

Tamaño de página...255
Telegram...viii, xvi, 183 ss., 190 ss.
Tesseract...iv, 36 ss., 223
Texto plano..13, 61
TheHarvester..vi, 105 s., 221
Tinfoleak...vi, xiii, 101 s., 219
Tipografía...255
Tor...60, 79 ss., 155
Torch..v, xiii, 81 s., 223
Tts...39 s., 219
Twitter............viii, xii ss., 19 ss., 27, 60, 63, 72 s., 78 s., 82 ss., 92, 96, 98 ss., 115 s., 159, 168 ss., 175 ss., 180, 223

U

UNICODE..13
Usufy..vi, 91 ss., 96 ss., 108, 114

V

Viewdns...vii, xiv, 96, 127 s., 131 s., 134, 223
Virtualbox..xix, 158, 221
Virtualización..xix, 158
Virustotal...vii, 66, 108, 136, 138
Visio...75

W

Wannacry..vii, xiii, xv, 107, 146 s., 149, 219
Whois...vii, xiv, 47, 98, 103, 126 ss., 131 s., 223 s.
Windows..v, xiii, 36, 45 s., 88 ss., 119, 161, 173, 183, 219
WolframAlpha..70

X

XML...15, 20 s., 71, 108, 164 ss., 169

Y

Yandex..v, xii, 62, 65 s., 73 s., 77, 82, 224
Youtube..54, 66, 70, 89

Z

Zcash..148, 155
Zk-SNARKs...155
Zoomeye...vi, xiv, 117 ss., 121, 221
Zotero...iii, 7 s., xi, 220

Epílogo

Agradecimientos

Queremos aprovechar para agradecer a nuestros alumnos por el *feedback* que nos han ido dando con respecto a los materiales en cada una de las sesiones que hemos ido impartiendo tanto a nivel universitario como fuera de la universidad. El sentimiento de utilidad y las ganas con las que afrontan la materia han sido nuestro principal combustible para consolidar el material en este manual. Queremos hacer especial mención a:

- Los alumnos de la UAM del Título de Experto en Análisis de Inteligencia, del Máster de Ciencias Forenses y de la Seguridad y del Máster en Inteligencia Económica.

- Los alumnos de Universidad de Castilla-La Mancha del Máster en Ciberseguridad y Seguridad de la Información.

- Los alumnos del Máster de Ciberseguridad y del Máster de Ciberinteligencia del Campus Internacional de Ciberseguridad.

- Los alumnos del Postgrado de Bitcoin y Blockchain de la Universidad Europea de Madrid.

- Los alumnos del Máster de Ethereum y Criptomonedas de la UAH.

No nos queremos olvidar de las docenas de miembros de Fuerzas y Cuerpos de Seguridad que nos han agradecido el esfuerzo. Su vocación, rigor y autoexigencia en el cumplimiento por la ley, nos honra más aún sabiendo que en algún momento les fuimos de ayuda.

Manual de ciberinvestigación en fuentes abiertas: OSINT para analistas

Nota sobre derechos de autor

La imagen que ilustra la portada se corresponde con una fotografía de dominio público del cuartel general de la Agencia de Seguridad Nacional (NSA) en Fort Meade (Maryland, EEUU). La NSA es una agencia de inteligencia del Gobierno de los Estados Unidos que se encarga principalmente todos aquellos aspectos relacionados con la seguridad de la información. La fotografía se puede encontrar en su tamaño original en la página de Wikipedia[96].

Si te ha gustado...

Mientras terminamos la edición de nuevos materiales, te proponemos otra lectura de los autores: «Bitcoin: La tecnología Blockchain y su investigación» (editado por 0xWord). Si quieres incentivar nuestro trabajo, contamos con una dirección de Monero para donaciones:

8BcWrtBiMAQTTZj98eWR8K4Nq4SvaR2z
bQMW24Hz1VLrZo6qmUv6t2o1PzNKytB2
NsDcPk66ULY5XeLRAR2ABPkgKvWNWws

---

[96] «National Security Agency», en *Wikipedia*, 29 de diciembre de 2019, https://en.wikipedia.org/w/index.php?title=National_Security_Agency&oldid=933068904.

Esta edición de tapa blanda y tamaño de página 18,90 cm por 24,61 cm, se imprimió bajo demanda utilizando el servicio de Amazon KDP. La tipografía utilizada para la confección de este libro es Linux Libertine, una alternativa libre y de código abierto a la familia de fuentes Times que es distribuida bajo licencia GNU GPL y que es la utilizada en el logotipo de Wikipedia desde 2010.

Printed in Great Britain
by Amazon